Das Herz begegnet uns überall: ob als Schmuckstück oder auf dem Grabstein, als Emoji oder auf dem Cappuccinoschaum. Marilyn Yalom, Spezialistin für Gender Studies und erfolgreiche Sachbuchautorin, wirft einen ebenso fundierten wie spannenden Blick auf den weltweiten Siegeszug des Symbols für die Liebe schlechthin. Von den Anfängen des Christentums zu mittelalterlicher Minne, von Shakespeares Dramen zur Popkultur unserer Tage. Das Herz steht für die Liebe in allen Facetten: ob weltlich oder geistlich, erotisch oder keusch. Eine wunderbare Tour de Force durch die Kulturgeschichte des Herzens.

MARILYN YALOM ist Senior Scholar am Clayman Institute for Gender Research an der Stanford University. Sie hat zahlreiche Sachbücher veröffentlicht und lebt mit ihrem Ehemann, dem Buchautor und Psychoanalytiker Irvin D. Yalom, in Palo Alto, Kalifornien.

MARILYN YALOM bei btb
Freundinnen. Eine Kulturgeschichte

MARILYN YALOM

DAS HERZ

Eine besondere Geschichte der Liebe

Aus dem Amerikanischen
von Barbara v. Bechtolsheim

btb

Die amerikanische Originalausgabe erschien 2018 unter dem Titel »The Amorous Heart« bei Basic Books, an imprint of Perseus Books, LLC, a subsidiary of the Hachette Book Group, New York.

Dieses Buch ist auch als E-Book erhältlich.

MIX
Papier aus verantwortungsvollen Quellen
FSC® C014496

Verlagsgruppe Random House FSC® N001967

1. Auflage
Deutsche Erstausgabe Januar 2020
btb Verlag in der Verlagsgruppe Random House GmbH,
Neumarkter Straße 28, 81673 München

Covergestaltung: semper smile, München
Covermotiv: © akg-images Alram von Gresten, aus:
Codex Manesse Buchmalerei, Zürich um 1310–1340;
© Shutterstock/Paladin12; aesah kongsue
Satz: Uhl + Massopust, Aalen
Druck und Einband: GGP Media GmbH, Pößneck
Printed in Germany
MK · Herstellung: sc
ISBN 978-3-442-71888-7

www.btb-verlag.de
www.facebook.com/btbverlag

Für meinen großherzigen Ehemann

Inhalt

Einleitung

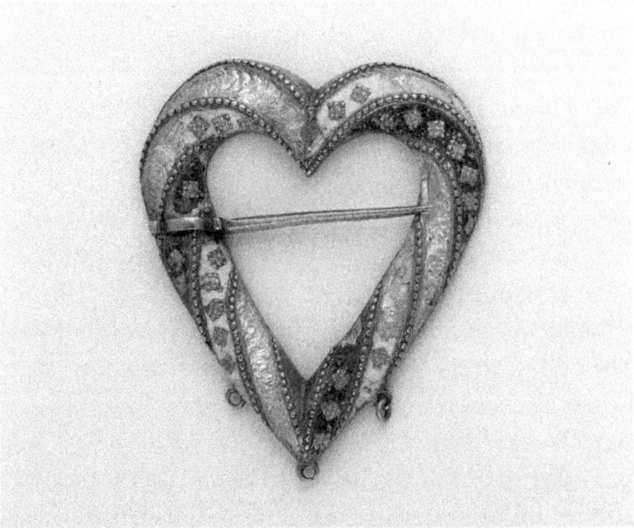

ABBILDUNG 1: Unbekannter Künstler, Brosche aus dem Fishpool-Schatz, 1400–1464. Britisches Museum, London, England.

Die Anregung für dieses Buch war ein Geistesblitz im Britischen Museum, wo ich 2011 eine Ausstellung über mittelalterliche Kunst besuchte und fasziniert war von den Goldmünzen und dem Schmuck aus dem 1966 in Nottinghamshire entdeckten Fishpool-Schatz. Viele der Exponate waren in Frankreich entstanden und hatten französische

Aufschriften – so etwa ein kleines Goldschloss, das auf der einen Seite mit den Worten *de tout* und auf der anderen mit *mon cuer* beschriftet war: *von ganzem Herzen.*

Plötzlich fiel mir eine besonders schöne herzförmige Brosche ins Auge: Ich betrachtete die beiden Herzlappen oben und die V-förmige Spitze unten, als sähe ich sie zum ersten Mal. Dann kamen mir für einen kurzen Moment alle Herzen in den Sinn, mit denen ich aufgewachsen war – auf Valentinskarten und Bonbondosen, Postern und Luftballons, Armbändern und Parfumwerbung. Mit einem Mal wurde mir klar, dass das vollendet symmetrische, zweilappige »Herz« wenig mit dem plumpen Organ in unserem Körper gemein hat. Wie konnte sich das menschliche Herz zu einem so merkwürdigen Symbol wandeln?

Seitdem hat mir dieses Geheimnis keine Ruhe gelassen und mich unweigerlich wieder zu dem unerschöpflichen Thema Liebe gebracht, bei dem das Herz als eine Art Kompass dient.

Es überrascht wenig, dass das Herz mit der Liebe assoziiert wird. Wer je verliebt war, weiß, dass das Herz schneller schlägt, wenn man den Menschen erspäht, der gerade die romantischen Fantasien beflügelt. Und wenn einem das Leid widerfährt, diesen Menschen zu verlieren, spürt man einen Schmerz in der Brust. Wir gebrauchen Wendungen wie »Mir ist das Herz schwer« oder »Es bricht mir das Herz«, wenn sich die Liebe gegen uns wendet.

Seit wann ist das Herz mit der Liebe verbunden? Wann ist das Herzsymbol entstanden? Wie hat es sich weltweit verbreitet? Was sagt es uns über die Bedeutung der Liebe in unterschiedlichen Epochen und Regionen? Wie sind

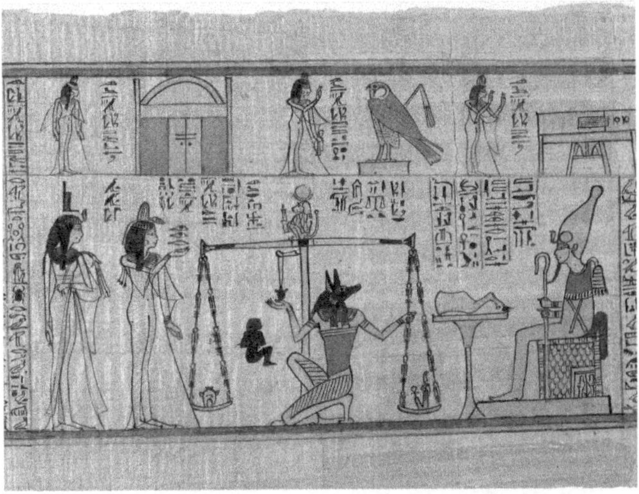

Abbildung 2: Der Sänger von Amun Nany, Bestattungspapyrus (Detail), 1050 v. Chr. Papyrus, Farbe. Metropolitan Museum of Art, New York, Rogers Fund, 1930.

die diversen Religionen mit dem Liebesherz umgegangen? Um diese und ähnliche Fragen wird es in diesem Buch gehen.

Die alten Ägypter glaubten, das Herz sei der Sitz der Seele und werde zum Zeitpunkt des Todes auf einer Waage gewogen (Abbildung 2). Dem *Ägyptischen Totenbuch* zufolge erhielten die Verstorbenen Zutritt zum Leben nach dem Tod, wenn das Herz rein genug war und weniger als die *Maat*-Feder der Wahrheit wog. War das Herz hingegen unrein und beladen von bösen Taten, neigte es sich auf der Waage mehr als die Feder, worauf der oder die Verstorbene von einem wilden Tier verschlungen wurde. Offensichtlich knüpft das christliche Jüngste Gericht an diese Vorstellung vom Herzen auf dem Prüfstand an.

Aber die alten Ägypter sahen das Herz auch als die Wohnstatt der liebenden Gefühle eines Menschen. Ein ägyptischer Dichter stellte sein Herz dar als einen »Sklaven« der Frau, die er begehrte, und ein anderer Dichter meinte, die Liebe überkomme sein Herz, während er seinen Alltagsverpflichtungen nachging: »Wie herrlich, aufs Feld zu gehen, wenn das Herz sich in Liebe verzehrt.«[1] Trotz des Abstands von dreitausend Jahren merken wir unmittelbar, dass solche Gefühle sich nicht von unseren eigenen unterscheiden.

Die Religionen, die später im Nahen Osten aufkamen – Judentum, Christentum und Islam – zeigten Argwohn gegenüber dem Liebesherz. Abgesehen vom *Lied der Lieder* und einigen Geschichten in der hebräischen Bibel feiern die heiligen Bücher dieser Religionen die sinnliche Liebe zwischen Menschen in keiner Weise. Tatsächlich hat die Geburt des Monotheismus zur Konkurrenz zwischen weltlichen und religiösen Ansprüchen auf das Herz geführt – eine Konkurrenz, die im ersten Jahrtausend unterschiedliche Formen annahm und im Mittelalter dann wirklich eskalierte.

Als die Troubadoure des zwölften Jahrhunderts in Südfrankreich ihre Leier nahmen, um von der Liebe zu singen, waren sie überzeugt, dass ihre Lieder wenig Sinn hätten, wenn sie nicht von Herzen kämen. In der Nachfolge der okzitanischen Troubadoure versprachen die nordfranzösischen Spielleute und Erzähler ihr Herz einer idealisierten Frau und trachteten danach, ihr Herz als Zeichen der Treue mit ihr »zu tauschen«. Es stimmt, dass dieses hochfliegende Gebaren in erster Linie den Angehörigen des Adels galt und dass auch sie einem so hohen Anspruch nicht gewachsen waren. Und doch sollte sich diese von den Höfen in Frankreich, Deutschland und Italien stammende Lehre der verfeinerten Liebe als erstaunlich dauerhaft erweisen: Im Laufe der Jahrhunderte entwickelten sich daraus kleine und große Aufmerksamkeiten, die Männer und Frauen in den westlichen Ländern voneinander erwarten, und sie schuf romantische Gepflogenheiten, die bis zum heutigen Tage Gültigkeit besitzen.

Zugleich trug das Christentum dazu bei, dass dem Herzen wieder Bedeutung zugeschrieben wurde, wenngleich in anderer Weise. Angefangen bei der Bibel wurde das Herz als das Hauptorgan aufgefasst, das Gottes Wort empfangen und bewahren kann.[2] Unter den Kirchenvätern assoziiert man wohl am ehesten den heiligen Augustinus (354–430) mit dem Herzen, das er in seinen *Bekenntnissen* über zweihundert Mal erwähnt, oft als Bezeichnung für sein innerstes Selbst.[3] Wie Augustinus in einer häufig zitierten Bekräftigung seines Glaubens formuliert: »Du hast uns für dich gemacht, o Herr, und unruhig ist unser Herz, bis es ruht in dir.« Vielleicht hat Augustinus stärker als jeder andere Kirchenvater dafür gesorgt, das reine Herz für das Christentum zu reklamieren und das lustvolle, mit der weltlichen Liebe verbundene Herz zu diskreditieren.[4]

Im zwölften und dreizehnten Jahrhundert brachte das Wiederaufleben des religiösen Lebens in den Klöstern, angeführt von derart herausragenden Persönlichkeiten wie Bernhard von Clairvaux (1090–1153), Hildegard von Bingen (1098–1179) und dem heiligen Franziskus (1181–1226), eine neue Betonung auf das Innenleben mit sich, das durch das reine, Jesus hingegebene Herz repräsentiert wurde. Die Kirche propagierte die Liebe Gottes und aller seiner Geschöpfe, was die Tugend der *Caritas* – die der erotischen Liebe überlegene Rivalin – am besten verkörperte.

Doch obwohl die Kirche die weltliche Liebe offiziell ablehnte, fand Eros seinen Weg in die klösterliche Abgeschiedenheit, wo geistliche Männer und Frauen die Sprache der Liebenden für ihr Gespräch miteinander und mit Gott übernahmen. Die mystischen Denker, wie etwa Gertrud von Helfta, hatten Visionen intimer körperlicher Begegnungen mit Jesus, die klingen, als seien sie den Seiten französischer und deutscher Liebesliteratur entsprungen.

Das Herz als Symbol für die Liebe (❤) kam zuerst in dieser mittelalterlichen Epoche kultureller Erneuerung auf. Es wurde sowohl für weltliche wie für religiöse Kunstwerke erschaffen und florierte vor allem in höfischen Kreisen. Seit das Liebesherz nun in der Welt war, fand es seinen Weg zu Tausenden von Objekten – Schmuck, Gobelins, Elfenbeinschnitzereien und Kommoden –, die alle der Oberschicht zur Freude dienen sollten. Dieses Symbol der Liebe, das zuerst nur der gesellschaftlichen Elite vorbehalten war, steht inzwischen jedem, der sehen kann, zur Verfügung.

So ansprechend, wie das Herzsymbol ist, bietet es sich für diverse ästhetische, philosophische und psychologische Interpretationen an. Seine vollendete Symmetrie und leuchtende Farbe sprechen unseren Schönheitssinn an. Seine zwei gleichen Hälften, die zu einem Ganzen verschmelzen, vermitteln die philosophische Vorstellung von Platon, dass jeder Mensch danach strebt, sich mit seinem Seelenverwandten zu verbinden. Und auf einer unbewussten Ebene evozieren die runden Lappen sexuelle Fantasien von Brüsten und Gesäß. Aus diesen und anderen Gründen stand dieses mittelalterliche Symbol für unterschiedliche Vorstellungen von der Liebe, die für unterschiedliche Menschengruppen zu unterschiedlichen Zeiten und an unterschiedlichen Orten bedeutsam waren.

Zwar konzentriert dieses Buch sich auf die westliche Kultur, aber ich werde auch die arabische Welt der Zeit zwischen der klassischen Antike und dem Mittelalter und, in einem geringen Umfang, Beispiele aus dem zeitgenössischen Asien berücksichtigen. Diese Ausflüge in Kulturen außerhalb der westlichen Welt zeigen, dass die Assoziation zwischen Herz und Liebe auch in anderen Teilen der Welt gilt. So entdeckte ich zu meinem Erstaunen, dass in dem japanischen Zeichen für Liebe auch das Zeichen für das Herz enthalten ist.

Herz → 心
Liebe → 愛

Indem ich der Verbindung zwischen Herz und Liebe nachging, bin ich auf Spuren gestoßen, die ich im Vorhinein nie erwartet hätte: wie Philosophen und Ärzte die Funktionen des Herzens diskutierten, wie das Herz manchmal getrennt vom Leichnam bestattet wurde und wie sowohl die Katholiken als auch die Protestanten das Herz für religiöse Zwecke nutzten. Wie das Herz von Schriftstellern und Künstlern in zahllosen Kulturen diskutiert und dargestellt wurde, ist offensichtlich mehr, als ein Mensch in einem ganzen Leben erforschen kann. Doch selbst eine Auswahl dieser Themen bringt uns diesem geheimnisvollen, vielseitigen Phänomen näher, das wir mit dem Wort »Liebe« zu begreifen suchen.

Kapitel 1

Das Liebesherz in der Antike

Ehe Abbildungen vom Liebesherzen entstanden, bestand schon längst die Tradition einer schriftlichen und mündlichen Beziehung zwischen Herz und Liebe. Bereits im antiken Griechenland setzten die Dichter das Herz mit der Liebe in sprachlichen Begriffen gleich, die dann erst fast zweitausend Jahre später ihr visuelles Äquivalent finden sollten. Unter den frühesten uns bekannten griechischen Beispielen klagte die Dichterin Sappho über ihr eigenes »verrücktes Herz«, das die Liebe erschüttert hatte. Sappho lebte im siebten Jahrhundert v. Chr. auf der Insel Lesbos im Kreise von Schülerinnen, für die sie leidenschaftliche Gedichte schrieb, die heute nur in Fragmenten überliefert sind, wie etwa das folgende:

Eros erschüttert mein Herz
Wie Sturm, der auf dem Berg in Eichen fällt.[5]

Sapphos Herz war niemals ruhig. Es wurde ständig gegen ihren Willen von Aphrodite, der Göttin der Liebe, in Erregung versetzt. Sie rang mit Aphrodite: »Lasse dem Gram mein Herz nicht, Göttin, erliegen!«[6] Doch im Alter beklagte Sappho ihr »schweres Herz«, das nicht mehr empfänglich war für die Euphorie, die eine jugendliche Liebe entfacht.

Sapphos Stimme hallt durch die Jahrhunderte, in denen Generationen von Männern und Frauen die Liebe als eine Art göttlichen Wahnsinn erlebten, der ihre Herzen befällt. Etwa sechshundert Jahre nach Sappho diagnostizierte der griechische Biograph Plutarch diese Krankheit bei dem Seleukidenkönig Antiochos I. Als dieser sich in seine Stiefmutter Stratonike verliebte, zeigten sich bei ihm »alle bekannten Symptome der Sappho – seine Stimme zitterte, sein Gesicht errötete, seine Augen blickten erstarrt, plötzlicher Schweiß brach aus, und seine Herzschläge waren unregelmäßig und heftig«.[7] Die Liebe wurde als körperliche Erfahrung verstanden, die primär im Herzen wohnte und den ganzen Körper überfiel. Oft wurde sie als ein schmerzliches Leiden dargestellt, das den Sterblichen durch launische Götter zugefügt wurde.

Die Geschichte von Jason und Medea, die Apollonios von Rhodos um 250 v. Chr. in seiner *Fahrt der Argonauten* erzählt, bietet ein gutes Beispiel dafür, wie die griechischen Götter den Menschen die Liebe aufbürdeten. Im Auftrag der Göttinnen Hera und Athene bewegte Aphrodite ihren kleinen Sohn Eros dazu, dafür zu sorgen, dass Medea sich in Jason verliebte, damit er das Goldene Vlies erobern konnte.

> *... klein zusammengekauert, legte er (Eros) die Kerben*
> *mitten auf die Sehne, spannte sie mit beiden Händen und*
> *schoss genau auf Medeia. ...*
> *Das Geschoss aber brannte, einer Flamme gleich,*
> *in der Jungfrau, unter ihrem Herzen.*[8]

Eros mit Pfeil und Bogen war keineswegs die freundliche Gestalt, zu der er dann später in der niedlichen Amorfigur wurde. Hier ist er ganz eindeutig eine gefährliche, unmenschliche Kraft, die einer unschuldigen Jungfrau sexuelle Begierden aufzwingt und ihr Herz mit heftiger Leidenschaft erfüllt, die sich am Ende als zerstörerisch erweist.

Die griechischen Philosophen der Antike waren sich mehr oder weniger einig, dass das Herz irgendwie mit unseren stärksten Gefühlen, einschließlich der Liebe, in Verbindung steht. Platon plädierte dafür, dass in der Brust nicht nur primär Platz für die Liebeserfahrung sei, sondern dass auch Angst, Wut und Schmerz dort zu verorten seien. In seinem *Timaios* erläutert er, wie das Herz das ganze Gefühlsleben des Menschen beherrscht.[9]

Aristoteles maß dem Herzen eine noch wichtigere Rolle zu, ja die Vorherrschaft über alles menschliche Erleben. Es war nicht nur die Quelle von Lust und Schmerz, es war auch der Mittelpunkt der unsterblichen Seele oder der Psyche. Wie Aristoteles und dann der griechische Arzt Galenos (ca. 130–200) sich von Platon distanzierten, sollte von späteren Philosophen und Naturwissenschaftlern bis ins siebzehnte Jahrhundert umfassend erörtert werden.

Zur Zeit der Römer war die Verknüpfung von Herz und Liebe dann gang und gäbe. Venus, die Göttin der Liebe, wurde geachtet – oder beschuldigt –, mit Hilfe ihres Sohnes Amor die Herzen zu entflammen, und seine auf menschliche Herzen gerichteten Liebespfeile waren immer treffsicher. Dichter wie Catull (87–54 v. Chr.), Horaz

ABBILDUNG 3: Unbekannter Künstler, Drachme mit Samenschale der Silphiumpflanze, um 510–490 v. Chr. Heiligtum von Demeter und Persephone, Kyrene, Katalognummer 14.

(65–8 v. Chr.), Properz (ca. 50–15 v. Chr.) und Ovid (47–17 v. Chr.) thematisierten gerne die Herzen, die von Venus erregt oder von Amors Pfeilen durchbohrt waren.

Für die Geliebte verwendeten sie gewöhnlich ein Pseudonym – »Lesbia« bei Catull, »Cynthia« bei Properz, »Corinna« bei Ovid –, aber wir wissen nicht sicher, ob hinter dem Namen immer ein lebendes Pendant stand. Doch ungeachtet dessen schrieben sie überzeugend über ihre Liebeserfahrungen, immer mit dem Blick auf die Gestalt der *domina*, jener Frau, die ihr Herz erobert hatte, von der ihre Gedanken besessen waren und der sie emotional ergeben waren.

Im Falle von Catull ist zumindest bekannt, dass Lesbia ein Pseudonym für Clodia war, die Ehefrau eines römischen Politikers. Die anderen Geliebten der Dichter waren wahrscheinlich entweder verheiratete Frauen oder Halbweltdamen – freie Frauen (im Gegensatz zu Sklavinnen), die bei privaten Gastmahlen in wechselnder Begleitung zugegen waren und sich in der Öffentlichkeit wie etwa im Zirkus oder bei Wettkämpfen zeigten. Einer solchen Frau widmete der Dichter sein Herz – trotz ihrer berüchtigten Untreue.

Bei Catull besteht auch eine interessante Verbindung zur Darstellung des Herzens auf der antiken Münze, die in Abbildung 3 zu sehen ist. Diese Münze, in die der Umriss der Samenschale der Silphiumpflanze eingeprägt ist, einer heute ausgestorbenen Riesenfenchelart, sieht genauso aus wie unser heutiges Herzsymbol (❤), das seit dem Mittelalter die Liebe symbolisiert. Catull erwähnt in einem seiner Gedichte explizit Kyrene im antiken Libyen als die Stadt, in der Silphium geerntet wurde – und die tatsächlich durch den Export von Silphium so reich wurde, dass die Kyrener es auf ihre Münzen prägten.

Du fragst, Lesbia, wie viel deiner Küsse
Genug, übergenug der Sehnsucht seien?
Soviel Sandkörner sind in Libyens Wüste
Bei Kyrene, dem laserpflanzenreichen …[10]

Warum nun erwähnte Catull Silphium in einem Liebesgedicht? Die heute gängigste Erklärung lautet, dass Silphium in der Antike zur Empfängnisverhütung hoch im Kurs war. Eine andere kyrenische Münze zeigt sogar das Bild einer Frau, die mit der einen Hand eine Silphiumpflanze berührt und mit der anderen auf ihre Geschlechtsorgane zeigt. Soranus, ein griechischer Arzt des zweiten Jahrhunderts, riet, dass eine kleine Dosis

Silphium, einmal im Monat eingenommen, nicht nur die Empfängnis verhüten, sondern gegebenenfalls auch eine Abtreibung auslösen werde.[11]

Es ist unwahrscheinlich, dass die Form des Silphiumsamens irgendetwas mit dem Herzsymbol zu tun hatte, das mehr als tausend Jahre später in Europa aufkam. Doch Catulls Hinweis auf Silphium in einem Liebesgedicht erinnert uns daran, dass Frauen sich immer über die Konsequenzen ihrer sexuellen Beziehungen klar sein mussten, denn weder Catull noch seine Geliebte konnten eine Schwangerschaft riskieren. Am Schluss des Gedichts verspottet er die bösen Zungen der Neugierigen, die sich über Lesbias Küsse empören, welche zahlreicher seien als die Sandkörner des silphiumreichen Libyen.

Ganz gleich, was für Catull die Bedeutung von Silphium war, Tatsache ist, dass eine Samenschale, wie sie in Abbildung 3 zu sehen ist, die älteste bekannte Darstellung der Form ist, die dann zum universellen Symbol der Liebe werden sollte.

Ovid, der bekannteste römische Dichter der Liebe, stellt *amor* als eine Art Spiel dar, das jeder spielen kann, der die Regeln kennt. Und – mit einem Augenzwinkern – möchte er diese Regeln in seiner *Liebeskunst* (*Ars amatoria*) lehren. Dieses Werk war zu seiner Zeit äußerst beliebt, kam dann im Mittelalter wieder in Mode und ist noch bis zum heutigen Tag in zahlreichen Übersetzungen weltweit erhältlich – mindestens zehn englischsprachige Ausgaben sind bei Amazon.com aufgelistet.

Für Ovid ist die Liebe ein seltsames Gemisch aus Sexualität und Gefühl, mit einer Betonung auf Ersterem. Immer wenn er das Wort »Herz« für einen Menschen gebraucht, sollte der Leser es mit Eros gleichsetzen, also mit sexuellem Begehren. Ovids Helden (in erster Linie er selbst) sind Krieger, die entschlossen sind, die Auserwählte zu »gewinnen« und mit ihr zu schlafen.

Liebe ist eine Art Kriegsdienst: Wer träge ist, soll sich entfernen.
Feiglinge eignen zum Kampf für diese Fahnen sich nicht.[12]

Laut Ovid kennt Eros außer der eigenen Leidenschaft nur sein eigenes Gesetz und keine höhere Moral, die das Herz binden würde. Der Dichter war voll des Lobes für den zielstrebigen Mann, der »das Herz eines Liebenden zeigt«, und damit meinte er denjenigen, der bereit war, auf der Jagd nach einer unwiderstehlichen Frau jegliche Hindernisse zu überwinden. Auch wenn er davon ausging, dass die Männer die Verführer und die Frauen die Verführten sind, so waren doch die Frauen in seinem Bekanntenkreis keineswegs passive Teilnehmerinnen im Spiel der Liebe.

Und was war nun mit dem Herzen der Frau? Ovid zufolge war es ebenfalls die Wohnstatt von Eros, aber es gab sich zahlreichen anderen Begierden wie Geld, Schmeichelei, Heimlichtuerei und Ruhm hin. Tatsächlich stellte Ovid die begehrenswerten Frauen nicht wirklich als attraktiv dar. Doch einen Bereich gab es, in dem er der Frau ein Recht zugestand, und dies war das Schlafgemach. Hier erwartete er, dass sie ihm ebenbürtig war, dass auch sie den Sex genau wie er genießen würde. Er drückte das so aus: »Ich hasse Beilager, die nicht bei beiden Entspannung herbeiführen.« Ovid vermochte es, die Intimität der Liebe zu beschreiben, ohne dabei pornographisch zu klingen. Jede Frau würde damals wie heute seiner Auffassung zustimmen, dass beide Seiten den erotischen Genuss gleichermaßen teilen, so wie es die folgenden Zeilen zum Ausdruck bringen:

Glaube mir, nicht auf die Schnelle gelangt man zur Wonne der Venus,
Nein, durch Verzögern nur lockt man sie behutsam hervor.
Hast du die Stellen gefunden, an denen die Frau gern berührt wird,
Halte die Scham nicht zurück, dass du sie dort auch berührst;
…
Lass aber nicht die Geliebte in Schussfahrt mit volleren Segeln
Hinter dir, und deiner Fahrt eile auch sie nicht voraus.
Eilet gemeinsam zum Ziel: die Lust ist dann erst vollkommen,
Wenn überwältigt zugleich daliegt die Frau mit dem Mann.

Dies ist demnach Ovids Vision eines zufriedenen »Herzens«. Denkt man an seine Beschreibungen der Rendezvous von Venus, Mars und anderen griechisch-römischen Göttern, so sah er die Liebe als lustvolle verschlungene Umarmung. An dieser Vision ist nichts Überirdisches, nichts von dem metaphysischen Idealismus, den Platon vierhundert Jahre zuvor propagiert hatte, keinerlei religiöse Konnotation, wie sie Dante dreizehnhundert Jahre später mit der Liebe verknüpfte, und auch nichts von den exaltierten Gefühlszuständen der Romantiker des neunzehnten Jahrhunderts. Für Ovid ist die Liebe wesentlich ein sinnliches Erleben, mit dem »Herzen« als einem luftigen Euphemismus für die Geschlechtsorgane.

Bei den freien Römern hatte die Ehe weniger mit erotischer Liebe zu tun als vielmehr mit familiären Bindungen, gesellschaftlichem Stand, Eigentum und Abstammung. Doch das Herz sollte weiterhin zärtliche Gefühle zwischen den Ehepartnern erregen. Tatsächlich glaubte man, dass der Ehering, den die Gattin erhielt und an ihrem vierten Finger trug, eine besondere Beziehung zum Herzen hatte, wie es der lateinische Schriftsteller und Grammatiker Aulus Gellius im zweiten Jahrhundert erklärte:

> *Bei Sectionen (d. h. Zergliederung und Öffnung menschlicher Leichname), wie sie in Ägypten zum Zweck der Einbalsamierung vorgenommen werden … machte man die Entdeckung, dass ein gewisser sehr zarter Nerv von diesem einen, besagten (Ring-)Finger ununterbrochen bis zum menschlichen Herzen sich erstreckte. Deshalb es nicht ungereimt erschienen sei, gerade diesen Finger durch eine solche Ehre auszuzeichnen, da er in so enger Verbindung mit dem Hauptsitz der Seele (und jeder herzlichen Empfindung) zu stehen schien.*[13]

Was für eine fantastische Vorstellung! Auch wenn es nach unserer heutigen Kenntnis der Anatomie keinerlei Grundlage dafür gibt, überdauerte der römische Glaube, dass eine kleine Vene namens *vena amoris* (Liebesvene) vom vierten Finger zum Herzen verlief, die Jahrhunderte.

Wie der lateinische Autor Macrobius in seinen *Saturnalia* deutlich macht, hielt er sich bis ins fünfte Jahrhundert nach Christus und gehörte im Mittelalter sogar noch regulär zum Hochzeitsritual. Im mittelalterlichen Salisbury (England) hieß es in der Liturgie für den Hochzeitsgottesdienst emphatisch, dass der Bräutigam der Braut einen Ring an den vierten Finger stecken sollte, »weil in diesem Finger eine gewisse Vene ist, die von dort bis zum Herzen verläuft und tiefe Zuneigung bewirkt«.[14] Demnach stammt die Tradition, der Braut einen Ring an den Finger zu stecken und damit die Hochzeitszeremonie zu besiegeln und die Zuneigung der Frau zu stärken, noch aus der Zeit der Römer.

Die römische Ehefrau, die diesen Erwartungen entsprach, wurde manchmal bei ihrem Tod mit einer nostalgischen Referenz an ihr liebendes Herz geehrt.[15] So heißt es auf einem Epitaph aus dem zweiten Jahrhundert v. Chr.: »Dies ist das unschöne Grab einer schönen Frau … Sie liebte ihren Ehemann mit ihrem Herzen. Sie gebar zwei Söhne … Sie war vornehm in ihrem Reden und ihrem Auftreten. Sie führte den Hausstand.« Diese Worte preisen die verstorbene Ehefrau als Mutter, Hausfrau, brillante Rednerin und Besitzerin eines treuen Herzens.

Auch vom Mann wurde erwartet, dass er im Herzen zärtliche Gefühle für seine Ehefrau hegte. Der große Staatsmann Cicero begann 58 v. Chr. einen Brief an seine erste Ehefrau Terentia mit den Worten: »Licht meines Lebens, Lust meines Herzens. Daran zu denken, liebste Terentia, dass du so gepeinigt bist.« Ciceros Ehe mit der »Lust seines Herzens« hielt über dreißig Jahre, aber das Ehepaar war in dieser Zeit viele Male getrennt, oft auf seinen Wunsch.

Schließlich ließen sie sich scheiden, was ihm erlaubte, Publilia zu heiraten, sein früheres Mündel, die eine beträchtliche Aussteuer einbrachte. Ciceros wahre Liebe seines Lebens war seine Tochter Tullia, die etwa zwei Jahre nach seiner zweiten Eheschließung verstarb. Er konnte seine Tränen nicht unterdrücken und litt, wie wir heute sagen würden, an einer schweren Depression. Da die Römer öffentliches Bezeigen von Trauer ablehnten, insbesondere wenn es um eine Frau ging, durfte Cicero seine Gefühle nicht zeigen. Kurz darauf beendete er seine kurze Ehe mit Publilia.[16]

Wenn Catull nicht über Lesbia schrieb, schilderte er, wie das Herz von Mann und Frau in einer römischen Ehe zu empfinden hatte.[17] Der Ehemann: »Tief im Herzen wie dir brennt ihm / Heiß die Flamme der Liebe …« Die Ehefrau: »Braut, du hüte dich, dass du nie, / was dein Mann von dir will, versagst.« Würden junge Amerikanerinnen es heute passend finden, dass das Herz der Frau sich dem ihres Ehemanns unterwirft? Wohl eher nicht.

Doch oft waren die römischen Frauen, verglichen mit ihren Geschlechtsgenossinnen in vielen anderen Ländern gestern und heute, ziemlich unabhängig. Sie waren nicht auf einen Frauenbereich in ihrem Haus beschränkt, und außerhalb des Hauses konnten sie sich relativ frei bewegen. Wahrscheinlich hatten sie bei der Wahl des Ehemanns keinen großen Einfluss, weil die Familie ihn für sie auswählte, doch im Gegensatz zu polygamen Gesellschaften musste die Braut ihren Mann nicht mit anderen Ehefrauen teilen. Denn das römische Gesetz gestattete einem Mann nur eine Gefährtin (zu einer gegebenen Zeit). Wenn die Befehle ihres Herzens sie in die Arme eines außerehelichen Liebhabers trieben, hatte der Ehemann das Recht, sich von ihr scheiden zu lassen, aber er durfte sie nicht töten, wie er es in früheren Zeiten ungestraft hätte tun können.

Um die sexuellen Freiheiten verheirateter Frauen zu zügeln, führte Kaiser Augustus zwischen 18 v. Chr. und 17 v. Chr. die *Lex Iulia de adulteris* ein, durch die Ehebruch zu einem Schwerverbrechen wurde. Zehn Jahre später schickte er Ovid unvermittelt in die Verbannung und gab für dieses harte Urteil zwei Gründe an: ein Gedicht (vermutlich *Die Liebeskunst*) und eine nicht genauer definierte »Indiskretion«. In seinem Kampf gegen eheliche Untreue (ungeachtet seines eigenen Verhaltens) blieben auch Mitglieder seiner eigenen Familie nicht ungeschoren: Sowohl seine Tochter Julia wie seine Enkelin, die jüngere Julia, wurden wegen desselben Delikts verbannt. Obwohl Ovid die letzten Jahre seines Lebens im Exil an den fernen Küsten des Schwarzen Meeres verbringen musste, vergaß man ihn in Rom nicht, und seine Werke waren dort weiterhin enorm populär.

Glaubten die Griechen und die Römer, dass die allmächtigen Götter auf dem Olymp die Liebe zwischen den Menschen entflammten? Lassen wir Ovid das letzte Wort: »Die Götter haben ihren Nutzen, also glauben wir, dass es sie gibt.« Viele Zeitgenossen von Ovid teilten seine Skepsis.[18] Manche Griechen und Römer waren, so darf man vermuten, strenggläubig,[19] während andere – bis hin zu Platon – die Götter als allegorische Figuren verstanden, als Persönlichkeitstypen oder Götterwesen. In der griechischen und römischen Mythologie handelten die Götter ähnlich wie

Menschen: Sie liebten, führten Kriege, empfanden Eifersucht und Wut, begingen Ehebruch, logen, betrogen, verführten junge Männer und Mädchen, und manchmal stahlen sie sogar kleine Kinder. Sie hatten keine Hemmungen, ihre übernatürlichen Kräfte zu gebrauchen, um ein Objekt der Begierde für sich selbst zu erobern oder einen Sterblichen dazu zu bringen, dass er sich unglücklich verliebte.

Wie Naturgewalten kannte ihre Macht letztlich keine Moral, und die sexuelle Liebe, die sie in den Menschen entfachten, war oft zerstörerisch. Medea etwa, die Jason half, das Goldene Vlies zu erobern, ermordete schließlich in einem Zornesausbruch ihre gemeinsamen Kinder, als er sie wegen einer anderen Frau verließ. Phaedra verliebte sich in ihren Stiefsohn Hippolytos, was am Ende zu ihrem Selbstmord und zu seinem Tod führte. Dass Helena sich unter dem Einfluss von Aphrodite mit Paris einließ, wurde zum Auslöser für den Trojanischen Krieg – der Dramatiker Aischylos nannte sie daher »eine herzfressende Blume der Liebe«.[20] In diesem und anderen Beispielen statten die Schriftsteller die mythologischen Frauenfiguren mit Herzen aus, die zu den verhängnisvollsten Taten fähig waren. Selten kam ein Herz harmonisch mit einem anderen Herzen zusammen; vielmehr wurde es oft »gefressen«, durchstoßen, erobert, durchdrungen, zerrissen, zerstört.

Dennoch sahen die Griechen und Römer die Ehe als einen möglichen Hort für zärtliche und sich liebende Herzen. Angefangen mit Penelope und Odysseus in der *Odyssee* bot die griechische Literatur das Bild von Mann und Frau, die einander durch Zuneigung, Familienbande und Loyalität verbunden sind. Ganz gleich, wie das Alltagsleben griechischer und römischer Paare ausgesehen haben mag – streitbar, elend, süß, friedlich oder eine Mischung aller möglichen emotionalen Zustände –, so legten sie doch ein Lippenbekenntnis für eine ideale Sicht der ehelichen Liebe ab. Brennende romantische Liebe, wie wir sie heute kennen, war wohl eher das, was man vermeiden wollte.

Zwar war im klassischen Altertum das Herz der Teil des Körpers, der am häufigsten mit der Liebe verknüpft wurde, aber man ignorierte die Geschlechtsorgane keineswegs: Griechische Vasen zeigten Szenen des Beischlafs in jeder möglichen Stellung, und im alten Athen wurden sogar riesige Monumente für den Phallus errichtet.[21] Nackte Statuen römischer Götter und Göttinnen zeigten ganz offen den Penis oder die weiblichen Brüste, und Ovid deutete gewagt an, wie eine Frau sich gerne liebkosen lässt. Doch nur der zynischste Grieche oder Römer hätte behauptet, dass die Liebe ausschließlich zwischen den Beinen wohnt.

Kapitel 2

Arabische Lieder vom Herzen

Nach dem Untergang des Weströmischen Reiches (476) hat die Liebe kaum schriftliche Spuren in Europa hinterlassen, aber jenseits des Mittelmeeres fand man in Nordafrika mündliche und schriftliche Zeugnisse. Wie im alten Griechenland und in Rom war dort das Herz mit der Liebe sprachlich verknüpft. Arabische Barden, die als *rawis* bekannt waren, lernten tiefsinnige Liebesgedichte auswendig, die von verwegenen heterosexuellen Rendezvous in nomadischen Zelten und homosexueller Leidenschaft bis hin zu keuscher Bewunderung für eine hochgeborene verheiratete Dame reichten.[22] Diese im achten und neunten Jahrhundert schriftlich gesammelten Gedichte vermitteln einen Eindruck von der Liebe unter den nomadischen Beduinen vor dem Tod von Mohammed im Jahre 632. Danach wurde die erotische Liebe als vorherrschendes Thema der arabischen Dichtung durch die Religion ersetzt.[23]

In der vorislamischen Zeit war das Herz des Liebenden oft betrübt und verzehrte sich vor Sehnsucht nach einer bestimmten Frau. Unter den Nomaden waren die Beziehungen meist vorübergehend und Trennungen ein Anlass für Trauer. So schrieb der Dichter Ka'b Bin Zuhair: »Su'ad ist fort, und heute ist mein Herz liebeskrank.«[24] Ein anderer Dichter, Umar Ibn Abi Rabi'ah, bat seine Gefährten, Mitgefühl für seine einseitige Liebe zu Zaynab zu haben, die sein Herz vollkommen in Besitz genommen hatte. Ein dritter, al-Aswad Bin Yafur, beklagte seinen verzweifelten Zustand als alter Mann und blickte wehmütig auf die Zeit zurück, als er die Gesellschaft von Frauen genießen konnte, die »mit ihren Augen die Herzen der Männer zu erlegen« vermochten.

Wenn manche dieser Themen uns bekannt vorkommen, so hat dies damit zu tun, dass der liebeskranke Dichter mit seinem Herzschmerz inzwischen zum Stereotyp geworden ist. Wir haben ihn bereits in der Antike angetroffen, und wir werden ihm sowohl im Mittelalter wie im neunzehnten Jahrhundert wiederbegegnen. Aber im Unterschied dazu war für diese frühen arabischen Liebhaber die Welt, in der sie lebten, tatsächlich gefährlich, und sie erwiesen sich in ihren Abenteuern als wirklich verwegen. Der Liebhaber war ständig unterwegs, umgeben von endlos weiten Wüsten, vom Wind gepeitscht, an sein Kamel geklammert und erleichtert, wenn er in der Ferne Zelte erspähte. Die von ihnen geliebten Frauen mit ihren Blumengewändern und dem Duft von Moschus repräsentierten eine Art Paradies, auch wenn die Dichter sie oft als launisch wie das Wasser in der Wüste darstellten. Viele begehrte Frauen hatten Familien oder Ehemänner oder Wächter, die man umgehen musste. Für die amourösen Heldentaten, die von diesen vorislamischen Beduinen beschrieben werden, mussten sie waghalsigen Mut aufbringen.

Doch es gab auch immer ein paar kühne Frauen, die

nicht zuließen, dass ihre Ehemänner und Kinder ihre Liebschaften unterbanden. Imru' al-Qays, ehemals ein Frauenheld, erinnerte sich gerne an seine nächtlichen Eskapaden, aber vor allem an eine Frau, die er »von der Sorge um ihren Einjährigen ablenkte«. Er beschrieb explizit, wie es der Mutter gelang, sich um ihr Kleines zu kümmern, ohne den Liebesakt zu unterbrechen. »Als der Säugling hinter ihr schrie, drehte sie sich mit ihrem halben Körper zu ihm um, aber der halbe in meiner Umarmung war mir nicht abgewendet.«

Puh! Diese Zeilen gehören laut einem kundigen Wissenschaftler zum »Ausschweifendsten in der klassischen arabischen Dichtung«.[25] Imru' al-Qays besang mehrere solche Eroberungen als Beispiele dafür, wie jugendlich und draufgängerisch er die Damen befriedigen konnte.

Aber zu dem Zeitpunkt, als dieses Gedicht entstand, war er in eine Liebesaffäre verwickelt und beklagte den Zustand seines Herzens unter dem Einfluss jener Fatima. Nun war er nicht mehr frei, von Frau zu Frau zu schweifen, und klagte, dass sein Herz durch ihre Augen »verletzt« sei, unheilbar gebrochen.

Imru' al-Qays war einer von etwa hundert Dichtern der vorislamischen Zeit. Seine leidenschaftlichen und bewegenden Liebesgedichte vermitteln uns einen Eindruck von Herz und Verstand der Beduinen, die in nomadischen Stämmen lebten, wo die Liebhaber stolz waren auf ihre verwegenen Heldentaten, manchmal die Liebe wie zufällig im Flug eroberten und manchmal – wie jeder andere unglücklich Liebende zu allen Zeiten – von melancholischen Gefühlen für den einzigen unerreichbaren Menschen geplagt wurden.

Jede Kultur hat ihre legendären Liebhaber: Antonius und Kleopatra waren es bei den Römern, Abélard und Héloïse bei den Franzosen, Tristan und Isolde bei den Franzosen und den Deutschen, Lancelot und Ginover bei den Engländern und Franzosen, Romeo und Julia bei den Engländern. Ganz gleich, ob diese Paare auf wirkliche Menschen zurückgehen oder vollkommen fiktiv sind, stehen sie doch jeweils eindrucksvoll für leidenschaftliche Liebe. Jedes dieser Paare erlebte die Freuden erotischer Leidenschaft, die durch die Hindernisse noch gesteigert wurde, die ihnen die Familien, ihr Land, die Kirche, die Ehemänner und vieles andere in den Weg stellten. Die meisten dieser Geschichten nahmen ein trauriges oder tragisches Ende.

Die arabische Kultur hat ihre legendären Liebhaber in den Gestalten von Jamil und Buthayna, Majnun und Layla, Kuthayyir und Azza. Diese von drei verschiedenen Dichtern stammenden Paare interessieren uns nicht nur, weil sie einem Liebesideal entsprechen, sondern auch weil sie als Wegbereiter der »höfischen Liebe« gelten – jener Liebe, die sich in Europa im Mittelalter durchsetzte.[26]

Man denke an den Fall des Dichters Jamil (ca. 660–701), der einen ganz neuen Typ des beduinischen Liebhabers darstellte – zuvorkommend, treu und, anders als seine Vorgänger, keusch. Geprägt von den Werten des Islam, der sich zu Lebzeiten Jamils verbreitete, erlaubte dieses neue Ideal einem Liebhaber, eine arabische Frau aus der Ferne zu bewundern und ihr im Herzen treu zu bleiben, auch wenn ihrer beider emotionale Bindung nie physisch vollzogen wurde.

Jamil verliebte sich in eine junge Frau aus seinem

Stamm namens Buthayna. Zuerst ging sie auf seine Annäherungsversuche ein, und es gelang ihnen, sich gelegentlich zu treffen, ohne sich den Blicken der Wächter oder irgendwelchem Klatsch auszusetzen. Aber Buthayna achtete darauf, dass Jamils Zuneigung sich auf Gespräche und einen gelegentlichen Kuss beschränkte; jede sonstige Unvorsichtigkeit hätte sich, wäre sie bekannt geworden, für eine Beduinenfrau als verhängnisvoll erwiesen.

Schon bald hielt Jamil um Buthaynas Hand an. Als sie seinen Antrag ablehnte, weil ihre Familie eine vorteilhaftere Partie für die Tochter gefunden hatte, war Jamil entsetzlich niedergeschlagen. Doch er bewunderte sie weiterhin, auch als sie schon verheiratet war. Er drückte das so aus: »Ich liebte alleinstehende Frauen, als Buthayna alleinstehend war, und als sie heiratete, musste ich Verheiratete lieben.«[27] Anders als die vorislamischen Dichter hielt Jamil an seiner einen, ausschließlichen Liebe fest und fand Trost in dem Gedanken, dass er sie in einem jenseitigen Leben wiedersehen würde. In dieser Hinsicht entsprach Jamils Auffassung von der Liebe den muslimischen Glaubenssätzen: Die Liebe, die ihm auf Erden nicht gewährt war, würde ihm im Paradies schließlich zuteilwerden. Buthayna wurde eine Art Heilige, der Gegenstand von Jamils täglichen Gebeten. Er und die Dichter seiner Zeit begannen die Liebe als eine Religion anzusehen, in der die Geliebte als eine regierende Gottheit fungierte.

Im elften Jahrhundert schrieb der in Südspanien lebende Theologe, Jurist und Philosoph Ibn Hazm eine Abhandlung über die Liebe, die nicht nur in der arabischen Welt, sondern im folgenden Jahrhundert auch in Frankreich Einfluss nehmen sollte. In *Das Halsband der Taube. Von der*

Liebe und den Liebenden wollte Ibn Hazm »die Liebe, ihre Erscheinungsformen, Gründe, und Wechselfälle, das, was in der Liebe geschieht und was ihr widerfährt, wahrheitsgemäß« schildern.[28] Er versicherte, dass sein Werk auf seinen eigenen Erfahrungen und denen vertrauenswürdiger Berichterstatter basiere. Am Anfang beriefe er sich auf Religion und Gesetz. »Die Frömmigkeit verdammt die Liebe nicht, und das Gesetz verbietet sie nicht, stehen doch die Herzen in Gottes, des Mächtigen und Erhabenen, Hand.« Die Herzen sind demnach innig mit Gott verbunden, der fordert, dass »ein Herz Ihm geweiht sei«. (Koran 26:89).

Bei aller Treue zum Koran war Ibn Hazm gleichermaßen ein Platoniker. Wie Platon meinte auch er, dass Liebe aus der Faszination von physischer Schönheit entstehe, aber dass wahre Liebe auch die Seele betreffe. Und in der Rückerinnerung meinte er: »Dies rührte mein Auge zu Tränen, erfüllte mein Herz mit Weh, traf mein Gemüt wie ein harter Stein und steigerte die Heimsuchung meiner Seele.« Die Worte *Auge*, *Seele* und natürlich *Herz* wiederholen sich in Ibn Hazms Abhandlung wie der Refrain in einem Liebeslied.

Manchmal bedarf es nur einer kurzen Begegnung: »Gar oft erfasst die Liebe das Herz auf den ersten Blick.« Diese Liebe auf den ersten Blick, die gleich zu Herzen geht, scheint in vielen Kulturen ein Urtopos zu sein. Aber Ibn Hazm betont, dass wahre Liebe sich erst allmählich entwickelt. Er selbst hatte die Liebe in seinem Herzen immer erst im Laufe einer längeren Zeit verspürt. Viele europäische Schriftsteller nach ihm sollten dies ablehnen und sich an die Liebe auf den ersten Blick halten, die ja auch dramatischere Auswirkungen hat.

Aber sie folgten ihm dahingehend, dass auch sie betonten, man könne nicht zwei Menschen zugleich lieben. Er argumentierte: »Daher rührt der Irrtum der Leute, die behaupten, zwei zu lieben und zwei verschiedenen Menschen heiß und innig ergeben zu sein.« Der Glaube, dass im Herzen nur eine wahre Liebe sein kann, ist zu einem Pfeiler der westlichen Liebesgeschichten geworden.

In der Welt von Ibn Hazm hatten die Geliebte und der Liebhaber nicht denselben Status. Unterschiede im Alter, in den Gefühlen, im sozialen Rang waren üblich. Oft verliebte sich ein Mann in seine Sklavin oder in eine Frau aus einer niedrigeren Klasse und heiratete sie dann sogar. Diese Situation kehrte sich in den europäischen Annalen der höfischen Liebe um: Hier war der Minnesänger oder Ritter von einer Frau höheren Ranges, der Gattin des Königs oder Herrn bezaubert. Der Ehemann duldete die Aufmerksamkeiten für seine Gattin, solange sie nicht sexuell wurden.

Am Ende befürwortete auch Ibn Hazm die nichtsinnlichen Beziehungen. Nachdem er mehrfach Geschichten über erotische, hauptsächlich heterosexuelle, aber auch manchmal über homosexuelle Liebe erzählt hatte, kritisierte er nun die Sünden der Sexualität, vor allem Unzucht, Ehebruch und Sodomie. Leidenschaft wurde letztlich als »der Schlüssel zur Tür des Verderbens« gesehen. Sein Rat war, sich der Sünde zu enthalten und möglichst den Pfad der Mäßigung zu gehen. »Wenn einem das Herz verliebt, das Gemüt beschwert, das Verlangen heftig und die Sehnsucht groß wird und wenn dies in der Folge die Überhand gewinnt«, wird diese Seele in der Hölle enden. Nur wer »mit einem reinen Herzen« vor Gott tritt, kann darauf hoffen, ewige Wohnstatt im Paradies zu finden. Das Herz, wie Ibn Hazm es verstand, war zugleich der Ort weltlicher Leidenschaft – die er verdammte – *und* des religiösen Gewissens. Ungeachtet seiner eigenen Erfahrung mit der Leidenschaft in der Vergangenheit, fand Ibn Hazm seinen Frieden mit Allah, indem er dem Spirituellen den Vorzug gegenüber dem Körperlichen gab und vergänglicher Liebe zugunsten der Gottesliebe abschwor.

Kapitel 3

Die ersten Vorläufer des Herzsymbols

Bei meiner Forschung über altgriechische, römische, arabische und frühmittelalterliche Kulturen machte ich mich auf die Suche nach Abbildungen vom Herzen und hoffte herauszufinden, wann das uns bekannte Herzsymbol zum ersten Mal auftauchte. In der Literatur nach Verknüpfungen zwischen dem Herzen und der Liebe zu suchen, ist eine Sache; eine ganz andere ist jedoch die Suche nach Abbildungen von jenem zweilappigen symmetrischen Herzen, das die Liebe symbolisieren soll. Viele Monate lang trieb mich eine vertrackte Frage um: Gab es das Herzsymbol schon vor dem Hochmittelalter?

Die Antwort auf diese Frage ist ja *und* nein. Ja, weil die Form des Herzsymbols im Mittelmeerraum bereits im sechsten Jahrhundert v. Chr. auf einer kyrenischen Münze zu sehen ist (Abbildung 3), und nein, weil diese Form nicht das menschliche Herz darstellen sollte und auch nicht für die Liebe stand.

Im Laufe der Zeit entdeckte ich noch viele andere »Herz«-Darstellungen auf Kunstgegenständen im Mittelmeerraum. Beispielsweise zeigt ein wunderbares silbernes Trinkgefäß, das im sechsten Jahrhundert in Persien (dem

ABBILDUNG 4: Unbekannter Künstler, Trinkgefäß mit Musikerinnen, sechstes Jahrhundert v. Chr. Silber, Museum von Teheran, Iran.

heutigen Iran) entstand, Motive, die genauso aussehen wie das uns bekannte, muschelförmige Herz. Zu jener Zeit, vor der muslimischen Eroberung und der Einführung des Islam, war das Reich der Sassaniden mit mächtigen Königen und einer luxuriösen Hofkultur auf der Höhe seiner Macht. Das in Abbildung 4 gezeigte Gefäß ist eine äußerst kunstvolle Arbeit, in die vier weibliche Figuren – drei Musikerinnen und eine Tänzerin – eingeprägt sind. Alle sind von Weinlaub und Trauben umgeben und voneinander durch eine Ziergirlande mit »Herzen« getrennt. Doch es ist unwahrscheinlich, dass diese Motive menschliche Herzen darstellen sollten, und noch unwahrscheinlicher, dass sie mit der Liebe in Verbindung standen. Vielleicht hatten sie mit Wein zu tun,[29] denn es ist ein Trinkgefäß, wofür auch die Trauben und das Weinlaub stehen.

Ein weiteres »Herz«-Motiv aus dem sechsten Jahrhundert, diesmal europäischen Ursprungs, war erstmals im Herbst 2016 in der Pariser Ausstellung »Was ist neu im Mittelalter?« *(Quoi de neuf au Moyen Âge?)* zu sehen. Auf einer Schließe, die ehemals einem katholischen Kaplan gehörte und irgendwie in das Grab eines Adligen des sechsten Jahrhunderts gelangte, hatte man genau in der Mitte etwas Kleines, eine Art kleines »Herz«, angebracht. War dieses kleine »Herz« nur eine fantasievolle Form, oder hatte es eine besondere Bedeutung?[30]

Der verstorbene niederländische Neurochirurg und Autor Pierre Vinken meinte, dass solche Motive aus dem frühen Mittelalter nicht das Herz darstellen sollten; vielmehr hielt er sie für rein dekorativ, zumeist eher von efeuartigem Blattwerk inspiriert. Die in seinem Buch *The Shape of the Heart (Die Form des Herzens)* abgebildeten Beispiele bestätigen diese These.[31] Aber andere frühe Objekte, die Vinken nicht berücksichtigt, legen nahe, dass die doppellappige Form manchmal durchaus symbolische Bedeutung gehabt haben könnte, selbst wenn wir nicht wissen, worin diese Bedeutung bestand. Besonders faszinierende Beispiele finden sich in den sechsundzwanzig Manuskripten eines zwischen dem späten neunten und dem frühen dreizehnten Jahrhundert entstandenen Textes, der als *Apokalypsenkommentar* bekannt ist.[32]

Ursprünglich wurde der *Apokalypsenkommentar* im achten Jahrhundert in Spanien von dem Mönch Beatus von Liébana verfasst, der glaubte, dass das Weltenende nahte. Dieser Glaube basierte auf dem letzten Buch des Neuen Testaments – die Apokalypse oder das Buch der Offenbarung –, wo in surrealen Details der Weltuntergang beschrieben wird, wenn die Rechtgläubigen in den Himmel aufgenommen und alle Übeltäter durch schreckliche Katastrophen vernichtet werden. Beatus und seine Zeitgenossen hatten die Apokalypse auf das Jahr 800 datiert, aber selbst als dieses Jahr verstrichen war, kopierte man sein Werk weiterhin in zahlreichen Klöstern Nordspaniens, wo sich Mozaraber niedergelassen hatten. Die Mozaraber waren Christen, die nach der muslimischen Eroberung Spaniens im Jahr 711 an ihrem Glauben festhielten und nicht zum Islam konvertierten.

Eines der Manuskripte von Beatus aus der Mitte des zehnten Jahrhunderts, heute in der Morgan Library in New York aufbewahrt (Ms 644), wurde von einem spanischen Schreiber und Illustrator namens Maius angefertigt. Besonders interessant sind hier die Reihen kleiner rotumrandeter »Herzen«, mit denen Textpassagen voneinander getrennt werden. Laut Christopher de Hamel, einem Experten für mittelalterliche Handschriften, ähneln sie »denen in einem Ratgeber für liebeskranke junge Mädchen«, doch wahrscheinlich hatten sie mit Liebe gar nichts zu tun.[33]

An anderer Stelle in dem Manuskript des Beatus findet sich eine Darstellung vom Lamm Gottes, dessen Körper mit zwei kleinen stilisierten »Herzen« verziert ist. Vielleicht hatte der Buchmaler das »Herz«-Motiv gesehen, das es schon bei den Persern und Christen gab, und meinte, es würde sein Werk verschönern.

In einem anderen Beatus-Manuskript aus dem Jahre 975, dem *Codex von Girona*, finden sich »Herzen«, die symbolische Bedeutung gehabt haben könnten. Auf einer ganzseitigen Miniatur, die die vier apokalyptischen Reiter zeigt, ist das weiße Pferd von Kopf bis Schweif mit Objekten verziert, die wir heute instinktiv als kleine rote Herzen bezeichnen würden. Warum sollte dieses Pferd solche Verzierungen tragen und die anderen nicht? Wenn wir uns im Buch der Offenbarung die Passage anschauen, der diese Illustration zugeordnet ist, finden wir eine Beschreibung der vier Pferde, jeweils in spezieller Farbe und mit besonderen Attributen:

> *und siehe, ein weißes Pferd. Und der darauf saß,*
> *hatte einen Bogen …*
> *Und es kam heraus ein zweites Pferd, das war feuerrot.*
> *Und dem, der darauf saß, wurde Macht gegeben … ein großes Schwert …*
> *und siehe, ein schwarzes Pferd. Und der darauf saß, hatte eine Waage in seiner Hand …*
> *und siehe, ein fahles Pferd. Und der darauf saß, dessen Name war: der Tod.*
> (Offenbarung 6,1–8)

Die Bedeutung dieser vier Pferde hat die Theologen im Laufe der Jahrhunderte immer wieder umgetrieben. Sie sind offensichtlich Vorboten des Jüngsten Gerichts, wobei das rote oben rechts den Krieg symbolisiert, das schwarze unten links die Hungersnot und das fahle unten rechts den Tod. Der Reiter auf dem weißen Pferd wird oft für Christus gehalten, aber manche Interpretationen kommen

Abbildung 5: Unbekannter Künstler, »Die Eröffnung der ersten vier Siegel« (Detail), aus dem *Codex von Girona* (Folio 126 r), 10. Jh. v. Chr. Malereien mit Gold und Silber verziert, 400 x 260 mm. Copyright: moleiro.com.

wiederum zu dem Schluss, dass es sich hier um den Antichrist handelt.

Der Reiter auf dem weißen Pferd im *Codex von Girona* unterscheidet sich ganz klar von den anderen (Abbildung 5). Nicht nur, dass sein Pferd die fröhlichen »Herzen« trägt, sondern der Reiter selber blickt zurück zu den anderen Reitern, und vielleicht zielt er gar mit seinem Bogen auf sie. Die »Herzen« auf dem weißen Pferd könnten dessen Reiter als eine Gegenkraft gegen Krieg, Hunger und Tod kennzeichnen, was zu der Annahme passen würde, dass er Christus darstellen soll.

Ein weiteres Manuskript stiftet noch mehr Verwirrung. Nach dem Namen seines Kopisten als *Facundus Beatus* bekannt, wurde es von König Ferdinand I. und Königin Sancha in Auftrag gegeben und datiert ins Jahr 1047. In mehreren äußerst fantasievollen Illustrationen dient das »Herz« hier als Verzierung.

In den »Vier apokalyptischen Reitern« tragen zwei der Pferde – oben rechts und unten links – ein einzelnes Herz auf der Hüfte. Warum sind diese beiden Pferde mit Herzen verziert, aber das weiße Pferd oben links mit kleinen Kreisen? Und warum weist das Pferd oben rechts überhaupt keine Muster auf? Diese Fragen bleiben, zumindest für mich, nach wie vor offen.

Eine andere Miniatur des *Facundus Beatus* mit dem Titel »Reiter mit Namen Treue und Wahrheit« zeigt sechs Pferde in drei Reihen. Die beiden Pferde oben auf der Seite sind an den Hüften mit einem »Herzen« gekennzeichnet, das an militärische Insignien erinnert, während die vier Pferde in den unteren Reihen nicht in dieser Weise hervorgehoben sind. Facundus zeigte »Herzen« in einigen anderen Tierdarstellungen sowie in dem Bild eines Palmenstamms, der aus übereinandergestapelten »Herz«-Formen gestaltet ist.[34]

Solche mozarabischen »Herzen«, die in Nordspanien während des zehnten und elften Jahrhunderts entstanden waren, kommen in späteren Versionen der Beatus-Manuskripte aus dem zwölften und dreizehnten Jahrhundert nicht mehr vor. Warum sie verschwunden sind, ist ein Rätsel. Auch lässt sich nicht klären, ob sie einen unmittelbaren Bezug zu späteren französischen und italienischen Herzdarstellungen mit religiösem oder weltlichem Charakter haben. Solange es keine gegenteiligen Beweise gibt, müssen wir schlussfolgern, dass die herzartigen Darstellungen aus dem alten Persien und dem europäischen Frühmittelalter *nicht* mit dem Herzen oder der Liebe in Verbindung stehen. Was wir sehen, ist eine ansprechende Form, deren Bedeutung noch entschlüsselt werden muss – oder schlicht verloren oder vergessen ist.

Lassen Sie uns einen Moment innehalten und überlegen, was mit dieser Form hätte geschehen können. Wäre sie unmittelbar mit der Samenschale der Silphiumpflanze verknüpft worden, die auf der kyrenischen Münze aus Libyen in Abbildung 3 zu sehen ist, hätte es ein Symbol für Verhütung oder Abtreibung werden können. Fünf- oder sechshundert Jahre später, als die Reihen mit »Herzen« auf dem altpersischen Trinkgefäß auftauchten, hätte es zu einem Symbol für Wein und Winzer werden können. Und im Spanien des zehnten Jahrhunderts hätte es, wenn wir dem Beatus-Manuskript von Abbildung 5 folgen, ein Markenzeichen für Pferde werden können. Warum nicht? Die doppelten Lappen sehen wie Hüften aus. Doch keine dieser möglichen Bedeutungen für das muschelförmige Symbol, das wir Herz nennen, setzte sich durch. Zunächst mussten bestimmte Bedingungen erfüllt sein, ehe es zum Symbol für die Liebe wurde, und diese Bedingungen entwickelten sich erst im hohen Mittelalter.

Kapitel 4

Französische und deutsche Lieder vom Herzen

ABBILDUNG 6: Unbekannter Künstler, »Herr Alram von Gresten: Minnegespräch«, aus dem *Codex Manesse,* der Großen Heidelberger Liederhandschrift (Cod. Pal. 848, Bl. 311 r), 1300–1340. Pergament, Deckfarbenminiatur, 35 x 25 cm, Universitätsbibliothek Heidelberg.

Im zwölften und dreizehnten Jahrhundert setzte sich das Liebesherz an den feudalen Höfen Nordspaniens, der Provence, Frankreichs, Deutschlands und Italiens durch. Spielleute, *troubadours* in Südfrankreich (wo Okzitanisch gesprochen wurde) und *trouvères* im Norden (wo man Altfranzösisch sprach), feierten eine neue Form der Liebe, die man *fin' amor* nannte. Fin' amor lässt sich nicht übersetzen: Wir nennen es heute höfische Liebe, doch ursprünglich bedeutete es eher *höchste Liebe*, *kultivierte Liebe* oder *ideale Liebe*. [35]

Die höfische Liebe verlangte, dass der Troubadour der einzigen Frau sein Herz – sein ganzes Herz – versprach und gelobte, ihr auf ewig treu zu sein. Von seiner Leier oder Harfe begleitet, sang er sich in Gegenwart seiner Dame und ihres Hofstaates förmlich das Herz aus dem Halse. Wo immer er weilte, bekundete er seine ewige Liebe zu der Einzigen, die sein »sehnsüchtiges Herz« entflammt hatte. Diese Worte des Troubadour Bernart de Ventadorn sollen von Eleonore von Aquitanien inspiriert sein, die er besuchte, als sie nach England übersiedelt war. Eleonore war die Enkelin von Wilhelm IX., Herzog von Aquitanien, der die ersten Troubadour-Liebesgedichte verfasst haben soll. Sie brachte eine Entourage begabter Troubadoure in ihre erste Ehe mit Ludwig VII. von Frankreich und in ihre zweite Ehe mit dem englischen König Heinrich II. ein.

Bernart begann einen seiner Liedtexte mit den Zeilen »Singen hat wenig Wert, / wenn das Lied nicht von Herzen kommt. / Und das Lied kann nicht von Herzen kommen, / wenn dort keine fin' amor ist.«[36] Bernart behauptete, er singe besser als alle anderen Troubadoure, weil sich sein Herz – wie auch Mund, Augen und Geist – in Liebe verzehre und seine Ergebenheit gegenüber seiner Dame geradezu allumfassend sei: »Sie hat mein Herz eingenommen, sie hat alles eingenommen, / mich und die ganze Welt.«[37]

Fin' amor sollte sich positiv auf den Liebhaber auswirken, der beweisen wollte, dass er seiner Geliebten wert war. Ein anderer Troubadour namens Arnaud Daniel glaubte, dass die Liebe in seinem Herzen eine Kraft sei, die ihn zu einem besseren Menschen mache.[38] Er war überzeugt, dass kein anderer Mensch je eine derart extreme Liebe in Herz oder Seele verspürt habe. Die Troubadoure hatten keinerlei Hemmungen, ihre eigenen Heldentaten zu loben, sei es auf dem Gebiet der Musik, der Liebe oder der Moral.

Sie scheuten sich auch nicht, ihre Gelüste zu äußern. Selbst die gefeierte Troubadoura, die Gräfin Beatriz de Dia, sprach über die Liebe zu ihrem Ritter in einer Sprache, die ihre körperliche Liebe ganz offen zum Ausdruck brachte. Den Worten »Ich schenke ihm mein Herz und meine Liebe« fügte sie ganz unverblümt hinzu, sie hoffe darauf, ihn anstelle ihres Ehemanns in den Armen zu halten.[39] Diese außergewöhnliche Frau unter den männlichen Troubadouren pries genau wie die Männer die Freuden des Schlafgemachs.

Im warmen, sonnenverwöhnten Südfrankreich mit seinem üppigen Weinbau wurde das sinnliche Leben eigentlich nie von religiöser Askese eingeschränkt, die im Norden eher Fuß fasste. Doch wo Nebel und Wolken herrschten, waren die Spielleute insgesamt weniger auf das Körperliche fixiert. Auch sie schenkten ihr Herz einer erwählten Dame und unterwarfen sich bereitwillig dem Diktat der fin' amor, ganz gleich, wie aussichtslos ihr Werben war. So sang der berühmte Troubadour Gace Brulé, der an der Wende des dreizehnten Jahrhunderts wirkte, von seinem »wahrhaftigen Herzen«, seinem »aufrichtigen Herzen« und seinem »loyalen Herzen«, das seiner Dame ergeben war »ohne Hoffnung auf Erhörung.«[40] Der Drang zu lieben, zu singen und zu leiden erfüllte Brulés Herz, das er als Zeugen für seinen Liebeskummer anrief: »Herz, was soll ich tun.« Er schwor seiner Dame ewige Unterwerfung: »Ich gebe mich dir vollkommen hin mit Herz und Sinn.« Brulé war der vollendete Dichter rückhaltloser Liebe, wie er in einem typischen Refrain betonte: »Denn mein Herz begehrt nur sie.« Selbst wenn sie seine Gefühle nicht erwiderte, gelobte er, dankbar für die einseitige Liebe in seinem Herzen zu sein.

Eine Generation später sang auch Thibaut de Champagne, der Urenkel von Eleonore von Aquitanien, von dem Leiden, das tief in seinem Herzen verwurzelt sei. Den Konventionen der fin' amor gemäß schwor er, seiner Dame treu zu dienen, wie ein Vasall seinem Herrn diene, und die schönen Qualen der Liebe bereitwillig zu erdulden. Er schrieb: »Wer sein ganzes Herz und seinen ganzen Willen für die Liebe einsetzt, / sollte Gut und Böse erleiden und dankbar sein.«[41] Doch manchmal war Thibaut weniger schicksalsergeben und rief aus: »Wenn Gott mir nur die Gnade erweisen würde, ihren schönen Körper zu umarmen.«

Ein Minnesänger des dreizehnten Jahrhunderts, bekannt unter dem Namen Sordello, beschrieb, wie seine Dame auf sein Herz wirkte:

Die Liebe prägt
Dein Angesicht als Bild
Tief meinem Herzen ein,
Und so gebe ich mich dir hin
Und tue, was dir gefällt,
All mein Leben, zärtlich und entschlossen.[42]

Die Vorstellung, dass man das Bild der Geliebten im Herzen trägt, wurde zu einem Gemeinplatz für die Dichter, wie ein Vers von Folquet de Marseille zeigt: »Ich trage dein Bild tief in meinem Herzen, / und es mahnt mich, meine Gefühle nie zu ändern.« In einer Anthologie von Minnedichtung befand sich neben diesem Gedicht eine Abbildung von Folquet in einem Gewand, auf dem sich an der Stelle des Herzens das Bild seiner Verehrten befindet.[43]

Troubadoure und Spielleute hörten auf ihr Herz und ließen sich in Ton und Stimmung ihrer Lieder davon leiten. Ein anonymer Troubadour wollte sein frohes Herz einer Dame schenken, die ihn als Sänger inspiriert hatte.[44] Ein anderer spürte in Gedanken an seine Geliebte, wie sich sein Herz weitete und entflammte, »während er frohgemut sang«. Aber meistens war das Lied des Troubadours sehnsüchtig und melancholisch, wie im Fall von Blondel de Nesle, der klagte, dass sein Herz wegen einer abweisenden Frau »schwarz und grau« geworden sei. Traurig oder glücklich, sinnlich oder platonisch, die von Troubadouren und Minnesängern vorgetragenen Gedichte feierten eine idealisierte Liebe, die die Damen verehrte und ihnen absolute Macht in Herzensdingen zusprach. Natürlich hatten die meisten Frauen im Mittelalter im richtigen Leben praktisch überhaupt keine Macht, mit Ausnahme jener

Königinnen, Herzoginnen und Gräfinnen, die an ihren Höfen diese neue Art der Liebe förderten.

Die geradezu explosive Verbreitung von Lied und Dichtung, die in Frankreich begann, setzte sich in den umliegenden Ländern fort, wo jeweils eigene Varianten hinzugefügt und gestaltet wurden. Provenzalische Lieder und Gedichte kamen nach Nordspanien, Portugal und Norditalien, während nordfranzösische Gedichte und Erzählungen ihren Weg nach Deutschland, Ungarn und schließlich nach Skandinavien fanden. Und in jeder Gegend behauptete die Liebe nicht nur ihren Platz als literarisches Konzept, sondern auch als wichtiger gesellschaftlicher Wert und integraler Bestandteil des Menschseins.[45] Nun glaubte man nicht mehr, dass die erotische Liebe von launischen Göttern als Strafe auferlegt war oder eine Sünde, die ein Christ zu unterlassen hatte. Stattdessen pries die weltliche Kultur die Liebe wie nie zuvor. Eine Sehnsucht nach erotischer Liebe setzte sich im westlichen Bewusstsein fest und ist dort seither verankert.

Das mittelalterliche deutsche Gegenstück zum französischen Troubadour war der *Minnesänger*, dessen Name sich von Frau Minne ableitete, die jene Liebe, welche sich nach 1100 im Mittelhochdeutschen entwickelte, am besten verkörperte. Wie ihre Vorgänger in Frankreich schrieben die Minnesänger die Texte und komponierten auch die Musik für ihre Liebeslieder. Viele gehörten dem niederen Adel an oder waren hochrangige Bürger, die für ihren Lebensunterhalt auf die Patronage eines Hofes angewiesen waren. Beim Schreiben und Singen über die Liebe blieben sie dem höfischen Ideal treu, das sich in Frankreich entwickelt hatte, und gaben ihm eine eigene regionale und persönliche Note.

Eines der bekanntesten Gedichte aus dieser Epoche, von einem anonymen Minnesänger verfasst, zeigt das reizende Bild einer gegenseitigen Liebe, die unzerstörbar ist, weil der geliebte Mensch im Herzen des Sprechers eingeschlossen ist.

Dû bist mîn ich bin dîn:
des solt dû gewis sîn.
dû bist beslozzen
in mînem herzen:
verlorn ist daz sluzzelîn:
dû muost immer drinne sîn.[46]

Du bist mein, ich bin dein.
Dessen sollst du gewiss sein.
Du bist eingeschlossen
in meinem Herzen,
verloren ist das Schlüsselchen:
Du musst auch für immer darin bleiben.

Die im Herzen eingeschlossene Liebe entwickelte sich schnell zu einem literarischen Topos, der dann zweihundert Jahre später in bebilderten Texten visualisiert wurde.[47]

Ein anderes anonymes deutsches Gedicht aus dem zwölften Jahrhundert stellt ebenfalls einen unschuldigen Verehrer dar, dessen Herz von Liebe und Sehnsucht erfüllt ist:

Chume, chum gesell mîn
ih enbîte harte dîn …
Suozer roservarwer munt
chum und mache mich gesunt.[48]

Komme, komm, Gefährte mein,
ich entbehre schrecklich dein! …
Süßer, rosenfarbner Mund,
komm und mache mich gesund!

Doch bald sollten diese naiven Ausdrucksformen der Liebe von den Werken anspruchsvollerer Minnesänger abgelöst werden, so wie Wolfram von Eschenbach, Walther von der Vogelweide, Heinrich von Ofterdingen, Hartmann von Aue und Gottfried von Straßburg. In der deutschen Kultur sind glücklicherweise zwei außerordentliche mittelalterliche Codices von Minneliedern überliefert, die *Carmina Burana* (etwa 1230) und der *Codex Manesse* (1300–1340). Erstere umfasst sowohl lateinische wie deutsche Texte, unter anderem auch Trinklieder, die bei Studenten beliebt waren, wenn sie auf Wanderschaft gingen. Der letztere enthält 137 ganzseitige Illustrationen sowie eine große Auswahl deutscher Gedichte. Mit diesen und ähnlichen auf Französisch, Italienisch und Spanisch verfassten Liederbüchern entstand im Mittelalter ein neues Genre, das noch jahrhundertelang einflussreich blieb.[49]

Die Lieder in diesen Manuskripten zeugen von einem neuen Bild der Liebe, wie es an den deutschen Fürstenhöfen des zwölften Jahrhunderts verbreitet war. Sie waren nicht mehr in gelehrtem Kirchenlatein geschrieben und zielten auf das deutschsprachige Publikum, das begierig war zu erfahren, wie man sich nach der neuen Liebesetikette zu verhalten hatte. Dichter wie Walther von der Vogelweide (etwa 1170–1230) waren bestrebt, ebendies zu vermitteln.

»Saget mir ieman, waz ist minne?« (Kann mir jemand sagen, was Liebe ist?): so Walthers rhetorische Frage. Für einen Ritter genügte es nicht mehr, eine Dame physisch zu besitzen; er musste ihr Herz erobern. Walthers Gedichte waren kleine Ratgeber für dieses hochgesteckte Ziel.[50]

Walther begann seine Dichterlaufbahn, indem er sich gemäß den Konventionen der höfischen Liebe an eine unerreichbare hochgeborene Dame und manchmal an Frau Minne selbst wandte. In seinen reifen Jahren jedoch entwickelte er einen weniger hochtrabenden Stil und eine Vorstellung von gegenseitiger Liebe, die für Menschen in jeglichem Lebensalter passte. In »Unter der Linden«, einem seiner berühmtesten Gedichte, lässt Walther ein einfaches Mädchen vom Lande sprechen. Sie begegnet ihrem Geliebten im Wald, wo Blumen blühen und die Nachtigall singt. Er hat bereits für beide eine »bettestat«, ein Bett aus Blumen, gerichtet, und dort küsst und umarmt er sie. Im Deutschen bedeutet das Verb *herzen* im wörtlichen Sinne »ans Herz drücken«. Und was dann geschah, wissen nur das Mädchen, ihr Liebhaber und die Nachtigall. In der letzten Zeile des Gedichtes wird empfohlen, darüber zu schweigen.

Tatsächlich vermittelt Walther in seinem Spätwerk mit dieser ländlichen Atmosphäre ein Bild von Mann und Frau, die in Harmonie miteinander und mit der Natur verbunden sind. Walther war einer der ersten unter den frühen deutschen Dichtern, der die Natur als eine gute Voraussetzung für die Liebe ansah. Die Deutschen verbanden ihre Liebesherzen oft mit Blumen, Pflanzen, Bäumen und Vögeln und brachten somit die Natur in die Liebeslyrik ein wie nie zuvor. Bis heute ist das Lied – vielleicht mehr noch als die Dichtung – das wesentliche Medium für die Liebenden. Man denke an die zahllosen Songs, die die Liebe im zwanzigsten und einundzwanzigsten Jahrhundert besingen, von Folk und Blues bis zu Rock und Rap. Was würde aus der Musikindustrie ohne das Thema Liebe? Und was wäre die Liebe ohne Liebeslieder?

Auch wenn die meisten dieser innigen Lobgesänge von Männern geschrieben waren, wurden die Frauen keineswegs als passiv oder untergeordnet dargestellt. Gemäß dem Ideal der fin' amor erwartete man von einem Mann, der das Herz einer auserwählten Dame »erobern« wollte, dass er die hohe Gesinnung seines Herzens durch eifriges Bemühen, Leidensbereitschaft und unbeirrbare Treue unter Beweis stellte. Die eigentliche Macht in Herzensdingen jedoch oblag der Frau. Als das primäre Objekt der männlichen Begierde war sie es, für die der Minnesänger sang, und sie war es, die entschied, ob sein Bemühen ihrer Liebe wert war.

Diese Vorstellung von Liebe stand im Gegensatz zu den Beziehungen zwischen den Geschlechtern im wirklichen Leben. Hier hatten die Männer – Väter, Großväter, Brüder, Onkel – die Kontrolle über die Mädchen, und die Ehemänner hatten die Kontrolle über ihre Ehefrauen. Die männliche Herrschaft in der Ehe wurde durch einen deutlichen Altersunterschied zwischen den Ehepartnern verstärkt: Eine siebzehn- oder achtzehnjährige Frau heiratete meist einen zehn Jahre älteren Mann. Doch die ideale Beziehung, die als fin' amor gepriesen wurde, kehrte die Geschlechterrollen jeweils um, sodass hier die Frauen die größere Macht innehatten. Warum sich im zwölften Jahrhundert diese Umkehr der Werte ereignete, hat Generationen von Gelehrten beschäftigt. Manche verwiesen auf den Einfluss der arabischen Dichtung, in der die unerreichbare Dame wie eine Halbgöttin dargestellt wurde. Andere erinnerten an den Marienkult als einen läuternden Einfluss auf Männer und Frauen. Wieder andere verwiesen auf die Kreuzzüge: Während die Männer in den Krieg zogen, erhielten die Frauen zu Hause mehr Macht. Sicher führte der Aufstieg von Königinnen im elften und zwölften Jahrhundert mit herausragenden weiblichen Gestalten im christlichen Spanien, in Aquitanien, Frankreich, England, in der Toskana und Sizilien sowie in Teilen des Heiligen Römischen Reiches Deutscher Nation dazu, dass man zumindest einigen Frauen Autorität zutraute.[51]

Wie kam es, dass herausragende Frauen so hoch angesehen waren? Von einem Mann wurde erwartet, dass er seinen Lohn verdiente, um seinen Wert unter Beweis zu stellen, während es bei ihr genügte, dass sie schön, von hohem gesellschaftlichem Stand und äußerst wortgewandt war. Es gibt in der Literatur allenfalls einige wenige Heldinnen, die für Frauen von heute als Rollenvorbild in Frage kommen. Und doch gelangte man im Mittelalter in einer Hinsicht zu einer wichtigen Erkenntnis über die Liebe, die noch heute gültig ist: Frauen wie Männer wurden ermutigt, die Botschaften ihrer Liebe zu beherzigen – Botschaften, denen wir seit damals gerecht zu werden suchen.

Kapitel 5

Liebesgeschichten über das Herz

ABBILDUNG 7: Werkstatt des Maître de Bari, »Die Dame übergibt ihr Herz an Doux Regard«, Folio 41 v, Illustration aus *Le Roman de La Poire* (fr. 2186), um 1250. Bibliothèque nationale de France, Paris, Frankreich.

Die mittelalterlichen Spielleute verbreiteten den Kult des Herzens überall, wo man dafür ein offenes Ohr hatte. Ihre Lieder und Geschichten wurden gesungen, rezitiert und fanden ihr Publikum vom Schloss bis zum Stadthaus und sogar bis zur Scheune, wo die Franzosen sich abends nach der Landarbeit zu sogenannten *veillées* trafen. In diesen unterschiedlichen Umgebungen war die Romanze so populär, dass sie alle anderen Themen in den Schatten stellte.

Das Wort *Romanze* kommt von dem Wort *roman* – eine Erzählung, die in einer romanischen, vom Lateinischen abgeleiteten Sprache verfasst war (auf Italienisch, Französisch, Spanisch, Portugiesisch, Rumänisch). Diese Geschichten folgten oft den Abenteuern eines Ritters, dessen Ziel es war, sich auf dem Schlachtfeld und in der Liebe zu beweisen. Im Laufe der Zeit wurde das französische Wort *roman* zur Bezeichnung für eine literarische Gattung, die uns heute als Roman geläufig ist. Erotische Liebe war im Mittelalter und auch in unserer Zeit so unmittelbar mit der Liebesliteratur verbunden, dass sich schwer sagen lässt, was zuerst war: Prägten die französischen mittelalterlichen Geschichten (*romans*) die Vorstellung von jener Liebe, die wir heute romantisch nennen, oder gab es schon vor den Geschichtenerzählern romantische Liebe?

Die Geschichte von Abélard und Héloïse aus der ersten Hälfte des zwölften Jahrhunderts legt jedenfalls nahe, dass die Troubadoure nicht die ersten mittelalterlichen Europäer waren, die von leidenschaftlicher Liebe fasziniert waren. Die Geschichte von der begabten Schülerin Héloïse, die von dem Geistlichen Abélard verführt wird, von ihrer Schwangerschaft und dem gemeinsamen Sohn Astrolabius, ihrer heimlichen Hochzeit und der darauf folgenden Kastration Abélards als Rache des Onkels von Héloïse war schon zu Lebzeiten der beiden weit verbreitet.

Auch wenn Héloïse auf Abélards Wunsch in ein Kloster eintrat und später dort Äbtissin wurde, leugnete sie nie, dass sie sich in erster Linie ihm – und nicht Gott – verbunden fühlte. Sie schrieb: »Ich kann von Gott keinen Lohn erwarten, denn ich habe nichts aus Liebe zu Ihm getan… Mein Herz war nicht in mir, sondern bei dir, und noch heute ist es nirgends, wenn es nicht bei dir ist. Ohne dich kann es eigentlich nicht leben.«[52] Die Briefe von Héloïse sind die überschwänglichsten Bekenntnisse eines liebenden Herzens, die aus dem Mittelalter und vielleicht überhaupt je überliefert wurden. Wenn sie über ihr Herz schrieb, das sie ihrem Geliebten geschenkt hatte, bezog sie sich nicht etwa auf literarische Vorlagen, sondern brachte ganz unmittelbar ihre Leidenschaft und Treue zu dem Mann zum Ausdruck, der ihr Liebhaber gewesen war, ehe er entmannt wurde und dann sein Herz ausschließlich Gott widmete.

Die mittelalterlichen Spielleute und Erzähler verherrlichten gewöhnlich den Mann oder die Frau, die ihr Herz auf den ersten Blick an die Geliebte bzw. den Geliebten verloren oder die das große Glück hatten, sich gegenseitig ihr Herz zu schenken. Man denke etwa an Chrétien de Troyes (1130–1191), jenen Dichter des zwölften Jahrhunderts, der sich des Mäzenatentums von Marie de Champagne erfreute. Am Hof der Tochter von Eleonore von Aquitanien und Ludwig VII. von Frankreich in der quirligen kleinen Stadt Troyes, wo die Liebe als idealisierter Verhaltenskodex anerkannt war, wurde Chrétien zu Maries Hofprediger für das liebende Herz.

In Chrétiens Verserzählung *Cligès* verliebt sich der junge griechische Prinz Alexander, der am Hof von König Artus in Britannien weilt, in Soredamor, doch er wagt nicht, sich zu seinen Gefühlen zu bekennen. In einem langen Monolog beruft er sich auf eine alte Theorie vom Ursprung der Liebe: Eros hat ihn mit seinem Pfeil verwundet, der ohne Verletzungen durch die Augen in sein Herz gedrungen ist und dies entflammt hat:[53]

Er hat mir am Auge nichts verletzt,
aber im Herzen schmerzt es mich sehr.
Das Auge … ist der Spiegel des Herzens
Und durch diesen Spiegel dringt,
ohne etwas zu verletzen oder zu beschädigen,
das Feuer, welches das Herz in Flammen setzt.
»Wird also das Herz, das sich im Leib befindet,
so entflammt wie die Kerze,
die in der Laterne ist?« [54]

In der mittelalterlichen Literatur ist es ausnahmslos der Anblick einer schönen Frau, der die Liebe der Männer entflammt. In zahllosen Liedern und Gedichten und sogar in manchen Abbildungen gelangt die Liebe durch die Augen ins Herz.

Soredamor verliebt sich auch auf den ersten Blick in Alexander: »Das Ziel von Eros war perfekt: sein Pfeil / traf sie mitten ins Herz.« Und wie Alexander legt sie Wert darauf, ihre Gefühle nicht zu zeigen. Erst als Königin Ginover die heimliche Liebe der beiden entdeckt, werden ihre Gefühle füreinander offenbar. Die Königin erklärt:

... denn ich habe an dem Gebaren
eines jeden von euch wohl bemerkt,
dass ihr aus zwei Herzen eines gemacht habt.[55]

Alexander und Soredamor erlauben der Königin also, als Ehevermittlerin zu wirken, und König Artus darf ihre Liebe durch die Heirat besiegeln.

Doch die Bedeutung des Herzens als Ort der Liebe ist so wichtig, dass der Autor siebenunddreißig Zeilen lang abschweift, um die zuvor dargelegte Vorstellung zu widerlegen, dass zwei Herzen in einem schlagen können. Er stellt richtig, »dass sich zwei Herzen in einem Leib vereinigen, / denn es ist nicht wahr und hat auch nicht den Anschein, / dass zwei Herzen in einem Leib zusammen sind«. Zwei Menschen werden eins, wenn sie jeweils spüren, was der andere spürt, und wenn beide dasselbe wollen, aber jeder sein eigenes Herz behält »wie Stimmen, die sich vereinen, / sodass sie wie eine erscheinen, / und doch nicht nur einem gehören können, / kann der Leib mehr als ein Herz haben«.[56]

Die vollkommene Verschmelzung, wie Liebende sie erleben, weil sie dasselbe fühlen, wird als die eigentliche Bedeutung der erhabenen Formulierung »zwei Herzen schlagen wie eins« dargestellt.

Hat diese Thematik den Hörer oder Leser damals etwa gelangweilt? Keineswegs. Bei dem großen Interesse am Liebesherz konnte man davon ausgehen, dass das Publikum bereit war, geduldig der komplizierten Erörterung des Autors zu folgen. Zumindest darf man sagen, dass die Vorstellung der verschmelzenden Herzen nicht unterging. Wir finden sie durchweg in den Schriften des Mittelalters und der Renaissance und bis zum heutigen Tage. In San Francisco gibt es eine Reklamewand, die mit dem Slogan »Two Hearts One Love, Inc.«, (»Zwei Herzen, eine Liebe«) einen Dating Service anbietet. Und wenn man bereits eine Liebste hat, kann man ihr für 119 Dollar eine Halskette mit »zwei Herzen in einem« kaufen.

In allen fünf Artusromanen von Chrétien kommt das Wort *Herz* (*cuer* auf Altfranzösisch) sehr häufig vor. Bei den zahlreichen Abenteuern seiner Helden – Cligès, Lancelot, Erec, Ywain oder Perceval – wird immer wieder auf das Herz angespielt. Meistens ist ihr Herz betrübt, weh, reumütig und leidet unter der Abwesenheit der Geliebten. Diese negativen, im Herzen verorteten Gefühle spornten den Helden zur Tat an, weil er hoffte, ein vor ihm liegendes Hindernis zu überwinden, sodass das Herz sich schließlich freuen könne.[57]

Das von den Erzählern des zwölften Jahrhunderts gepriesene Herz war stets der einen wahren Liebe treu. Wie Chrétien de Troyes in seinem meisterlichen *Lancelot* schrieb:

»Der Ritter hat nur ein einziges Herz, und dieses gehört nicht mehr ihm, sondern ist jemandem anvertraut, sodass er es nicht anderswohin vergeben kann.«[58]

Ähnlich schrieb Andreas Capellanus, der ebenfalls das Mäzenatentum von Marie de Champagne genoss, in seiner lateinischen Abhandlung *Über die Liebe (De amore).* »Denn wenn er in seinem Denken ganz und gar von seiner einen Liebe erfüllt ist, so ist für ihn der Anblick jeder anderen Frau abschreckend und ohne Attraktion.«[59] Hier und an anderen Stellen erinnert Capellanus an einige

Vorstellungen, die der muslimische Philosoph Ibn Hazm schon ein Jahrhundert zuvor schriftlich festgehalten hatte.[60] Treue zur Geliebten war in der mittelalterlichen Literatur selbstverständlich, unabhängig davon, was jenseits des Textes im wirklichen Leben der Menschen geschah.

Der Glaube an Treue galt für die begehrte Frau, ganz gleich, ob sie noch Jungfrau oder bereits verheiratet war. War die Begehrte die Ehefrau eines anderen, brachte die Liebe unweigerlich Probleme mit sich. Die Geschichten von Tristan und Isolde, Lancelot und Ginover und anderen ehebrecherischen Beziehungen zeugten davon, wie attraktiv die verbotene Frucht war. Auch wenn wir nicht wissen, wie verbreitet Ehebruch im richtigen Leben war, scheint die mittelalterliche Gesellschaft von diesem Thema fasziniert gewesen zu sein. Dies schlug sich in zahlreichen Verserzählungen und populären satirischen Geschichten, den sogenannten *fabliaux*, nieder. Da die Furcht vor nichtehelichen Kindern groß war, sorgten die feudalen Gepflogenheiten dafür, dass Frauen kaum je allein sein konnten. Frauen von adliger Geburt waren stets von anderen Frauen umgeben – Verwandte und Bedienstete, die vom männlichen Familienoberhaupt angehalten waren, die Ehefrau oder die Töchter zu überwachen.[61]

Einer der Gründe, warum Geschichten über Ehebruch so populär waren, hatte mit der am Hof von Marie de Champagne verbreiteten Überzeugung zu tun, dass wahre Liebe in der Ehe nicht gedeihen könne. Als sie nach ihrer Meinung gefragt wurde, erklärte sie unmissverständlich: »Eheliche und wahre Liebe zwischen unverheirateten Partnern sind ganz verschiedene Dinge.«[62] Sie meinte, Liebende sollten frei sein, ihre Liebe zu schenken oder zu verweigern, während Verheiratete die Pflicht hätten, sich gegenseitig zu befriedigen, und somit als Liebende nicht offen für spontane Gefühlsäußerungen seien. In Übereinstimmung mit seiner Mäzenin vertrat Capellanus zuerst die Ansicht, dass die Liebe sich in der Ehe nicht verwirklichen lasse. Doch gegen Ende seiner Schrift *Über die Li*ebe ändert er seine Meinung. Er kehrt zu einem christlichen Standpunkt zurück und benennt das erste Gebot (von einunddreißig) für Liebende: »Die Tatsache, dass man verheiratet ist, liefert keine gültige Entschuldigung dafür, dass man sich nicht auf eine Liebe einlässt.«[63] Man darf annehmen, dass Capellanus als Geistlicher letztlich mit der negativen Einstellung zur ehelichen Liebe von Marie de Champagne und anderen Angehörigen ihres Standes nicht einverstanden war.

Chrétien versuchte ebenfalls, Liebe und Ehe zu vereinbaren. In *Cligès* hatte er die Geschichte von zwei jungen Leuten erzählt, deren Liebe zu einer glücklichen Ehe führte. In *Erec und Enide* und in *Ywain* ging er noch weiter und stellte die wahre Liebe in der Ehe dar. Doch sein damals wie heute beliebtester Roman ist *Lancelot oder Der Karrenritter*, eine Geschichte über Liebe und Ehebruch. In dieser meisterhaften Verserzählung setzt Lancelot sein Leben aufs Spiel, um Ginover, die Gattin von König Artus, aus der Gefangenschaft zu befreien. Als ihre Freilassung endlich besiegelt ist, empfängt Ginover ihn in ihrem Gemach, wo ihrer beider Herzen das gemeinsame Glück genießen.

> *Die Königin aber streckt ihm die Arme entgegen und umarmt ihn; sie zieht ihn eng an ihre Brust, und so hat sie ihn zu sich ins Bett gezogen. Sie bereitet ihm den*

schönsten Empfang, den sie ihm nur bereiten kann, denn Amor und ihr Herz geben es ihr ein. Amor bewirkt, dass sie ihn liebevoll empfängt. Wenn sie aber für ihn schon große Liebe empfand, so liebt er sie noch hunderttausendmal mehr. Denn Amor entzog allen anderen Herzen etwas im Vergleich zu dem, was er dem seinen gab. In seinem Herzen aber fasst Amor Wurzeln und ging so ganz darin auf, dass er allen anderen Herzen gegenüber geizig war. [64]

Lancelot wird als der vollendete Held dargestellt, nicht nur weil er in der Schlacht siegt und die Königin errettet, sondern auch weil sein Herz heldenhaft und stärker von Liebe erfüllt ist als jedes andere. Gegen Ende des zwölften Jahrhunderts stand das liebende Herz neben körperlichem Mut auf der Rangliste männlicher Tugenden ganz oben – im Französischen sind *cœur* und *courage* linguistisch verwandt. Der Mann, der in jener Epoche am meisten mit dem Herzen assoziiert wurde, war vielleicht König Richard I. von England, genannt Richard Löwenherz, der im Dritten Kreuzzug und durch seinen Widerstand gegen Sultan Saladin Ruhm erlangte. Nicht ganz zufällig schrieb auch er in der Gefangenschaft Lieder und Gedichte.

Zwar haben die Franzosen die Gattung erfunden, aber die Deutschen fanden bald ihrerseits Gefallen daran. Man denke an Tristan und Isolde, deren Geschichte uns heute vor allem durch die Schriften von Gottfried von Straßburg (etwa 1180–1210) und dann durch Wagners weltberühmte Oper bekannt ist. Im Laufe von Abenteuern, die eines Superhelden würdig sind, erweist sich Tristan als ein idealer Ritter, aber als er von Cornwall nach Irland gesandt wird und für seinen Onkel Marke um Isoldes Hand anhalten soll, ist sein Schicksal besiegelt. Auf der Rückreise trinken Tristan und Isolde irrtümlicherweise von einem magischen Liebestrank, der für die Hochzeitsnacht von Marke und Isolde vorgesehen war. Damit kann nichts die Leidenschaft aufhalten, die Tristan und Isolde füreinander empfinden. Auf dem Schiff, das sie zurück nach Cornwall bringt, finden sie zueinander, doch sie halten ihre erotische Beziehung geheim, nachdem Isolde standesgemäß mit Marke verheiratet worden ist.

Eine der berühmtesten Szenen der Geschichte findet in einer Grotte im Wald statt. In dieser Umgebung zwischen Pflanzen und Tieren, ohne die künstlichen Einschränkungen von Gesellschaft und Religion, ergibt sich die sexuelle Liebe ganz natürlich. Der Liebesakt in dieser Grotte nimmt eine derart erhabene Form an, dass Körper, Herz und Geist vereint sind. Um nur ein paar Zeilen aus diesem Preislied der Liebe zu zitieren: »... sie lebten in der Grotte von nichts / als von Liebe und Lust ... es war dies die unverbrüchliche Treue, / der Balsam der Liebe, / die Leib und Geist / im Innersten beseligt / und Herz und Denken am Leben hält: ... sie nahmen / keinerlei Speise zu sich außer der, / von der das Herz sein Verlangen, das Auge seine Lust gewann / und das auch dem Leib wohl bekam.«[65]

Gottfried verherrlicht den Eros und sucht nicht nach Antworten auf moralische Fragen, die ein Ehebruch aufwirft. Für ihn ist das Herz der Mittelpunkt des Universums, und es sollte seiner Überzeugung nach maßgeblich für die menschlichen Belange sein, ganz gleich, welche

Hindernisse aufkommen. Ein zeitgenössischer Kritiker kommt in seinem *Tristan*-Kommentar zu dem Schluss, den Liebenden sei alles erlaubt.[66]

Um 1200 war in der französischen und deutschen Hochkultur die erotische Liebe mindestens so hochgeschätzt wie in der griechischen und römischen Antike – oder sogar noch mehr. Selbst wenn die Liebe als Wahnsinn aufgefasst wurde, so war es doch ein Wahnsinn, für den es sich zu leben und zu sterben lohnte. Tristan und Isolde werden aus Liebe sterben; im Deutschen gibt es ein Wort dafür: *Liebestod.* Jahrhunderte später inspirierte dieses tragisch-erotische Schicksal Wagner zu seiner wunderbaren Oper *Tristan und Isolde.*

Auch wenn die Geschichte von Tristan und Isolde für den Adel geschrieben war, fand sie wie viele andere Geschichten ihren Weg zu einem größeren Publikum jenseits der aristokratischen Höfe. Ein Hinweis auf ihre Popularität sind die Namen, die französischen Kindern bei der Taufe gegeben wurden: Im Mittelalter bis zum Jahr 1500 sind in den Kirchenregistern die Namen »Tristan« 120-mal, »Lancelot« 79-mal, »Arthur« 72-, »Gauvain« (Gawain) 46-, »Perceval« (Parzifal) 44- und »Galehaut« (Galahat) zwölfmal verzeichnet.[67] Liebende Ritter und Damen hohen Standes haben sich anscheinend in der Vorstellungswelt normaler Leute festgesetzt – also bei bürgerlichen Geschäftsleuten, mittleren Handwerkern und Ladenbesitzern und vielleicht sogar bei Kleinbauern. Die Tatsache, dass Analphabetismus die Regel war, hat offenbar das einfache Volk nicht daran gehindert, sich die Kultur der Oberschicht einzuverleiben.

Eine im dreizehnten Jahrhundert aufkommende Form der Romanze war die Allegorie. Wie in allen Allegorien, ob säkular oder religiös, verkörperten hier die Figuren einer Erzählung abstrakte Ideen. Viele, ja, die meisten waren Liebesgeschichten.

In dem heute berühmten Manuskript der Allegorie *Le Roman de la Poire* aus der Mitte des dreizehnten Jahrhunderts, verfasst von einem gewissen Thibaud, finden sich die ersten uns bekannten Illustrationen des Liebesherzens. Auch wenn der Text selbst keine große Literatur ist, sind doch die bunten Miniaturen, die in der Pariser Werkstatt des Meisters von Bari (Maître de Bari) angefertigt wurden, kleine Meisterwerke.[68] Achtzehn übergroße dekorative Buchstaben weisen auf neue Abschnitte im Text hin, und alle achtzehn zeigen einen männlichen Liebhaber oder seinen Abgesandten. Auf zwei Miniaturen ist das Liebesherz zu erkennen.

Bei genauer Betrachtung des Bildes, das am Anfang dieses Kapitels in Abbildung 7 zu sehen ist, erkennt man ein Objekt in Form eines Pinienzapfens, der ein menschliches Herz darstellen soll. Diese Miniatur aus einem bebilderten Manuskript zeigt zwei Figuren, die von einem geschwungenen Buchstaben S umschlungen sind. Eine von beiden ist ein kniender junger Mann, der ein Herz hochhält. Die andere Figur ist eine stehende Dame, die ihre rechte Hand mit einer Geste der Überraschung erhebt und die linke Hand an die Brust legt, als wisse sie nicht, was sie mit der Gabe anfangen soll. Sein einfach gemaltes Gesicht wirkt demütig, ihres zeigt stolze Verachtung. Ihr Kopf ist in einen kronenartigen Schleier gehüllt, an den Händen trägt sie lange Handschuhe und am Körper ein elegantes Gewand, während er mit einer schlichten blauen Tunika bekleidet ist, an deren Taille ein Paar Handschuhe hängen. Alles passt in die konventionelle Geschichte eines jungen Mannes auf Freiersfüßen, der einer adligen Dame sein Herz schenken möchte.

Was er in Händen hält, sieht für uns nicht unbedingt nach einem Herzen aus. Offensichtlich ist es anatomisch nicht korrekt dargestellt; vielmehr hat es die Form eines Pinienzapfens, einer Aubergine oder einer Birne. Doch der Betrachter im Mittelalter wird es unmittelbar als eine Herzensgabe erkannt haben, wie man sie aus Liedern und Geschichten kannte.

Hätten wir nur diese Abbildung, würden wir davon ausgehen, dass der junge Mann der Dame sein eigenes Herz anbietet. Aber der Text der Allegorie erzählt uns etwas anderes. Die kniende Figur mit Namen Doux Regard (Milder Blick) hält ihr das Herz eines anderen hin: die Handschuhe an seiner Hüfte weisen darauf hin, dass Doux Regard ein Bote ist. Dieser gut aussehende junge Mann soll der Frau in diesem Bild das Herz des Autors/Liebhabers zur Aufbewahrung übergeben – denn sie ist nicht die Dame, für die es am Ende bestimmt ist.

Entsprechend den höfischen Konventionen des zwölften und dreizehnten Jahrhunderts ist der Autor/Liebhaber im *Roman de la Poire* dazu verurteilt zu leiden, bis er sich in einem Garten mit einer hochgeborenen Dame wiederfindet. Sie bietet ihm eine bereits teilweise geschälte Birne an, von der sie schon einen Bissen genommen hat. Wenn auch er in die Birne gebissen hat, ist er gefangen; der Duft der Birne dringt in sein Herz und wird dort bleiben. Trotz des offensichtlichen Bezugs zur biblischen Geschichte von Adam, Eva und dem Apfel beinhaltet diese Erzählung keine moralischen oder religiösen Anspielungen. Statt des Gottes aus dem Alten Testament ist hier die regierende Gottheit der Gott der Liebe, der in der Geschichte eine Figur ist und die wenigen Handlungsanweisungen gibt. Er wird dem Liebhaber allerlei Prüfungen auferlegen, während er dessen Herz als Pfand behält.

In dem Moment tritt Doux Regard auf. Der Gott der Liebe hat ihn dazu auserwählt, der oben abgebildeten Dame das Herz des Liebhabers zu übergeben. Inzwischen durchläuft der Liebhaber so manche Prüfung, während er sich der anderen Dame als wert erweisen möchte, jener, die ihm die Birne angeboten hat und die er begehrt. Die Vernunft gebietet ihm, ein so unmögliches Angebot abzulehnen und lieber um eine Dame zu werben, die eher seinem Stand entspricht. Natürlich lehnt der Autor/Liebhaber dies ab und bemüht sich weiter um die Dame seiner Träume. Schließlich entscheidet der Gott der Liebe, dass der Liebhaber genug gelitten hat; er schießt der hochgeborenen Dame einen Pfeil ins Herz, sodass *sie* nun die Schmerzen der Liebe zu erleiden hat. Am Ende lässt sie sich überzeugen, dem Autor/Liebhaber ihr eigenes Herz zu schenken, und alles endet gut, wie es die Leser seinerzeit erwarteten.

Erstaunlicherweise wird die zweite Herzdarstellung im *Roman de la Poire*, die von dem Großbuchstaben M umfasst ist, von einer Frau gehalten – eine rosafarben gekleidete Dame, die einem jungen Mann ein Herz darbietet. Die Herzen in beiden Miniaturen sind mehr oder weniger identisch, doch das erste gehört einem Mann und das zweite einer Frau. Das männliche Herz sieht genauso aus wie das weibliche!

Mittelalterliche Texte und Bilder führen uns Männer und Frauen vor, die sich in Herzensangelegenheiten kaum unterschieden. Wie die Männer hatten die Frauen ein großes Herz, um der Liebe wirklich gerecht zu werden, beide empfanden Begehren und Sehnsucht und konnten von Eifersucht und Verzweiflung zerrissen werden. Trotz der deutlichen Unterschiede zwischen Männern und Frauen kann man sagen, dass das Herz im Mittelalter Chancengleichheit bot.

Die Herzgaben, wie der Meister von Bari sie in den Miniaturen zur Illustration des *Roman de la Poire* darstellte, entwickelten sich im Laufe der Jahrhunderte zu künstlerischen und literarischen Symbolen. Das Herz hatte die Form eines Pinienzapfens, weil die medizinischen Wortführer es seit der Zeit des griechischen Arztes Galenos im zweiten Jahrhundert, entsprechend beschrieben hatten. Mittelalterliche Experten, unter ihnen auch um 1000 der persische Philosoph Avicenna, dann im dreizehnten Jahrhundert der deutsche Dominikanerpater Albertus Magnus, um 1300 der französische Chirurg Henri de Mondeville und im frühen vierzehnten Jahrhundert der italienische Anatom Mundinus, gebrauchten weiterhin das Wort *Pinienzapfen*, um das menschliche Herz zu beschreiben.[69]

Eines der berühmtesten Beispiele für ein Herz in Pinienzapfenform ist eine Elfenbeinschnitzerei auf der Rückseite eines um 1300 entstandenen französischen Spiegels, der sich heute im Victoria and Albert Museum in London (Abbildung 8) befindet. Hier kniet der Mann vor seiner Dame und bietet ihr sein Herz an, während sie mit einer

ABBILDUNG 8: Unbekannter Künstler, *Dame, die ihren Liebhaber krönt*, etwa 1300. Geschnitzte Spiegeldose aus Elfenbein, Victoria and Albert Museum, London, England.

Hand einen großen Reifen über seinen Kopf hält und mit der anderen sein Gewand am Arm berührt. Ihrer beider Lächeln und ihr leichtes Kopfnicken zu ihm hin verstärken den Eindruck von zärtlicher Zuneigung.

Da dieses Herz nur entfernt einem anatomischen Herzen ähnelt, würde man es beim Betrachten heute nicht unbedingt als solches erkennen, wenn man nicht mit dem Thema der Herzensgabe vertraut wäre. In unserer nachfreudianischen Epoche fällt es uns nicht schwer, ein phallisches Symbol darin zu sehen, vor allem im Kontext mit dem Reifen, den die Frau über den Kopf des Mannes hält. Die mittelalterlichen Künstler wussten, was sie taten – auch ohne Unterstützung von Freud.

Der *Roman de la Poire* gehörte zu einem umfangreichen Korpus von Allegorien, das die Literatur im hohen und späten Mittelalter prägte. *La Poire* war damals vermutlich nicht sonderlich populär, denn es sind nur drei Manuskripte davon überliefert. Hingegen gib es von einer äußerst populären Allegorie, dem *Rosenroman*, noch über zweihundert Manuskripte. Von einem Guillaume de Lorris um 1225 begonnen, aber nach viertausend Zeilen unvollendet geblieben, war der *Rosenroman* so gefragt, dass ein Autor namens Jean de Meun im selben Jahrhundert weitere 21.780 Zeilen hinzufügte.

Diese kunstvoll gearbeitete, in der ersten Person erzählte Allegorie beginnt mit einem Traum, den der Erzähler angeblich vor vier oder fünf Jahren hatte. Einmal im Monat Mai, wenn traditionell mit den Blumen die Liebe erblüht, fiel er in Schlaf. In seinem Traum geht er an einem Flussufer entlang und gelangt zu einer hohen Gartenmauer mit Malereien von fürchterlichen Gestalten: NEID, HABSUCHT und ALTER. Ungeachtet der abschreckenden Gesichter verhilft eine Dame namens MÜSSIGKEIT dem jungen Mann zum Eintritt in den Garten. Dort wird er von VERGNÜGEN und HÖFLICHKEIT begrüßt, tanzt mit jungen Leuten und erkundet diesen idyllischen Blumengarten.

Dann entdeckt er einen wunderschönen Rosengarten,

wo ihn der Anblick und der Duft der Rosen überwältigen »Große Mengen Rosen waren dort, /so schöne gab es sonst nicht unter dem Himmel«.[70] Eine Rose verkörpert ganz besonders das Wesen jener einzigarten Blume, die gerne mit Mädchen und Frauen assoziiert wird. Im Text heißt es: «Unter diesen Knospen wählte ich / eine so schöne aus, dass ich im Vergleich mit ihr / keine der andern im Geringsten schätzte, / nachdem ich sie genau betrachtet hatte…« In eben diesem Augenblick entscheidet sich der Gott AMOR, seinen Pfeil ins Herz des jungen Mannes zu schießen. Auch hier trifft der Pfeil wieder ins Auge des Liebhabers und durchbohrt sein Herz, sodass es auf immer verwundet ist. Der Text erspart uns nicht die schmerzlichen physischen Einzelheiten, die allegorisch zu verstehen sind: »Da fasste ich den Pfeil mit beiden Händen / und begann, fest an ihm zu ziehen / und beim Ziehen zu seufzen; / und ich zog so sehr, dass ich den / gefiederten Schaft an mich brachte. / Aber die mit Widerhaken versehene Spitze, / die SCHÖNHEIT genannt war / war so tief in mein Herz getrieben, / dass sie nicht herausgezogen werden konnte, / sondern darin blieb, ich spüre sie noch dort…«

Wie im *Roman de la Poire*, als der Held in die Birne beißt, ist der Liebhaber auch im *Rosenroman* unwiderruflich gefangen. Fortan wird er sich dem Gott Amor unterwerfen und die Dame seiner Träume verfolgen, ganz gleich, welche Hindernisse und Folgen sich ihm in den Weg stellen.

Figuren mit Namen wie HÖFLICHKEIT, VERNUNFT, EIFERSUCHT, REICHTUM und das Trio von WIDERSTAND, ANGST und SCHAM unterstützen oder hemmen jeweils das Werben des Liebhabers. Natürlich überwindet er am Ende alle Hindernisse und genießt den Lohn der Liebe. Nach dieser vereinfachten Synopsis würde man nicht vermuten, dass eine solche Geschichte im Mittelalter ein Bestseller war. Tatsächlich vermittelte er letztlich eine Vorstellung von der Liebe, die unzählige Männer und Frauen teilten – nicht nur die Franzosen, sondern auch die Deutschen, Italiener und anderen Europäer, die den Roman in Übersetzung lasen.

Hundert Jahre später, Anfang des fünfzehnten Jahrhunderts, gab der *Rosenroman* Anlass zu einer erbitterten Kontroverse, in der die gelehrte Dichterin Christine de Pizan und der Kanzler der Universität von Paris, Jean de Gerson, den Verehrern des Buchs entgegentraten und es einvernehmlich verdammten. Christine erklärte, der *Rosenroman* sei von einem Mann geschrieben, der wenig Ahnung von Frauen habe: Jean de Meun war Geistlicher. Sie empörte sich über die gemeinen, frauenfeindlichen Passagen – davon finden sich eine ganze Reihe in dem Buch – und über die obszöne Sprache, in der manche Körperteile beschrieben sind. Kurz gesagt, Christine lehnte den *Rosenroman* als letztlich unmoralisch ab. Gleich, wie man das Buch bewertet, so kann man sich doch heutzutage schwer ein Buch vorstellen, das zweihundert Jahre lang eine derart ergebene Anhängerschaft hätte und eine erhitzte Debatte in den höchsten gesellschaftlichen Kreisen auslösen würde.

Kapitel 6

Herzenstausch mit Jesus

ABBILDUNG 9: Henri van Severen, *Das Heilige Herz Jesu*, um 1900. Stickerei, St.-Nikolaus-Kirche, Gent, Belgien.

Nicht nur die säkulare Welt war vom Liebesherz fasziniert. Auch in der katholischen Kirche fand man im elften, zwölften und dreizehnten Jahrhundert neue Ausdrucksformen für die Liebe zu Gott. Hier stand nun das Herz Jesu im Mittelpunkt. Die Christen glaubten, dass Jesus, der Sohn Gottes, ein zugleich menschliches und göttliches Herz habe. Wie jedes menschliche Herz schmerzte und litt es, und wie Gottes Herz war es voller Mitgefühl und Liebe. Darstellungen seines heiligen Herzens, jeweils verwundet und mitleidend, fanden ihren Weg in die Klöster, wo Mönche und Nonnen ihre Gebete direkt an das Herz ihres Erlösers richteten.

Das religiöse Herz stand dem Liebesherz explizit ablehnend gegenüber, da man erotische Liebe als Konkurrenz zur Gottesliebe ansah. Seit dem heiligen Paulus und insbesondere nach dem heiligen Augustinus verfocht die Kirche die Ansicht, dass der sexuelle Akt nur der Fortpflanzung diene und nicht mit leidenschaftlichen Bekundungen sinnlicher Liebe verbunden sein solle. Ehe war besser als außereheliche Unzucht, doch im Vergleich zu Jungfräulichkeit und Zölibat galt sie als minderer Gnadenzustand. Sieht man sich aber genauer an, was von manchen Mönchen, Ordensbrüdern, Nonnen und Theologen gesagt und geschrieben wurde, erkennt man, dass die Liebe zu Menschen und die Liebe zu Gott oft ineinander übergingen. Der Einfluss des Liebesherzens war derart stark, dass es in die weltabgewandten Räume der Klöster vordrang. Zudem brachte der Einfluss des religiösen Herzens ein spirituelles Element in die Vorstellungen von höfischer Liebe ein.

Das verwundete Herz Jesu wurde im Mittelalter zum

eigentlichen Objekt christlicher Verehrung. Die Gläubigen meditierten vor dem Kruzifix, das die blutende Wunde in Jesu Seite zeigte, und sie spürten andächtig seinen Schmerz in ihrem eigenen Herzen. Nachdem der heilige Franziskus die Stigmata empfing – Wundmale an Händen, Füßen und an der Seite, wie sie Jesus am Kreuz erlitten hatte –, sah man derartige Wunden als Zeichen göttlicher Gunst an.[71] Andere Menschen, vor allem Frauen, empfingen danach solche Stigmata an Händen, Füßen und Handgelenken, an Brust, Stirn oder Rücken, und die Kirche sprach viele von ihnen später heilig.

Man denke nur an das Heilige Herz Jesu, das in der ganzen christlichen Welt ein vertrautes Symbol ist. Das verwundete Herz Jesu, in Flammen ausbrechend, von einer Dornenkrone umgeben, hat seinen Ursprung in den mystischen Meditationen solch angesehener Kirchenväter wie dem heiligen Anselm von Canterbury (1033–1109), der das Herz in seinen Schriften oftmals erwähnt. Während seiner Zeit als Abt der Benediktinerabtei Bec schrieb er an seinen geliebten Mitbruder Gudulf: »Alles, was ich für Dich empfinde, erfüllt mein Herz mit Freude«. In seinen Gebeten bittet er Jesus, ihm großzügig die Gnade seines göttlichen Herzens zu erweisen. Der heilige Anselm war ein Wegbereiter für spätere Mönche, darunter Bernhard von Clairvaux (1090–1153) und der heilige Bonaventura (1221–1274), die die Christen ausdrücklich anspornten, über die Wunden Jesu zu meditieren und so ihren Weg zum Herzen Jesu zu finden.[72]

Die Leser mögen mit den Namen des heiligen Anselm, des heiligen Bernhard und vielleicht sogar des heiligen Bonaventura vertraut sein, aber wer hat schon von der heiligen Gertrud der Großen von Helfta (1256–1302) gehört? Mir war sie nicht bekannt, ehe ich mich mit der Kulturgeschichte der Freundinnen beschäftigte und dabei in den festungsartigen Bibliotheksregalen der Stanford University auf jene Gertrud stieß. An dieser Stelle ist sie für uns von Interesse, weil sie in ihren spirituellen Schriften ihre höchst intimen Visionen des Herzens Jesu darstellte.

Gertrud wurde im Alter von fünf Jahren in das Kloster Helfta in Nordsachsen gegeben und blieb dort ihr ganzes Leben. Helfta war damals bereits ein bekanntes kulturelles Zentrum, in dem die Mystik gepflegt wurde. Geleitet wurde das Kloster von der Äbtissin Gertrud von Hackeborn und Mechthild von Hackeborn, einer weiteren bekannten Nonne, die zur spirituellen Lehrerin und engsten Freundin der späteren Gertrud der Großen werden sollte.

Anders als viele andere Angehörige des Klosters stammte Gertrud nicht aus einer Adelsfamilie. Tatsächlich ist über ihren familiären Hintergrund wenig bekannt. Wir wissen nur, dass sie sich schon früh durch Intelligenz, Lernbereitschaft, durch die Fähigkeit, auf Deutsch und Lateinisch zu schreiben, und durch ihre Kompetenz als Kopistin alter Manuskripte auszeichnete. Mit ihrer älteren Freundin Mechthild von Hackeborn sang sie die Liturgie, studierte die Schrift und erfüllte alltägliche Aufgaben wie Spinnen, Sticken und Krankenpflege. 1291 weihte Mechthild Gertrud in ihre wiederholten Offenbarungen ein und erlaubte Gertrud schließlich, diese in ihrem als *Liber specialis gratiae* bekannten Werk aufzuschreiben.

Bald hatte Gertrud ihre eigenen Visionen, die sie unter den Titeln *Gesandter der göttlichen Liebe (Legatus divinae pietatis)* und *Geistliche Übungen (Exercitia spiritualia)* festhielt, beide in mittelalterlicher lateinischer Prosa verfasst. In den meisten dieser Visionen geht es um Begegnungen mit Jesus, in einigen wenigen um die Gottesmutter Maria, und in allen finden wir faszinierende Bilder des Herzens. Gertruds intime Begegnungen mit Jesus erinnern oft in erstaunlicher Weise an mittelalterliche Romanzen.

In Buch II ihres *Gesandten*, dem höchstwahrscheinlich von ihrer eigenen Hand stammenden Teil, berichtet sie, wie sie im Alter von fünfundzwanzig im Dämmerlicht einem jugendlichen Jesus begegnete. Er streckte seine Hand nach ihr aus und sagte: »Kehre endlich zu mir zurück, und ich werde dich trunken machen durch den Strom meiner göttlichen Wonne.«[73] Seither war sie von einer spirituellen Glückseligkeit erfüllt, die sie befähigte, zuvor unerträgliche Belastungen zu ertragen. Wie die Sprache vieler anderer Mystiker ist auch die Gertruds nicht nur spirituell, sondern höchst sinnlich, wenn es um die Liebe geht.

Sieben Jahre später verpflichtete Gertrud eine Mitschwester, täglich vor einem Kruzifix ein Gebet für sie zu verrichten. Diese flehte Jesus im Namen von Gertrud an, ihr Herz mit der Kraft seiner Liebe zu durchbohren. Von diesem Gebet angeregt, fügte Gertrud bei der Sonntagsmesse einige Wochen später eine kleine Ergänzung hinzu: »Ich flehe Deine erbarmende Liebe an: durchbohre mein Herz mit der Kraft Deiner göttlichen Liebe.« Sogleich spürte sie, dass ihre Worte Jesu göttliches Herz erreicht hatten.

Als sie nach dem Empfang der heiligen Kommunion in ihre Sitzreihe zurückkam, hatte sie ihre zweite Vision, die von einem Bild des Kruzifixes in ihrem Gebetbuch angeregt wurde: »Plötzlich schien es mir, als dringe aus der rechten Seitenwunde des gemalten Kruzifixus ein Sonnenstrahl, einem Pfeil gleich. Er dehnte sich aus, zog sich zusammen und dehnte sich wieder aus: und so lockte er meine Gemütsregungen eine ganze Weile schmeichlerisch an.« Was für eine seltsame Mischung aus biblischen Motiven und sexuellen Bildern! Blut und Wasser, die laut dem Johannesevangelium austraten, nachdem ein Soldat Jesus eine Lanze in die Seite gestochen hatte, wird hier als Lichtstrahl interpretiert. Und dabei wirkt gerade erregend, wie das Blut spritzt, die Lanze wieder herausgezogen wird und das Blut sich erneut aus der Wunde ergießt. Als moderner Leser kann man nicht umhin, das aus dem Unbewussten hervordrängende erotische Begehren zu erkennen.

Unabhängig davon, ob eine Episode im *Gesandten* von Gertrud selbst oder von einer ihrer Bekannten geschildert wurde, bringen immer wieder Bilder von zwei vereinten Herzen ihre Liebe zu Jesus zum Ausdruck. Manche ihrer Gespräche mit Jesus klingen, als entstammten sie einem französischen Roman wie *Lancelot* oder *Cligès*. Wir hören, wie Jesus über Gertrud sagt: »Die Schläge ihres Herzens werden ununterbrochen mit den Herzschlägen meiner Liebe vermischt…« oder an anderer Stelle: »… die glühende Liebe ihres Herzens zu mir lässt mein innerstes, ihr hingegebenes Wesen schmelzen; und wie Fett am Feuer schmilzt, so wird die Liebe meines göttlichen Herzens von der Glut ihres Herzens feuerflüssig und fließt ohne Unterlass in ihre Seele.«

Wie sollen wir diese Liebesworte verstehen, die hier Christus in den Mund gelegt sind? Sicherlich war die heilige Gertrud von ihrer Zeit geprägt, als jeder, ob er lesen konnte oder nicht, die Liebe auf den Lippen trug. In den Briefen des heiligen Anselm an seinen Mitbruder fallen jede Menge ähnliche Formulierungen auf, die sich in seinem Fall als homoerotisch interpretieren lassen. Doch wir sollten die Art, wie die Liebe von den mittelalterlichen Mystikern erlebt und dargestellt wurde, nicht auf eine Sublimierung von Sexualität reduzieren: Sie liebten Gott in einer Weise, die der religiösen Kultur ihrer Zeit entsprach.

Wie hat Gertrud ihr eigenes Herz gesehen? An anderer Stelle im *Gesandten* greift sie auf eine traditionelle christliche Interpretation zurück, wenn sie Jesus dafür dankt, dass er sich in ihrem Herzen eine Wohnung geschaffen habe: »so Du in meinem Herzen mit meiner Seele Deine Freude finden könntest«.

Seit biblischen Zeiten haben sich Juden und Christen das Herz als die Wohnstatt der Seele vorgestellt. Wie andere Mystiker auch griff Gertrud auf diese Tradition zurück in ihren überwältigenden Erlebnissen spiritueller Begegnungen mit Jesus und mit Gott.

In Gertruds Gebeten, Meditationen, Litaneien und Hymnen, die unter dem Titel *Exercitia spiritualia (Geistliche Übungen)* zusammengefasst sind, ruft sie immer wieder das Herz Jesu an, es möge die brennende Liebe empfangen, die sie in ihrem Herzen verspürt: »... drücke auch das Siegel deines Herzens meinem Herzen ein«, »Von Herzen, von Herzen begehre ich dein«, »In der Höhlung deines Herzens ... birg mich fern von allem, was nicht Du bist«, »mit ganzem Herzen, mit ganzer Seele und mit ganzer Kraft«, »möge deine Liebe mein Herz hinüberführen in dich, dass ich mit dem unlösbaren Leim der Liebe an und in dir hafte«, »Du bist es, nach dem dürstet mein Herz«, »Ja, schon glüht mein Herz nach dem Kuss deiner Liebe«, »Den Vertrag des hochzeitlichen Bundes, den dein Herz nun mit mir eingegangen ist: zeige mir ihn …«, »… selig das Herz, das spürt deines Herzens Kuss …«.[74]

An vielen Stellen klingen Gertruds Anrufungen Gottes ausgesprochen weiblich. Sie sieht sich als Braut Christi, als seine Ehegattin, seine Geliebte, seine Tochter, seine Gefangene. Manchmal bringt sie ihre Liebe in einer Weise zum Ausdruck, die an die unverkennbar weibliche Sprecherin im *Hohelied* des Alten Testaments oder an gewisse Frauengestalten mittelalterlicher lustvoller Liebesgeschichten erinnert. Wie konnte es sein, dass ihr solche Romanzen bekannt waren, obgleich sie seit dem Alter von fünf Jahren im Kloster lebte? Welche Texte hat sie in der klösterlichen Schreibstube entdeckt, und welche Geschichten hörte sie von anderen Nonnen, die als Erwachsene ins Kloster eintraten? Sie scheute sich nicht, in ihren Schriften mehrfach Venus zu erwähnen, und sie übernahm das ihr zweifellos bekannte literarische Bild vom Herzenstausch in ihre Texte.[75]

Das Herz wurde mit erotischer Bedeutung aus verschiedenen Quellen – biblisch, klassisch und höfisch – aufgeladen, und für Gertrud war es das Objekt, durch das sie ihre Liebesbeziehung mit Jesus vollzog. Zusammen mit ihrer Mitschwester Mechthild von Hackeborn legte sie die Samen für den Kult des Heiligen Herzens Jesu, der in den folgenden Jahrhunderten – wesentlich durch den Einsatz von Frauen – gepflegt wurde.

Auch Katharina von Siena (1347–1380) ist für ihre Verehrung des Heiligen Herzens bekannt. Nach einem mystischen Erlebnis im Alter von etwa einundzwanzig Jahren meinte sie, mit Jesus verheiratet zu sein, und glaubte sogar, als Symbol ihrer Bindung einen unsichtbaren Ehering zu tragen.[76] Katharinas religiöse Gedanken sind in einem Werk namens *Der Dialog* dokumentiert, und auch die vielen Briefe, die sie an so unterschiedliche Menschen wie Mönche, Päpste, Königinnen und Prostituierte schrieb, belegen eine Faszination von der verwundeten Seite und dem Blut Jesu. In einer Vision fragte sie Jesus, warum er gewollt habe, dass seine Seite geöffnet wurde und dass ein solcher Blutstrom herausschoss. Er erwiderte: »Das habe Ich euch durch das Öffnen Meiner Seite gezeigt, wo ihr das Geheimnis Meines Herzens findet. Es zeigt euch, mehr als ein endliches Leiden dies könnte, wie sehr Ich euch liebe.«[77] Die von ergebenen Schülern umgebene Katharina war in ihrem kurzen Leben in geistlichen Kreisen äußerst einflussreich, weshalb sie 1461 heiliggesprochen wurde.

Eine ähnliche Verehrung, die dem Unbefleckten Herzen Mariä gilt, lässt sich auch bis zu Gertrud der Großen und Mechthild von Hackeborn sowie zu Birgitta von Schweden (1303–1373) zurückverfolgen. Diese Frauen beteten das Herz Mariä an, dem sie als Symbol ihrer Liebe zu Gottvater, ihrer mütterlichen Liebe zu Jesus und ihrer allumfassenden Liebe zur ganzen Menschheit huldigten. Verehrerinnen des Unbefleckten Herzens können sich auf das Lukasevangelium berufen, wo ein Prophet namens Simeon Maria weissagt, sie habe wie ihr Sohn großes Leid vor sich, und ihr Herz werde mit einem Schwert durchbohrt werden (Lukas 2,35). Bis auf den heutigen Tag ehren viele Gläubige die Muttergottes mit dem folgenden Novenengebet zum Unbefleckten Herzen Mariä:

Unsere himmlische Königin und Mutter! Mit kindlichem Vertrauen und liebender Seele nahen wir uns deinem unbefleckten, mütterlichen Herzen, um es nach Kräften zu loben, zu verherrlichen und seine mächtige Fürsprache anzurufen …

Gegrüßet seist du, Maria, voll der Gnade. Der Herr ist mit dir. Du bist gebenedeit unter den Frauen und gebenedeit ist die Frucht deines Leibes, Jesus.

Heilige Maria, Mutter Gottes, bitte für uns Sünder jetzt und in der Stunde unseres Todes.
Amen.

Die Verehrung des Heiligen Herzens Jesu und des Unbefleckten Herzens Mariä kam zur selben Zeit auf, wobei es Gemeinsamkeiten, aber auch Unterschiede gibt. Die Verehrung des Herzens Jesu soll eine intime Begegnung mit Jesus erwirken. Die Verehrung des Herzens der Muttergottes dient, wie so oft bei Maria, einer Vermittlung zwischen christlichen Gläubigen und Jesus oder Gott.

Bildliche Darstellungen des Heiligen Herzens Jesu und des Unbefleckten Herzens Mariä kamen um 1400 auf. Eines der schönsten Heiligen Herzen, zwischen 1452 und 1460 von dem gefeierten französischen Maler Jean Fouquet für ein Stundenbuch gemalt und heute im Louvre aufbewahrt, zeigt das Herz Jesu mit daraus auflodernden Flammen.[78] Ein anderes bemerkenswertes Heiliges Herz aus einem Stundenbuch, entstanden um 1490 und heute in der Pierpont Morgan Library in New York, zeigt das

ABBILDUNG 10: Leopold Kupelwieser, *Herz Mariä*, um 1836. Öl auf Leinwand mit Goldblatt, Peterskirche, Wien, Österreich. Foto von Diana Ringo.

Herz am Kreuz, mit vier schweren Nägeln durchbohrt und von einer Dornenkrone eingefasst.[79] Das Unbefleckte Herz Mariä wird oft mit einem Schwert durchbohrt und einem Kranz aus Rosen oder Lilien dargestellt. Demnach sind das Heilige Herz und das Unbefleckte Herz für die Katholiken schon seit Langem geläufige Symbole.

Kapitel 7

Caritas oder das italienische Herz

Abbildung 11: Giotto di Bondone, *Caritas* (Detail), 1305. Fresko, Scrovegni-Kapelle, Padua, Italien.

Um 1300 war das Liebesherz in Norditalien ein beliebtes Thema in Literatur und bildender Kunst. Hoch im Kurs stand es in der Dichtung des *dolce stil novo* (Süßer Neuer Stil), dessen bekanntester Vertreter Dante war, und in den Fresken des Meisters Giotto. Man findet ihn aber auch in den Texten und Illustrationen eines kaum bekannten Juristen namens Francesco da Barberino.

Begründet wurde der »Süße Neue Stil« von dem Dichter Guido Guinizelli. Sein Gedicht »Al cor gentil rempaira sempre amore« (»In einem sanften Herzen herrscht immer Liebe«) betonte die spirituelle Dimension der Liebe und verherrlichte jene Frauen, die dazu inspirierten. Nur das »sanfte« oder »edle« Herz war zu wahrer Liebe fähig, eine Erfahrung, die Guinizelli als eine Art religiöse Hingabe interpretierte. Er meinte, der Liebende verehre in der Bewunderung von Gottes erlesensten Geschöpfen – namentlich der engelhaften Dame – zugleich Gott selbst. Beim Abwägen zwischen sinnlicher Liebe (*amor profano)* und spiritueller Liebe (*amor sacro*) neigte sich seine Waage zugunsten der letzteren.

In der Nachfolge von Guinizelli schrieb Dante (1265–1321) ein Sonett, das die Einheit von Liebe und Herz wie nie zuvor darstellte:

Lieb' und ein edles Herz sind allzeit eins:
Dies legt in seinem Lied der Weise dar.
Zu bleiben ohn das andre waget keins...[80]

Dante meinte, die Welt sei vom Gott der Liebe regiert. Und sobald der richtige Mensch erscheine, belebe die Liebe das Herz und fände dort ihren Mittelpunkt.

Drauf naht als holde Frau der Schönheit Hort,
und sie gefällt den Augen so, dass tief
im Herzen Sehnsucht aufsteht aus dem Bann

Und also lange weilt sie ebendort,
bis sie den Geist der Liebe weckt, der schlief. –
Ein Gleiches wirkt im Weib ein edler Mann. –

Dantes Dame zeichnet eine Form sublimer Schönheit aus, die zugleich körperlich und spirituell ist. Natürlich gelangt die Liebe durch die Augen ins Herz, so wie man es sich seit Platon vorstellte, aber sie muss auch *saggia* – weise oder tugendhaft – sein, um das Herz des Dichters zu erreichen.

Dante fand seine ideale Frau in Beatrice, und jeder literarisch Interessierte kennt sie. Laut seiner Schilderung begegnete er ihr zum ersten Mal, als sie gerade neun und er kaum ein Jahr älter war. Ihr Bild blieb ihm stets im Sinn, auch wenn er sie nur wenige Male vor ihrem frühen Tod im Alter von einundzwanzig Jahren wiedersah. Nach ihrem Tod verfasste er ihr zu Ehren jenes Werk, das am Ende *La Vita Nuova (Das neue Leben)* hieß. Hier suchte er sein individuelles Glück, indem er Beatrice in Lobgesängen zu einer Halbgöttin stilisierte:

Die Liebe wohnt in meiner Herrin Blick;
Dadurch wird alles, was sie anschaut, schön.

Bei einem anderen Sonett in *La Vita Nuova* kann sich niemand dem Zauber von Beatrices Gegenwart entziehen:

So tugendreich und lieblich seh ich stehen
die Herrin, wenn sie andre grüßt; Erbeben
zwingt jeden Mund zum Schweigen …

Das Sonnet endet mit Zeilen, die die Empfindungen des Liebenden in zwei ganz unterschiedliche Richtungen führen:

Und wenn's gelingt, dass er sie doch betrachte,
dringts durch den Blick so süß in Herz und Sinne, …

Es ist, als ob von ihren Lippen schwebte
ein lichter Geist und ganz erfüllt von Minne,
der immerdar zur Seele sagte: »Schmachte!«.[81]

In dieser neuen Liebesvorstellung geht es um das Herz ebenso wie um die Seele, um Materie und Geist, und daraus entsteht eine Art beglückende Befriedigung. Wie der Romanist Robert Harrison wortgewandt formuliert: »Der Seufzer am Ende des Gedichts … bringt seinen Gegenstand in einer ästhetischen Stasis zur Ruhe. Hier erregt Beatrice nicht mehr Begehren, sondern beruhigt es.«[82]

Eine andere merkwürdige Szene in *La Vita Nuova* kann man nicht übergehen, wenn man sich mit Dante und dem Herzen befasst. In einem Traum sieht Dante eine furchterregende Gestalt von hohem Stand, die verkündet »Ego dominus tuus« *(Ich bin dein Herr).* Diese Gestalt hält die schlafende Beatrice in ihren Armen, entblößt und nur in ein purpurnes Tuch gehüllt. Was darauf folgt, ist erschütternd: »In der einen Hand schien der Herrscher ein glühend Ding zu halten, und mich deuchte, er sage zu mir: *Vide cor tuum.* [Sieh dein Herz] So verharrte er eine Weile, doch alsdann schien er die Schlafende zu wecken, und durch die Kraft seines Geistes brachte er sie dahin, zu essen, was ihm in der Hand glühte, und sie aß es zögernd.«[83]

Kurz gesagt, Dante stellt dar, wie Beatrice sein Herz verzehrt! Auch wenn das Lateinische an den katholischen Ritus der Kommunion erinnert, ist diese Sicht doch kannibalisch. Menschenfleisch zu essen, auch wenn es »zögernd« geschieht, scheint nicht zu der erhabenen Beatrice zu passen. Die Szene endet abrupt damit, dass Beatrice in den Armen eines Unbekannten fortgetragen wird, er »schwebte, wie mir schien, mit ihr gen Himmel«.

Dantes Vision des »gegessenen Herzens« bezieht sich sicher auf andere mittelalterliche Geschichten, in denen einer Ehebrecherin das Herz des Liebhabers angeboten wird, das sie dann unwissentlich verspeist – alles aufgrund der Machenschaften ihres eifersüchtigen Ehemanns. Aber diese Traumszene ist rätselhafter und beschäftigt die Wissenschaft seit siebenhundert Jahren. Zumindest kann man sagen, dass Beatrice, indem sie Dantes Herz isst und dann in den Himmel auffährt, sich für ihre Wiedervereinigung in Dantes *Göttlicher Komödie* vorbereitet, wo sie schließlich als seine Begleiterin im Paradies auftritt.

Dante und die Dichter des *stil novo* sind zwar unmittelbare Nachfolger der provenzalischen Troubadoure, doch sie hatten eine ganz andere Vorstellung von der Liebe. Die italienischen Dichter lehnten Erotik um ihrer selbst willen ab und propagierten stattdessen eine Liebe, die nicht nach sexueller Vereinigung strebt. Die Gestalt der Beatrice führt uns ins Reich der Engel.

Weltliche Liebe, ob auf Italienisch *amore*, auf Lateinisch *amor*, auf Französisch *amour* oder auf Deutsch *Minne* genannt, wurde in offiziellen katholischen Kreisen mit Misstrauen beäugt. Folglich vertrauten Mönche und Nonnen und andere, die den physischen Genüssen zu entsagen vermochten, lieber der von der Kirche bevorzugten *caritas*. Als Laie setzte Dante alles daran, sexuelle Begierden zu unterdrücken und die Liebe zu vergeistigen. Wie andere italienische Dichter versuchte er, *amor* mit genügend *caritas* zu ergänzen, um die Erotik abzumildern und zwischen den beiden rivalisierenden Vorstellungen von Liebe zu vermitteln.

Aber in seiner literarischen Fantasie konnte Dante den Eros unmöglich ignorieren. Ein Beispiel dafür ist die Figur der Francesca da Rimini in der *Göttlichen Komödie*, die den Flammen der Hölle zum Opfer fällt und dazu verflucht ist, ihren Ehebruch nie zu vergessen. Francesca berichtet, wie sie und Paolo sich verliebten, während sie die Geschichte von Lancelot und Ginover lasen. Die Rolle der Literatur bei der Entfachung von Leidenschaft lässt René Girard von »mimetischem Begehren« sprechen. Über Jahrhunderte hinweg, lange bevor es Film und Fernsehen gab, erfuhren Leser wie Paolo und Francesca zuerst durch Legenden, Romane, Gedichte und Dramen von der Liebe. Dante behauptete, dass solche Geschichten einen schädlichen Einfluss auf die eigene Seele haben können. Und doch schenkte er uns die faszinierende Gestalt der Francesca, mit der sich die Frauen bis heute identifizieren können, auch wenn sie nicht den Weg des Ehebruchs gehen. Über die heiligmäßige Figur der Beatrice lässt sich wohl kaum dasselbe sagen.

In Italien beflügelten Literatur und Kunst sich gegenseitig. Betrachtet man die bildende Kunst um 1300, so fällt eine enorme Zunahme von Darstellungen des Herzens im Kontext mit der theologischen Tugend der *caritas* auf, die aus dem Lateinischen manchmal als »charity« (Nächstenliebe) und manchmal als »love« (Liebe) übersetzt wird. In der Bibel wird Caritas in der berühmten Passage des heiligen Paulus erwähnt: »Glaube, Hoffnung und Liebe, diese drei bleiben. Aber am größten ist die Liebe.« (1. Korinther, 13,13) Mit »Caritas« meinte Paulus nicht, Almosen an die Bedürftigen geben, wie wir den Begriff heute verwenden, sondern Nächstenliebe und Freundlichkeit.

Dieser Absatz wurde von dem Religionsphilosophen Thomas von Aquin in seiner Enzyklopädie *Summa Theologica* hervorgehoben. In diesem Werk widmet er den theologischen Tugenden Glaube, Hoffnung und Liebe eine Passage, wobei ihm ganz eindeutig die Liebe am wichtigsten ist. Er versteht darunter Gottes- und Nächstenliebe. Seine Auslegung von *caritas* umfasste auch die Tugend der *misericordia*, also die Bereitschaft zu Empathie und Leidminderung. Was wir heute Mitgefühl nennen würden, ergab sich für Thomas von Aquin unmittelbar aus der Gottesliebe.

Was hat nun die theologische Tugend der Liebe mit dem Liebesherz zu tun? Als Giotto um 1305 die Figur der Caritas mit den anderen Tugenden malte, deren Fresken eine Seite der Scrovegni-Kapelle in Padua schmücken, ließ er sich wohl von säkularen Bildern der »Herzensgabe« inspirieren, die in Frankreich entstanden waren. Die monumentale Gestalt der Caritas hebt ihr Herz zu einer bärtigen Figur mit einem Heiligenschein empor, die vermutlich Christus darstellen soll (Abbildung 11). Dieses Motiv erinnert ganz deutlich an das Liebesherz aus dem *Roman de la Poire*. Auch hier hat das Herz die Form eines Pinienzapfens: mit einem spitzen Ende, das nach oben zeigt, und einem breiteren unteren Teil, der in der Hand gehalten wird. Von Weitem würde man es fälschlicherweise für ein Stück Obst oder Gemüse halten, vielleicht eine Birne oder eine Aubergine. Bei genauerem Hinsehen aber erkennt man die Aorta, die aus dem Boden des umgedrehten Herzens entspringt. In der anderen Hand hält Caritas einen Obstkorb, aus dem sie die Armen speist.

Giottos *Caritas* beeinflusste spätere italienische Maler und Bildhauer, deren Werke noch heute die Kirchen und Museen norditalienischer Städte zieren. Dazu gehören die Reliefs, die Andrea Pisano um 1337 für die Bronzetür des Baptisteriums neben dem Dom zu Florenz schuf, wo die Caritas ein Herz in der einen Hand und eine Fackel in der anderen hält. Auch in Siena gibt es ein prachtvolles Caritas-Fresko, das Ambrogio Lorenzetti um 1340 für den Palazzo Publico malte.[84]

Caritas wird immer als Frau dargestellt. Zweifellos hat dies mit der Marienverehrung zu tun, die im dreizehnten und vierzehnten Jahrhundert ihren Höhepunkt hatte. Das Bild Mariä, auf den Steinfassaden gotischer Kirchen, auf riesigen Rosettenfenstern oder auch aufs Feinste in Elfenbeinminiaturen gearbeitet, zeigt Caritas auch als das weibliche Ideal der Mutterliebe.

Ein seltenes Werk brachte die Jungfrau Maria und Caritas zusammen. Auf dem Bild *Madonna mit Caritas*, Anfang des vierzehnten Jahrhunderts vom Meister des Stefaneschi-Altars gemalt und heute im Bargello-Museum in Florenz, hält Maria ein Jesuskind auf dem Schoß, während Caritas den Arm ausstreckt, um ihm ihr Herz zu reichen.[85]

Alle italienischen Kunstwerke in der Nachfolge von Giottos *Caritas* stellen das Herz pinienförmig dar. Das symmetrische, zweilappige Herzsymbol, das uns bekannte »Valentinsherz«, gehörte noch nicht zum Programm.

Wie die Evolution von Tierarten hat auch die Kulturgeschichte des Liebesherzens ihre merkwürdigen Mutanten hervorgebracht: eigenartige Kreaturen, die plötzlich entstehen und dann wieder verschwinden oder eben als Arten erhalten bleiben. Ein solches Werk verfasste und illustrierte in Italien um 1300 ein Zeitgenosse von Giotto und Dante, der sich selbst Francesco da Barberino nannte.

Giotto war schon zu Lebzeiten durch seine Gemälde und Dante durch seine Dichtung berühmt, doch nur wenige dürften in Italien um 1300 dem Namen Francesco da Barberino begegnet sein. Auch heute ist er lediglich spezialisierten Wissenschaftlern bekannt. Und doch hat er ganz entscheidend zu dem Herzsymbol beigetragen, an dem sich heute Millionen, wenn nicht Milliarden von Menschen weltweit erfreuen.

Francesco di Neri di Ranuccio wurde 1264, ein Jahr vor Dante, in der toskanischen Stadt Barberino geboren. Als Erwachsener nahm er den Namen seines Geburtsorts an und war als Francesco da Barberino bekannt. In Florenz studierte er die sieben freien Künste (Grammatik, Logik, Rhetorik, Arithmetik, Geometrie, Musik und Astronomie) und studierte anschließend Jura an der renommierten Universität von Bologna, wo er 1294 den Notartitel erwarb. Von 1297 bis 1304 lebte er in Florenz und war für zwei Bischöfe als Kirchennotar tätig. Er stand auch mit den wichtigsten florentinischen Dichtern seiner Zeit in Verbindung, unter ihnen Dante, bis der große Dichter 1301 ins Exil gehen musste. Wie es unter den Dichtern üblich war, griff Barberino zur Feder, wenn er eine Dame verehrte, in seinem Fall ging es um eine Frau namens Constanza. Neben dem Schreiben begann er auch zu malen, möglicherweise unter der Anleitung von Giotto oder einem Künstler aus der Werkstatt des Künstlers. Barberino war zweifellos mit den Arbeiten der berühmtesten Maler der Frührenaissance vertraut, namentlich Cimabue und Giotto.

Zwischen 1309 und 1313 lebte er in Frankreich, wo er in den höchsten Kreisen verkehrte, vom päpstlichen Hof in Avignon bis zum Königshof in Paris, wo Philipp der Schöne herrschte. Die längste Zeit blieb er in der Provence und machte sich mit der Kunst der Troubadoure und der okzitanischen Sprache vertraut. Von dort aus unternahm er ausgedehnte Reisen durch Frankreich, vom Süden bis zur Mitte und in nördlicher Richtung bis in die Picardie. Seine französischen Beziehungen waren offenbar äußerst nützlich für ihn, denn als er in seine Heimat zurückkehrte, wurde ihm durch eine päpstliche Bulle gestattet, sowohl ziviles wie auch kanonisches Recht zu praktizieren. Trotz all der Reisen und einer Frau, die ihm fünf Kinder gebar, gelang es ihm doch auch, zwei beachtliche Werke im Wesentlichen zu vollenden: *Documenti d'Amore* und *Reggimento e costume di donna.*[86]

Barberinos *Documenti*, in einer sperrigen Kombination von Italienisch und Lateinisch verfasst, zeigen eine quasireligiöse Vorstellung von Liebe als Verehrung einer Dame, deren Rolle es ist, die Seele des Liebhabers zu adeln. Je mehr er liebt, umso mehr vergöttert er sie und zeigt sich bestrebt, ihrer Vollkommenheit gerecht zu werden. Mit seinen Schriften brachte Barberino die Lieder der okzitanischen Troubadoure und die Allegorien der französischen Erzähler wieder in seine Heimat zurück, wobei er allerdings eine kräftige Dosis italienische Gelehrsamkeit und katholische Moral hinzufügte. Seine Liebesprinzipien sind weniger eine Herzenssache, sondern wirken äußerst kopflastig.

Und doch sind seine Graphiken in den Manuskripten der *Documenti*, vor allem die Darstellungen der Gestalt des Amor, erstaunlich originell (Abbildung 12). Amor erscheint als Triumphator, wie er stehend auf einem galoppierenden Pferd daherkommt. Der Tradition gemäß hat er Flügel, trägt einen Köcher mit Pfeilen in der einen Hand und einen Rosenzweig in der anderen und hat eine Blättergirlande um die Brust geschlungen. Und wie in anderen Darstellungen Amors aus dem vierzehnten Jahrhundert besitzt er auch Krallen, bei Barberino Symbole für den festen Griff der Liebe. Bis hierher also nichts besonders Originelles. Aber schauen wir noch einmal genauer hin: Was sehen wir um den Hals des Pferdes? Eine Kette mit Herzen! Rote Herzen in einem Manuskript, schwarze und weiße Herzen in einem anderen.[87] Es stimmt schon, dass diese Herzen aus der Entfernung fast wie Dreiecke aussehen, aber selbst ohne Lupe kann man andeutungsweise an jedem Herzen zwei Lappen erkennen. Amor jagt davon mit den Herzen, die er durchbohrt hat, und lässt viele verliebte Menschen zurück, die man unter ihm sieht.

In einer kurzen Abhandlung über die Liebe (*Tracta-*

tus Amoris) am Ende des Buches berichtet der Autor, dass Amors Pferd weder Sattel noch Zügel oder Sporen braucht, weil »es die Liebe nicht kümmert, wenn es keine Zügel gibt... Die Liebe läuft nicht Gefahr abzustürzen«. Der Text konzentriert sich dann auf die Pfeile, die als »klein, zahlreich und bösartig wie wilde Tiere« beschrieben werden. Und wenn wir noch irgendwelche Zweifel darüber haben, was den Hals des Pferdes umgibt, so erfahren wir, dass das Tier »viele Herzen tragen« soll (»site quor molti gli faccio portare«).[88]

Ich bin keineswegs die Erste, der diese von Amor siegreich davongetragenen Liebesherzen aufgefallen sind. Bereits 1939 hat der große Kunsthistoriker Erwin Panofsky darauf hingewiesen, und noch andere Beobachter haben jeweils scharfsinnige Kommentare dazu abgegeben.[89]

Panofsky war auch der Erste, der eine Verbindung zwischen Barberinos Illustrationen und einem anderen Amor mit einer Herzkette herstellte, welcher auf einem um 1323 entstandenen Gemälde von Giotto und seiner Werkstatt zu sehen ist. Diese Herzen sind nicht in einer schwer zugänglichen Bibliothek verborgen, sondern finden sich auf einem Fresko einer allgemein zugänglichen Kirche. Es handelt sich um die »Allegorie der Keuschheit« in der Unterkirche von San Francesco in Assisi (Abbildung 13). Auch wenn das Motiv der aufgereihten Herzen Barberinos Illustration ähnelt, gibt es doch zahlreiche Unterschiede. Zuerst einmal ist die Girlande um Amors nackten Leib geschlungen und nicht um das Pferd wie in Barberinos Version. Die Herzen auf dem Fresko weisen nicht die Bögen und angedeuteten Muschelformen von Barberinos Herzen auf und wirken eher wie von einem Ast herabhän-

Abbildung 12: Francesco da Barberino, »Der Triumph der Liebe« (Detail), aus *Documenti d'Amore*, um 1315, Manuskriptillustration, MS Barb. Lat. 4076, Vatikanische Bibliothek, Rom, Italien.

gende Früchte. Auf dem Fresko ist der jugendliche Liebesgott mit Flügeln und Pfeilen außerdem eindeutig mit dem Wort AMOR zwischen seinen Krallenfüßen bezeichnet und trägt zudem eine Binde über den Augen. Diese neue Entwicklung in der Ikonographie von Amor vermittelt die Vorstellung, dass die Liebe blind ist – also irrational und töricht.

Insgesamt hat das Fresko in Assisi eine ganz andere

ABBILDUNG 13: Giotto di Bondone, »Allegorie der Keuschheit« (Detail), um 1320. Fresko, Unterkirche San Francesco, Assisi, Italien. Copyright: Scala/Art Resource, New York.

Bedeutung: Während Barberinos Illustrationen den Triumph der Liebe feierten, verteufelt das Fresko sie. Amor und seine Begleitung (Leidenschaft), beide nackt, werden von einem schwarzen Skelett mit einer Sense, das

ABBILDUNG 14: Niccolò di Ser Sozzo Tegliacci, »Mariä Himmelfahrt« (Detail), um 1334–1336. Illuminierte Manuskriptillustration, Staatsarchiv Siena, Italien, Copyright: Scala/Art Resource, New York.

den Tod (Mors) darstellt, vom Turm der Keuschheit fortgejagt. Panofsky vergleicht das Band über Amors Körper mit der Schnur eines Köchers, »auf der die Herzen seiner Opfer wie die Skalps am Gürtel eines Indianers aufgezogen sind«.[90] In der Kirche von Assisi ist Amor aus der Gesellschaft rechtschaffener Männer und Frauen verstoßen und zum Tode mit den Verdammten verurteilt.

Was um 1300 bei Francesco da Barberino und Giotto noch andeutungsweise an Herzen gemahnte, ähnelte einige Jahrzehnte später dann dem uns heute bekannten Herzsymbol. So auf einer Miniatur von Mariä Himmelfahrt, umgeben von einer Engelschar, die heute im Staatsarchiv der Stadt Siena versteckt ist (Abbildung 14). Dieses farbenfrohe, zwischen 1334 und 1336 entstandene Gemälde ist von Niccolò di Ser Sozzo signiert, doch weitere Werke dieses Meisters sind nicht überliefert. Im unteren Teil der Miniatur sehen wir eine kniende Frau, die versucht, ein riesiges goldenes, leicht eingebuchtetes Herz – es ist fast so groß wie sie selbst – zu der gleichmütig oberhalb von ihr thronenden Jungfrau Maria emporzuheben. Dieses ungewöhnliche Bild ist ein Beweis dafür, dass man in Italien bereits im vierten Jahrzehnt des vierzehnten Jahrhunderts eine Variante kannte, die fast genauso wie unser heutiges Herzsymbol aussah.

Allerdings wäre es nicht ganz richtig, Ser Sozzos Herz mit unserem typischen Herzsymbol gleichzusetzen. Seine Herzdarstellung und die anderen Anfang des vierzehnten Jahrhunderts in Florenz, Siena, Padua, Pisa und Assisi entstandenen waren durchweg religiös – Herzen, die Gott, Jesus oder der Jungfrau Maria dargeboten wurden. Was wir in italienischen Gemälden dieser Epoche nicht finden, sind Bilder des Liebesherzens, die Menschen einander schenkten. Dafür müssen wir nach Norden, nach Frankreich und Flandern, reisen.

Kapitel 8

Die Geburt eines Symbols

ABBILDUNG 15: Jehan de Grise und seine Werkstatt, »Herzübergabe«, 1338–1244. Manuskriptillustration aus *Der Alexanderroman*, MS. Bodl. 164, Folio 59 r, Bodleian Library, Oxford, England.

In den Beständen der Bodleian Library in Oxford liegt ein unermesslich wertvolles Manuskript mit dem Titel *Alexanderroman*, von Lambert de Tor im französischen Dialekt der Picardie verfasst und später von Alexandre de Bernay vollendet. Mit Bravour vollendeten der Schreiber Jean de Bruges am 18. Dezember 1338 und der Buchillustrator Jehan de Grise im Jahr 1344 ihr Werk. Mit Hunderten raffiniert ausgeschmückter Seiten gehört *Der Alexanderroman* tatsächlich zu den schönsten mittelalterlichen Bildbänden. Eine der Illustrationen ist besonders bemerkenswert, weil hier erstmals ein Herz zu sehen ist, das zweifelsfrei weltliche Liebe symbolisiert.[91] Anders als im *Roman de la Poire* stehen die Illustrationen im *Alexanderroman* nicht direkt mit dem Text in Verbindung. Die Szene mit der Herzdarstellung ist im unteren Teil einer Seite zu sehen, die mit Blattwerk, Vögeln und anderen für die französische und flämische Buchmalerei typischen Motiven verziert ist (Abbildung 15). Auf der linken Seite hält eine Frau ein Herz empor, das sie vermutlich von ihrem Gegenüber erhalten hat. Sie nimmt die Gabe seines Herzens an, während er die Hand auf seine Brust legt und damit andeutet, wo es herstammt.

Auf der rechten Seite sehen wir eine ganz andere Szene: Eine Dame wendet sich von einem Verfolger ab, der ihr einen Beutel anbietet. Diese beiden Darstellungen von Paaren zeigen, wie Männer und Frauen miteinander umgehen sollten und wie nicht: einmal rein und von Gefühlen des Herzens geleitet, andererseits unmoralisch und nach materiellem Gewinn strebend.

Das *Alexander*-Manuskript ist reich bebildert mit jungen Leuten, die flirten, einander küssen, Schach spielen und diversen Instrumenten lauschen. Es ist sozusagen ein Kompendium der Tätigkeiten, die bei Hof und in den Städten Frankreichs und Flanderns üblich waren. Außerdem enthält es fantasievolle Bilder von Affen und exotischen Tieren sowie einige derbe Szenen, in denen Männer mit ihrem nackten Hintern ihre Empörung zeigen. Die meisten Szenen haben absolut nichts mit den äußerst fantasievollen Erzählungen zu tun, die sich um die historische Gestalt Alexanders des Großen ranken.

Ab 1340, als diese Illustrationen entstanden, verbreitete sich das stilisierte Herz rasch überall in Europa. *Love, amour, amore*, Liebe war das Thema unzähliger Gedichte, Lieder und Erzählungen auf Englisch, Französisch, Italienisch, Deutsch und in vielen anderen Sprachen. Es war auch das Thema unzähliger katholischer Gedichte, Hymnen und Gebete, in denen Nächstenliebe als religiöse Alternative oder Ersatz für erotische Liebe betrachtet wird. Am Ende des vierzehnten Jahrhunderts gab es sogar einen besonderen Tag der Liebe, den Tag des heiligen Valentin, der sowohl in England wie in Frankreich begangen wurde. Die Kultur der höfischen Liebe machte sich nun ein ansprechendes Gebilde zu eigen, das zuvor rein dekorativen Charakter gehabt hatte.

Das Herzsymbol war nicht nur in Manuskripten zu sehen, sondern auch auf zahlreichen Luxusgütern wie Broschen und Anhängern.[92] Die Künstler in den Werkstätten von Paris schnitzten Elfenbeinherzen für Schmuckschatullen und die Rückseiten von Spiegeln, die dann bald in den Nachbarländern kopiert wurden.[93]

Ein schönes Beispiel dafür ist eine um 1390/1400 in Norditalien entstandene Spiegelschachtel, die heute in der Smithsonian Institution in Washington, D. C., aufbewahrt wird. Ein Herr reicht seiner Dame ein perfekt geformtes, deutlich eingekerbtes Herz, das sie mit ihrem in elegantes Tuch gehüllten Arm entgegennimmt. Die beiden Figuren befinden sich in einer Hügellandschaft mit Türmen und Bäumen, und all dies umgibt ein Rahmen, der nur einen Durchmesser von etwa acht Zentimetern hat.[94]

Das Herz fand auch seinen Weg auf Textilien und Teppiche, die nicht nur dekorativen Zwecken dienten, sondern Schutz vor Kälte boten. Ein bezaubernder französischer Wandteppich von etwa 1400, heute im Louvre, zeigt einen Liebhaber, der sein kleines Herz zwischen Daumen und Zeigefinger hält, als wäre es ein Stück Schokolade. Er schreitet kräftig aus und streckt dabei ein wohlgeformtes Bein vor, während die sitzende Dame sittsam ihren Blick auf einen Hund richtet, ein Symbol der Treue. Im Garten der Liebe, wo alle anderen Wesen eine symbolische Bedeutung haben (der Falke repräsentiert den Adel; Kaninchen stehen für Fruchtbarkeit), wirken die beiden kostbar gekleideten Liebenden eher wie Schauspieler in einer Modezeichnung – doch sein Herz, so klein es auch sein mag, übermittelt sein Liebesversprechen.

Ein großer deutscher Wandteppich im Historischen Museum von Regensburg bietet ein interessantes Gegenbeispiel. Dieser sogenannte Medaillonteppich, datiert von 1390, besteht aus sechs Reihen von Medaillons, je vier in einer Reihe und jedes von einem deutschen Schriftzug umfasst. Die Bilder und Aufschriften haben mit den unterschiedlichen Aspekten der Liebe zu tun: das Liebesflehen, Liebesfreuden, Liebesqualen. Zwar ist das Werk handwerklich etwas grob, aber das Ensemble als Ganzes ist eindrucksvoll, und viele der Medaillons sind höchst originell und äußerst reizvoll. Für uns sind hier die Medaillons mit den »Herz«-Motiven besonders interessant.

In Reihe vier, die den Liebesqualen gewidmet ist, gibt es zwei Medaillons, die die *Minnekönigin*, die deutsche Göttin der Liebe, zeigen, wie sie dem Geliebten Pfeile in die Brust schießt. Im ersten Medaillon hält die Minnekönigin, ausgestattet mit großen Flügeln und einer Krone, einen Bogen, von dem aus bereits ein Pfeil sein Ziel getroffen hat. Der arme Bursche mit dem Pfeil in der Brust liegt wie ein Sterbender im Schoß seiner Geliebten.

Das nächste Medaillon in derselben Reihe (Abbildung 16) zeigt die Minnekönigin ebenfalls mit Krone, doch die Flügel sind hier direkt an dem Herzen angebracht, das genau in der Bildmitte platziert ist. Das geflügelte Herz scheint in der Luft zu schweben, aber tatsächlich wird es auf der einen Seite von dem Pfeil in der Hand der Minnekönigin gehalten und auf der anderen von den Fingern des Liebhabers. Um kein Missverständnis über die Szene aufkommen zu lassen, lautet der Text um das Medaillon: »Mein Herz leit Qual … vo(n) der liebe Stral«.[95] Die Vorstellung, dass die Liebe einen trifft wie ein todbringender Pfeil, den eine Göttin abgeschossen hat, lässt sich eindeutig zu Venus und Amor zurückverfolgen, auch wenn Venus in dieser Reinkarnation als Minnekönigin die für die höfische Liebe typischen und explizit deutschen Merkmale angenommen hat.

Verglichen mit dem französischen Teppich wirkt der deutsche wie der Vetter vom Lande, selbst wenn er vermutlich um 1389 zur Hochzeitsfeier von König Wenzel mit Sophie von Bayern gefertigt wurde. Wenn dies zutrifft, dann hätten sie und ihre Nachfahren und ihre Besitzer in

Abbildung 16: Unbekannter Künstler, »Medaillonteppich« (Detail), um 1390. Teppich, Historisches Museum Regensburg, Deutschland.

den folgenden Jahrhunderten neben der Wärme, die er spendete, auch seine Liebeslektionen genießen können.[96]

Das Herz wurde auch zu einem besonders beliebten Motiv für Schmuck.[97] Im vierzehnten und fünfzehnten Jahrhundert entstanden in Frankreich zahlreiche herzförmige Broschen und Anhänger, in die französische Inschriften eingraviert waren, wie beispielsweise »de tout cuer« (von ganzem Herzen) oder »mon cuer avez« (Ihr besitzt mein Herz). Ein wunderschöner Goldanhänger im Britischen Museum ist auf der einen Seite mit Tränen verziert und auf der anderen mit den Worten »tristes en plaisir« (Traurig in Freuden) – in Anerkennung der Tatsache, wie bittersüß die Liebe oft ist.

Eine beliebte Inschrift auf englischem, französischem und italienischem Schmuck war das lateinische Motto »Amor vincit omnia« (Die Liebe besiegt alles). Dieses Zitat von Vergil findet sich auch auf der Brosche, die in Chaucers 1390 verfassten *Canterbury Tales* von der Äbtissin getragen wird. Ein weiteres Beispiel ist Chaucers *Troilus und Cressida,* wo die beiden Liebenden einander eine Brosche mit einem herzförmigen Rubin schenken.

Auch Ringe wurden manchmal mit herzförmigen Steinen oder Mustern gearbeitet und mit ähnlichen Inschriften versehen. Ein italienischer Ring aus dem vierzehnten Jahrhundert hat einen herzförmigen Rubin in einer goldenen Fassung, in die Efeu – als Symbol der Treue – sowie die Inschrift »Corte Porta Amor« (Liebeswerben bringt Liebe) eingraviert ist.[98] Ein anderer Ring im Londoner Victoria and Albert Museum hat einen herzförmigen Wolfszahn, der möglicherweise Gefahren abwehren sollte.

Ich erinnere mich auch noch genau an einen Silberring mit zwei baumelnden Herzchen, der mir von einem Jungen in der Schule geschenkt wurde, als ich gerade erst dreizehn war.

Im fünfzehnten Jahrhundert entwickelte sich das Herzsymbol auf ganz unterschiedliche Art und Weise. Es tauchte auf Wappen, Spielkarten, Kämmen, Ringen, Schmuckschatullen, Elfenbeinschnitzereien, Holztruhen, Schwertgriffen, Grabstelen, Holzschnitzereien, Kupferstichen und Exlibris auf. Das Herzsymbol wurde so für praktische und spielerische Anlässe verwendet, meist – aber nicht immer – mit Anspielung auf romantische Liebe.

Eines der fantasievollsten Objekte war ein herzförmiges Liederbuch, das 1475 für Jean de Montchenu angefertigt wurde, der zwei Jahre später Bischof von Agen werden sollte. Wenn man das ledergebundene Buch mit zweiundsiebzig Pergamentblättern aufschlägt, bildet es zwei Herzen, die am Rande verbunden sind. Enthalten sind fünfzehn französische und dreizehn italienische Liebeslieder von bekannten zeitgenössischen Komponisten. Aus dem sechzehnten Jahrhundert sind zwei herzförmige italienische Manuskripte erhalten sowie eine dänische Sammlung von dreiundachtzig Liebesballaden, die für König Christian III. zusammengestellt wurde (Abbildung 17).[99]

Ein Franzose namens Pierre Sala hat die Geschichte des Liebesherzens durch ein kleines Buch mit dem Titel *Emblèmes et Devises d'amour (Liebesembleme und Motti)* bereichert, das um 1500 in Lyon entstand. Seine Sammlung von zwölf Liebesgedichten und Illustrationen war für Marguerite Bullioud bestimmt, die Liebe seines Lebens, die aber schon mit einem anderen verheiratet war. Sie heiratete Sala dann nach dem Tod ihres Mannes.

Salas winziges Buch sollte man in der Hand halten können – es misst nur etwa 7 mal 10 Zentimeter. Es enthält zwei Miniaturen mit Herzen.[100] Die eine zeigt, wie Monsieur Sala ein erdbeerähnliches Herz in die Blüte einer Margerite fallen lässt. Marguerite ist auch der Vorname der geliebten Frau. Die erste Zeile des Textes lautet: »Mein Herz möchte in dieser *Margerite* sein.« Es ist unwahrscheinlich, dass die Leser im Mittelalter die sexuelle Anspielung nicht verstanden haben.

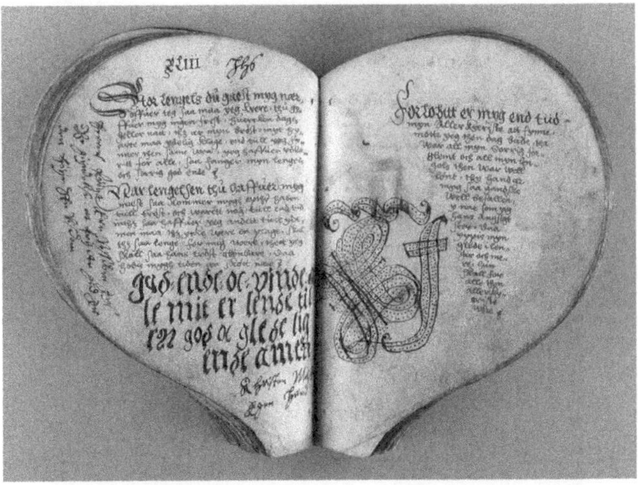

ABBILDUNG 17: Unbekannter Künstler, *Das Herzbuch*, um 1550. Thott 1510 kvart. Balladenmanuskript mit Ledereinband. Veröffentlicht mit freundlicher Genehmigung der Dänischen Königlichen Bibliothek, Kopenhagen, Dänemark.[101]

Eine weitere aufwändig gestaltete Illustration zeigt zwei Frauen, die versuchen, einen Schwarm fliegender Herzen mit einem zwischen zwei Bäumen ausgespannten Netz einzufangen (Abbildung 18). Das geflügelte Herz mit den engelhaften Gliedmaßen gab es schon im vierzehnten Jahrhundert als Zeichen für eine aufblühende Liebe. In unserer Zeit ist es unter anderem das Symbol des Sufi-Ordens, einem im frühen zwanzigsten Jahrhundert gegründeten mystischen Zweig des Islam, ebenso wie ein beliebtes Tattoo für verliebte Freigeister.

ABBILDUNG 18: Meister der Chronique scandaleuse, »Miniatur von zwei Frauen, die fliegende Herzen in einem Netz fangen wollen« (Detail), um 1500. In: Pierre Sala, *Petit Livre d'Amour,* MS 955, Blatt 13 r, British Library, London, England.

Einige Zeitgenossen von Pierre Sala, die sich mehr für die Qualen als für die Freuden der Liebe interessierten, fanden neue Wege, um das aufgewühlte Herz darzustellen. Die Italiener des fünfzehnten Jahrhunderts gestalteten das Thema der »grausamen Liebe« und stellten verstümmelte Herzen innerhalb und außerhalb des Körpers dar. In einem Stich von Baccio Baldini hat eine elegante Dame das Herz aus der Brust eines schlanken jungen Mannes gerissen, der an einen Baum gefesselt ist: Sie hält es ihm vor die Nase, während er sich zurücklehnt wie ein Opfer, das sich stoisch den Liebesqualen ergibt.[102] Auf den bunten Majolika-Tellern in Deruta, wo weltberühmte Keramik hergestellt wird, wird dieses Thema noch heute aufgegriffen. Einer zeigt eine Frau in höfischer Kleidung, die ihren Bogen spannt, um einen Pfeil auf einen jungen Mann abzuschießen, der nackt an eine Säule gebunden ist. Auf einem Podest zwischen ihnen steht aufrecht sein Herz, von zwei Pfeilen getroffen. Auf einem anderen Teller hebt eine gut gekleidete Frau eine Trophäe mit einem von zwei Pfeilen durchbohrten Herzen in die Höhe, und im Hintergrund liest man die Aufschrift: »El mio core e ferito p[er] voe« (Mein Herz ist von Euch verletzt).

Noch makabrer ist ein Holzsarg aus Basel von etwa 1430, auf dem eine Dame das Herz ihres Liebhabers in einem Mörser zerstößt.[103] Das grausigste Beispiel ist sicher ein Holzschnitt von Casper von Regensburg von 1480: Er zeigt die Herzen von neunzehn Opfern von Frau Minne, zerdrückt, durchstoßen, zerbrochen, verbrannt, entzweigeschnitten und sadistisch gequält. Wenn diese grauenvolle Abbildung potenzielle Liebende nicht abschreckt!

Mit all dem können wir nun einige Fragen beantworten, die in der Einleitung zu diesem Buch aufgeworfen wurden. Als die zweilappige Form, die wir jetzt Herz nennen, vor 2500 Jahren aufkam, war es lediglich ein dekoratives Element ohne jegliche Bedeutung. Tatsächlich hat es sich wohl aus natürlichen Formen wie Blättern und Blüten entwickelt und diente als reine Verzierung. Es darf wohl als sicher gelten, dass in der alten persischen Kunst und auch im spanischen Beatus-Manuskript nicht die Liebe dargestellt werden sollte.

Doch im dreizehnten und vierzehnten Jahrhundert erhielt diese dekorative Form eine Bedeutung: Sie sollte ein Zeichen für die Liebe sein. Die ersten Herzen, die die Liebe symbolisieren, sahen wie Pinienzapfen, Auberginen oder Birnen aus. Diese »Herzgaben«, die um 1250 im *Roman de la Poire* für einen anderen Menschen und um 1300 in Giottos *Caritas* für Gott bestimmt waren, *symbolisieren* die Liebe, auch wenn das Herz noch nicht seine symbolische *Form* hatte. Diese Form entwickelte sich in den ersten Jahrzehnten des vierzehnten Jahrhunderts aus Bildern in Barberinos *Documenti*, Giottos *Keuschheits*-Fresko und Niccolò di Ser Sozzos *Mariä Himmelfahrt*, ehe sie um 1340 im *Alexanderroman* ihre endgültige Form fand. Die italienischen, französischen und flämischen Maler haben alle Lorbeeren für die Erfindung des zweilappigen, symmetrischen Herzens verdient.

Symbole entsprachen der mittelalterlichen Mentalität, weshalb man davon ausging, dass ihre Bedeutung ohne Erklärung oder Definition verstanden würde.[104] Für die weltlich Gesinnten bedeutete das Herz schlicht Liebe. Es stand für die überreizten Gefühle, die Liebende erleben: Gefühle, die nur befriedigt werden, wenn – metaphorisch gesprochen – zwei Herzen zu einem verschmelzen.

Für die religiösen Menschen war das Herz ein Ort der Begegnung zwischen Gott und Mensch. Gott sandte seine Botschaft der Liebe ins Herz, wo diese empfangen wurde – oder auch nicht.

Aber Symbole lösen sich bekanntlich auch von ihren Kontexten, Bedeutung und Verwendung wandeln sich in unvorhergesehener Weise. Im fünfzehnten Jahrhundert tauchte das Herz an allerlei ungewöhnlichen Stellen auf, so an der Fassade einer Stadtvilla in Bourges, die für den begüterten französischen Finanzminister Jacques Cœur (1395–1456) erbaut wurde. Das Symbol, das für seinen Namen stand – *Cœur* –, gehörte auch zu seinem persönlichen Wappen. Dies entsprach einem europäischen Brauch, der um 1194 entstand, als König Knut VI. neun Herzen und drei Löwen in das dänische Staatswappen einbringen ließ.

Als im fünfzehnten Jahrhundert das Kartenspiel aufkam, wurde das Herzsymbol zu einer der vier Farben. Anfangs gab es kein einheitlich in ganz Europa geltendes System, Anzahl und Farben unterschieden sich von Land zu Land. In der angelsächsischen Welt hatte man die vier Farben von den Franzosen übernommen – Pik, Cœur, Karo und Treff. Später im selben Jahrhundert entstanden vier neue Farben, neben Herz waren es Eichel, Laub und Schelle.[105] Das rote Herz erinnert an die Liebe, während das schwarze Pik, vom italienischen *spada* (Schwert) abgeleitet, an Tragik und Tod gemahnt. Solche tradierten Verknüpfungen bleiben im kulturellen Gedächtnis.

In dem englischen Kinderlied »The Queen of Hearts« (Königin der Herzen) geht es um die Liebe, wenngleich so verschlüsselt, dass ein vierjähriges Kind die Bedeutung nicht erkennt:

Ein Meister darin, hat die Herzkönigin
Die leckersten Törtchen gemacht.
Mit Diebstahl im Sinn schlich der Herzbube hin
Und hat sie fortgebracht.[106]

Dann kommt der Herzkönig und straft den Herzbuben, der die Törtchen zurückbringt und für immer kuriert ist.

Vermutlich gehen die Verse auf Ehebruchsgeschichten zurück, die von Sagengestalten wie Lancelot, Ginover und König Artus inspiriert waren. Der Ehemann, seine attraktive Frau und deren Liebhaber bilden seit langer Zeit in der westlichen Welt ein archetypisches Trio, angefangen bei den griechisch-römischen Göttern – Mars, Venus und Vulkan.

Seit seiner Premiere im Mittelalter hat das Herz seine ikonische Form bewahrt und ist seither das unangefochtene Symbol der erotischen Liebe, ungeachtet anderer Bedeutungszuweisungen und Verwendungen, die man ihm gelegentlich auch zugemutet hat.

Kapitel 9

Eine gesonderte Bestattung für das Herz

Vor vielen Jahren besichtigte ich in der Nähe von Angers die französische Abtei Fontevreaud, um mir die Grabstätte von Eleonore von Aquitanien anzusehen. Auf dem Grab befindet sich eine liegende Statue der Königin mit einem offenen Buch in den Händen. Daneben befindet sich ein weiteres Grab mit dem Leichnam ihres zweiten Ehemanns, Heinrich II. von England, und ihres gemeinsamen Sohnes Richard I., besser bekannt als Richard Löwenherz. Es war für mich sehr bewegend, die Grablege dieser drei berühmten Persönlichkeiten zu sehen, die im Leben so schmerzlich getrennt und nun im Tod vereint waren. Dann aber erfuhr ich zu meinem Erstaunen, dass Richards Herz nicht bei seinem Leichnam in Fontevreaud liegt. Als er 1199 in Frankreich verstarb, wurde sein Herz mit Kräutern und Gewürzen einbalsamiert, in Leinen gewickelt, in eine Bleidose gelegt und in der 300 Kilometer entfernten Kathedrale von Rouen separat bestattet.

Die Städte Rouen in der Normandie und Angers im Anjou waren für die Engländer besonders bedeutsam. Richard I. war offiziell Herzog der Normandie und Graf von Anjou sowie König von England. Nach seiner Kindheit in England verbrachte er sein Erwachsenenleben vor allem in seiner mütterlichen Heimat Aquitanien in Südfrankreich oder auf den Kreuzzügen im Heiligen Land. Dass Richards Herz in der Normandie und sein Leichnam in Anjou bestattet wurde, war nicht nur Zeichen einer emotionalen Nähe zur französischen Kultur sondern verwies auch auf englische Territorialansprüche, die erst am Ende des Hundertjährigen Krieges im fünfzehnten Jahrhundert aufgegeben wurden.

Die Entdeckung, dass Richards Herz an einem anderen Ort als sein Leichnam beigesetzt wurde, veranlasste mich zu faszinierenden Recherchen zu diesem Brauch. Warum hielt man das Herz für so besonders, dass es eine eigene Bestattung verdiente? Warum wählte man nicht das Gehirn oder die Leber? Hatte es im Mittelalter Vorläufer dieser Sitte gegeben?

Dies war tatsächlich der Fall, und zwar vor viertausend Jahren bei den alten Ägyptern. Während die Eingeweide des Menschen in vier Kanopen aufbewahrt wurden – jeweils eine für Magen, Darm, Lunge und Leber –, wurde dem Herzen eine Reverenz erwiesen, die den anderen Organen nicht galt. Es wurde aus dem Leichnam herauspräpariert, mumifiziert und dann wieder in die Brust gelegt, damit es zur Zeit des Gerichts für den Verstorbenen Zeugnis ablegen könnte.

Zu Lebzeiten von Richard Löwenherz war der Brauch, das Herz herauszunehmen und separat zu bestatten, kaum verbreitet. Allerdings gab es bereits einen vergleichbaren Fall: Im Jahr 1135 wurde das Herz seines königlichen Vorfahren, Heinrich I., in der Kathedrale von Rouen beigesetzt. Neben seinem Herzen verblieben auch seine Augen, der Darm und die Zunge in Rouen, während sein restlicher Leichnam zur Bestattung in der Abtei von Reading zurück nach England überführt wurde.

Es erstaunt wenig, dass die gesonderte Bestattung des Herzens während der Kreuzzüge häufiger vorkam: Wenn ein Kreuzfahrer in der Fremde fiel, wäre sein Leichnam auf der weiten Reise zurück nach Europa verwest, während ein einbalsamiertes Herz in die Familiengruft verbracht werden konnte.

Im dreizehnten Jahrhundert waren dann solche gesonderten Bestattungen sowohl bei hochrangigen Engländern wie Franzosen üblich. Die erste Frau, die auf diese Weise geehrt wurde, war Blanka von Kastilien, die Mutter von König Ludwig IX., besser bekannt unter dem Namen Ludwig der Heilige. Ihr Herz wurde 1252 in der Abtei Le Lys (Notre-Dame du Lys) beigesetzt und ihr Leichnam in der Abtei Maubuisson, einem von ihr gegründeten Zisterzienserinnenkloster in der Nähe von Paris.

Drei Jahrzehnte später wurde das Herz von Blankas jüngerem Sohn, Karl von Anjou, in dem Dominikanerkloster in der Rue Saint-Jacques in Paris beigesetzt, während sein übriger Leichnam in der traditionellen Grablege des französischen Königshauses in der Kathedrale von Saint-Denis bestattet wurde. Auf dem Deckel der Herzgrabstätte befindet sich eine liegende Statue von Karl, der sein Herz in der linken Hand über seiner Brust hält.[107]

Im selben Jahr, 1288, wurde das Herz von König Philipp III., genannt der Kühne, aus seinem Leichnam entnommen und in demselben Dominikanerkloster in Paris beigesetzt, in dem bereits das Herz seines Onkels Karl von Anjou lag. Philipp III. war der erste französische König, dessen Herz in einer gesonderten Grabstätte beigesetzt wurde. Aber nicht der letzte: Im Dezember 1314 wurde das Herz seines Sohnes, Philipp IV. genannt der Schöne, gesondert in der Kirche von Saint-Louis de Poissy beigesetzt.

Seither wurden bis ins siebzehnte Jahrhundert für die französischen Könige und Königinnen regulär zwei Grabstätten vorgesehen, eine für das Herz und eine andere für den restlichen Leichnam, der meist in Saint Denis beigesetzt wurde. König Karl V. sorgte rechtzeitig für den Tag im Jahre 1380 vor, als sein Herz dem Leichnam entnommen und in die Kathedrale von Rouen überführt wurde. Er gab bei dem Bildhauer Jean de Liège ein Gefäß für sein Herz in Auftrag, und die Arbeit daran wurde Jahre vor dem Tod des Königs aufgenommen. Zwar existiert das Grab nicht mehr, aber auf Abbildungen sieht man, dass die Grabskulptur den König mit einem Zepter in der einen und seinem Herzen in der anderen darstellte.

Einige königliche Berühmtheiten widersetzten sich dieser Sitte. Königin Isabeau de Bavière (gest. 1435) verfügte 1431 in ihrem Testament ausdrücklich, ihr Herz solle nicht aus dem Leichnam entnommen werden. Weder König Karl VII. (gest. 1461) noch König Ludwig XII. (gest. 1515) hatten zwei Grabstätten. Ludwig XII. legte Wert darauf, dass sein gesamter Leichnam in Saint-Denis begraben wurde, einschließlich seines Herzens. Auf seinem Epitaph ist zu lesen: »Hier liegt der Leichnam mit dem Herzen des hohen, erlauchten, sehr mächtigen Fürsten Ludwig XII., König von Frankreich.«[108]

Wer künftig diesen Brauch akzeptierte, scheute manchmal keine Kosten und Feierlichkeiten, damit sein Herz ähnliche Verehrung erfuhr wie die Reliquien eines Heiligen. So bestand René von Anjou (gest. 1480), Cousin von König Karl VII., in seinem Testament darauf, dass die Bestattungsfeier für sein Herz genauso festlich begangen werden sollte wie die für seinen Leichnam. Sein Herz wurde mit einer großen Prozession von Geistlichen und Laien in die Franziskanerkirche der Minoriten in Angers verbracht. Gemäß Renés Testament folgten auch fünfzig schwarzgekleidete Arme dem Zug. Sein Herz wurde in einer Silberdose von vier hochrangigen Akademikern getragen. Als alle in der Kirche versammelt waren, wurde eine Messe zu Ehren des Verstorbenen gelesen, und das Herz fand seinen Platz in einer in die Wand der Kapelle gemeißelten Nische. (Im nächsten Kapitel wird uns Renés besonderer Beitrag zur Literatur des Herzens noch einmal begegnen.)

Die Grabstätten für Herzen wurden nun immer aufwändiger. Das Herzgrab für König Karl VIII. (gest. 1498) in der Kirche Notre-Dame de Cléry hatte selbst die damals schon gängige Form des Herzsymbols. Um sicherzustellen, dass die Betrachter verstanden, wer und was darin ruhte, trug der Deckel auf der Bleidose mit seinem Herzen die Inschrift: »Dies ist das Herz von König Karl dem Achten.«[109]

Seine Frau, Anne de Bretagne (gest. 1514), erhielt ebenfalls ein prächtiges Herzgrab. Ihre Geschichte macht deutlich, warum das Königshaus die Sitte der getrennten Herzbestattung fortsetzte. Durch ihre Vermählung mit Karl VIII. hatte Anne das bislang unabhängige Herzogtum Bretagne mit der französischen Krone vereinigt. Sie blieb durch die Ehe mit Karl VIII. Herzogin der Bretagne und war Königin von Frankreich. Nach seinem Tod im Jahre 1498 behielt sie diese Titel dank ihrer zweiten

Ehe mit Ludwig XII. Indem ihr Herz in das Grab ihrer Eltern im Konvent der Karmeliterinnen in Nantes gelegt wurde, bekundete Anne ihre emotionale Verbundenheit mit ihren Vorfahren ebenso wie die Größe ihres Territorialgeschenks an Frankreich. Es war ein eminent politischer Akt, der Annes Herrschaft über ihre bretonischen Untertanen bekräftigte, die dann an ihre Nachfahren weitergegeben werden sollte.[110]

Auch wenn der Leichnam von Anne de Bretagne am Ende zusammen mit ihrem zweiten Ehemann Ludwig XII. in Saint-Denis in dem pompösesten Grab aller Zeiten bestattet wurde, gehörte ihr Herz der Bretagne. Das Epitaph auf dem Deckel ihres Herzgrabs pries ihre persönlichen Tugenden und ihren bedeutenden Platz in der französischen Geschichte: »In diesem kleinen Gefäß / aus reinem Gold ruht ein großes Herz... Ihr Name war Anne. Zweifache Königin in Frankreich. Herzogin der Bretonen, königlich und souverän.«

Hier und andernorts bestärkten sowohl politische wie emotionale Gründe die Entscheidung, das königliche Herz mit einem gesonderten Grab zu ehren. Getrennt bestattet lud das quasi mystische Herz zu Verehrung ein und forderte Loyalität gegenüber dem verstorbenen Souverän.

Der populäre französische König Heinrich IV. wurde am 14. Mai 1610 von einem katholischen Eiferer ermordet. Der König hatte verfügt, dass sein Herz in das Jesuitenkolleg in La Flèche verbracht und nach dem Tod seiner Frau zusammen mit deren Herzen dort ruhen sollte. Einer der Studenten in La Flèche war kein Geringerer als der spätere Philosoph René Descartes, der mit anderen Studenten mehrere Tage im Gebet verweilte, nachdem sie von der tragischen Nachricht erfahren hatten und noch ehe das Herz des Königs zur Ruhe gebettet wurde.[111] Man fragt sich, ob dieses dramatische Geschehen einen Einfluss darauf hatte, dass Descartes dem Herzen in seinem philosophischen Werk so viel Aufmerksamkeit widmete (siehe dazu Kapitel 14).

Der Umgang mit dem Herzen und dem Leichnam des mächtigen Königs Ludwig XIV. ist eine makabre Geschichte. Gleich nach seinem Tod im Jahre 1715 entnahmen die Ärzte der medizinischen Fakultät sein Herz und die Eingeweide. Das Herz wurde einbalsamiert und in einem goldenen Reliquiar an die Jesuitenkirche in Paris gesandt, wo es aufgehängt werden sollte. Die Eingeweide wurden in die Kathedrale von Notre-Dame verbracht. Einige Tage später folgte eine Fackelprozession dem übrigen Leichnam zur Kathedrale Saint-Denis.

Unglücklicherweise erlitten Herz, Eingeweide und Leichnam von Ludwig XIV. während der Französischen Revolution ein schmähliches Schicksal. 1793 wurden sein Leichnam und die der anderen französischen Könige von Saint-Denis exhumiert und in ein Massengrab geworfen. Auch seiner Eingeweide entledigte man sich. Und das Herz? Es wurde an einen Künstler verkauft, der es zermahlen und als *Mumia* für Farben nutzen sollte.[112]

Der wohl bizarrste Umgang mit einem königlichen Leichnam betraf König Jakob II. von England. Nachdem er in der Glorreichen Revolution von 1688 abgesetzt worden war, floh er nach Frankreich und lebte dort als Ehrengast von Ludwig XIV. Als er 1701 verstarb, brachte Jakobs

Sohn das Herz seines Vaters zum Kloster der Visitantinnen auf dem Chaillot-Hügel in Paris. Das Kloster war 1651 von Königin Henrietta Maria, der Mutter von Jakob II., gegründet worden. Auch sie hatte in Frankreich im Exil gelebt, und ihr Herz war bereits im Kloster beigesetzt worden. Heute befindet sich an dieser Stelle das Palais de Chaillot.

Andere Teile von Jakobs Leichnam wurden an anderen Orten bestattet: Sein Gehirn wurde in einem Bleisarg an das Scots College in Paris gesandt, seine Eingeweide wurden in zwei vergoldeten Urnen an die Gemeindekirche von Saint-Germain-en-Laye sowie an das englische Jesuitenkolleg in Saint-Omer geschickt, während das Fleisch seines rechten Arms den englischen Augustinerinnen in Paris übergeben wurde. Alle Überreste von Jakob wurden während der Französischen Revolution vernichtet, außer Teilen seines Darms, die im neunzehnten Jahrhundert in der Kirche von Saint-Germain-en-Laye wiederentdeckt wurden.[113]

Zwar waren die Franzosen und Engländer die Ersten, die Königsherzen gesondert vom Leichnam bestatteten, doch im österreichischen Hause Habsburg übernahm man im siebzehnten Jahrhundert diese Sitte. Den Anfang machte man 1654 mit dem Herzen des Erzherzogs Ferdinand IV., als letztes wurde das Herz des Erzherzogs Franz Karl im Jahr 1878 bestattet. Es gibt vierundfünfzig Herzen von Habsburgern, die in Kupferurnen in der Augustinerkirche der Wiener Hofburg aufbewahrt werden. Durch ein Fenster in einer Eisentür sind diese illustren Herzen zu sehen. Bei Generationen von Wiener Kindern, die man dort die

Monarchie ehren lehrte, haben sie einen bleibenden Eindruck hinterlassen.

2011 ließ Otto von Habsburg, der letzte Thronfolger des Österreichisch-Ungarischen Reiches, sein Herz getrennt von seinem Leichnam bestatten. Er entschied sich für die Benediktinerabtei im ungarischen Pannonhalma – eine Geste der Freundschaft zu einem Land, das einen wesentlichen Teil der K.-u.-k.-Monarchie gebildet hatte. Hundert Angehörige des Hauses Habsburg, Abgesandte der ungarischen Regierung sowie katholische, protestantische und jüdische Geistliche nahmen an dieser Zeremonie mit lateinischen Vespern und ökumenischen Gebeten teil. Die sterbliche Hülle von Otto von Habsburg wurde in Wien bestattet.

Auch wenn der Brauch gesonderter Beisetzungen für das Herz in erster Linie von Königs- und Adelshäusern bekannt ist, wurde er manchmal auch unter Geistlichen gepflegt. Als 1180 Lawrence O'Toole, der zweite Erzbischof von Dublin, verstarb, wurde sein Herz in der Christ Church Cathedral in Dublin bestattet. Dort verblieb es in einer herzförmigen Holzkiste in einem Eisenkorb, bis es 2012 spurlos verschwand. Niemand hat das Herz dieses irischen Heiligen seither aufgefunden, und der Diebstahl bleibt nach wie vor ein Rätsel.

Seit dem Mittelalter bestattete man die Fürstbischöfe von Würzburg an drei Orten: den Leichnam im Würzburger Dom, die Eingeweide in der Kirche der Festung Marienberg und ihr Herz im heutigen Kloster Ebrach.

Auch die Päpste folgten diesem Ritual, angefangen bei Sixtus V. im Jahre 1590 bis zu Leo XIII. im Jahre 1903.

Zweiundzwanzig päpstliche Herzen sind in Marmorurnen in Santi Vincenzo e Anastasio a Trevi in Rom beigesetzt, einer Barockkirche direkt gegenüber dem wesentlich bekannteren Trevi-Brunnen.

Man kann davon ausgehen, dass auch unter osmanischer Herrschaft Mehrfachbestattungen für hochrangige Persönlichkeiten stattfanden. Kürzlich haben Forscher ihr Augenmerk auf die kleine südungarische Stadt Szigetvár gerichtet, wo das Herz von Suleiman dem Großen beigesetzt sein soll.

Nach der Legende verstarb Suleiman an diesem Ort, während fünfzigtausend osmanische Soldaten eine nahe gelegene Festung plünderten, die von zweitausendfünfhundert kroatisch-ungarischen Christen verteidigt wurde. Suleimans Tod wurde bis zum Ende der Schlacht geheim gehalten. Anschließend bestattete man sein Herz und andere Vitalorgane in Ungarn, während sein Leichnam zurück nach Istanbul überführt wurde. Bei Ausgrabungen entdeckte man eine Gedenkstätte, bestehend aus einer Backsteinmoschee, einem Derwischkloster und der Türbe, wo vermutlich das Herz des Sultans und seine Eingeweide zur Ruhe gebettet wurden. Diese Gebäude bestanden bis 1692, als die Habsburger die Region eroberten und alles Wertvolle nach Wien schafften. Man nimmt an, dass einige zurückgelassene Artefakte, einschließlich Suleimans Herz, von Bauern der Region umgebettet wurden.

Ungeachtet dessen, ob das Herz des Sultans noch an diesem Ort liegt, lud die Stadt Szigetvár die Präsidenten der Türkei, Kroatiens und Ungarns ein, bei weiteren Recherchen behilflich zu sein.

In all diesen Fällen wurde das Herz als ein partieller Ersatz für den Menschen angesehen, dessen Leichnam andernorts bestattet war. Aber im fünfzehnten Jahrhundert erschöpfte sich der Status des Herzens manchmal nicht mehr in einer anteiligen Repräsentation. Es wollte sich emanzipieren und für den ganzen Menschen stehen. Und so nahm das Herz dann auch in der Literatur eine ganz eigene Gestalt an.

Kapitel 10

Das unabhängige Herz

ABBILDUNG 19: Barthélemy van Eyck, »Cœur et Désir arrivant chez Espérance« (Detail), zwischen 1458 und 1460. Buchmalerei auf Pergament, aus: René d'Anjou, *Livre du cœur d'amour épris*, Österreichische Nationalbibliothek, Wien, Österreich.

René von Anjou, dessen Herz 1480 eine derart feierliche Bestattung in Angers erhielt, haben wir schon erwähnt, jetzt werden wir ihn und seinen Cousin, Herzog Karl von Orléans, besser kennenlernen. Beide waren hochrangige Angehörige des französischen Königshauses, und beide verfassten literarische Texte, in denen das Liebesherz wie eine Person auftrat, mit eigener Stimme und eigener Geschichte. Zum ersten Mal in der westlichen Literatur nahm das Herz die Rolle eines unabhängigen Akteurs ein, der selbst denken und für sich sprechen konnte.[114] Wenn man die Prämisse akzeptiert, dass das Herz einen eigenen Willen hat, kann man leicht der Faszination von Karls Liedtexten und Renés surrealen Geschichten erliegen.

Herzog Karl von Orléans, – Enkelsohn von König Karl V., Neffe von König Karl VI. und Vater von König Ludwig XII. – wurde 1415 in der Schlacht bei Azincourt von den Engländern gefangen genommen und verbrachte fünfundzwanzig Jahre in Kriegsgefangenschaft. In dieser Zeit ging er mit seinem Herzen wie mit einem vertrauten Freund um, mit dem er ständig Gespräche führte, die er dann in Form von Liedern, Balladen und Rondeaus niederschrieb.

Das Herz, das hier für die empfindsamste Seite des Dichters steht, ist verzweifelt, weil es von einer Dame nicht erhört wird. Der Dichter versucht, ihm Hoffnung zu machen:

Neulich wollte ich mein Herz besuchen,
Um zu sehen, wie es ihm erginge.
Und ich fand die Hoffnung gleich neben ihm,
wie sie ihm ihren Trost anbot.

»Herz, du kannst dich jetzt freuen!…
Denn ich kann dir wahrhaftig sagen,
dass die schönste Frau der Welt
dich wahrhaft von Herzen liebt.«[115]

Der Dichter unterhält sich weiter mit seinem Herzen, und stets geht es um die Herausforderungen der Liebe. Einmal erlebt er, wie das Herz verzweifelt um Hilfe ruft, da es sich und alles um sich herum in Flammen gesetzt hat. Vergeblich bemüht sich der Dichter, mit seinen Tränen das Feuer zu löschen, und bittet seine Freunde, nach dem Tod des Herzens diesem zu Ehren eine Messe zu halten, damit es in »das Paradies der Liebenden / wie ein ehrenvoller Märtyrer oder Heiliger« aufgenommen werde.[116] Das Herz ist gerettet, doch es leidet weiter.

An anderer Stelle bringt der Dichter sein Mitgefühl mit seinem Herzen zum Ausdruck, als es sich in Traurigkeit windet, weil seine Dame, »der er lange Zeit treu gedient hat, gerade schwer erkrankt ist.« In ihrem gemeinsamen Gebet für die Genesung der Dame fungiert er als Sprecher des Herzens: »Allmächtiger Gott, durch deine Güte, / Heile sie! Mein Herz bittet dich darum.«[117] Die Dame wird gesund, und auch das Herz erholt sich.

Zwar haben die Herzgedichte des Karl von Orléans ihren Ursprung in einer älteren literarischen Tradition, in der Gefühle und Persönlichkeitsmerkmale etwa als Hoffnung oder Höflichkeit allegorisiert wurden, aber sie waren zugleich Vorläufer der lyrischen Subjektivität der Renaissance. Im folgenden Jahrhundert sollten Dichter und Denker der Renaissance, insbesondere Montaigne und Shakespeare, ein komplexeres Persönlichkeitsbild favorisieren, dessen Anteile sich nicht mehr mit mittelalterlichen Etiketten wie Liebreiz und Gnade beschreiben ließen. Die gespaltene Persönlichkeit von Karl, oszillierend zwischen seinem liebenden Herzen und seinen persönlichen Qualen, wirkt ausgesprochen frühmodern.[118] Tatsächlich könnte man die Art, wie er mit seiner Verzweiflung umgeht, als einen Vorgriff auf Freud ansehen. In dem Bemühen, seinen inneren Aufruhr zu verstehen, trennte er sein Herz von seinem übrigen Wesen und analysierte einzelne Persönlichkeitsanteile – die Freud später dann Es, Ich und Über-Ich nennen sollte.

In der ersten Zeit seiner Gefangenschaft bat Karl sein Herz, ihm im Umgang mit den Schmerzen der Liebe zu einer fernen oder unerreichbaren Frau beizustehen. Im Laufe der Jahre jedoch, und als er sich zunehmend mit dem Alter abfinden musste, befahl er seinem Herzen, ihn von jeglichen Begierden zu erlösen. Als Karl schließlich aus der Gefangenschaft entlassen wurde, war seine geliebte zweite Frau Bonne verstorben. Bald schon aber nahm er sich eine zwanzig Jahre jüngere, und offenbar fand er mit ihr noch einmal die Liebe, obwohl er bereits sechsundvierzig Jahre alt war, was zu seiner Zeit als hohes Alter galt. Eines der drei Kinder aus dieser Ehe war der beliebte König Ludwig XII.

Der Cousin Karls von Orléans, René von Anjou, ging noch einen Schritt weiter mit der Autonomie, die er dem Herzen gewährte. In seinem allegorischen Text *Vom liebentbrannten Herzen (Le livre du cœur d'amour épris)* ist zu Anfang René selbst der Protagonist, der einen Brief an seinen Neffen Johann von Bourbon schreibt. Aber nach einem Traum, in dem Gott Amor René das Herz aus der Brust reißt und einer allegorischen Figur namens Brennende Begierde übergibt, wird das Herz anstelle des Erzählers zur Hauptfigur. Es verwandelt sich in die Gestalt des jungen Ritters Cuer, der nun die für einen Bildungsroman typischen Abenteuer erlebt. Natürlich ist das sehnsüchtige Ziel des Herzens die allersüßeste Dame Mercy (Liebesdank), die verzweifelt von Amors Feinden Scham und Furcht erlöst werden möchte.

Auch wenn *Vom liebentbrannten Herzen* den durch den *Rosenroman* geprägten allegorischen Vorlagen folgt, gibt es hier kein traditionelles Happy End. Es gelingt dem Herzen nicht, *Mercy* für sich zu gewinnen, da sie in den Händen der *Zurückweisung* bleibt. Stattdessen wird das Herz von *Frau Mitleid* zum Hospital der Liebe gebracht, wo es »den Rest seiner Tage mit Gebeten und Meditationen verbringen wird«.

Diese letzte große französische Liebesallegorie *Vom liebentbrannten Herzen* ist wie ein Fenster, durch das man den Geist der Zeit wahrnehmen kann, einer Zeit, die wesentlich von Pessimismus geprägt ist. Die Liebe, die mächtigste Kraft überhaupt, wird oft als Ursache für den Untergang des Menschen dargestellt. Eine wirklich originelle Passage des Buches beschreibt die Wappen von legendären Liebenden und Gescheiterten, die außen am Hospital der Liebe angebracht sind: Theseus, Aeneas, Achill, Paris, Troilus, Tristan – jeder von ihnen ein tapferer Krieger und doch von der Liebe bezwungen.

Krieg und Liebe waren vorherrschende Themen im Leben und Schreiben von René von Anjou. Er lebte in einem blutigen Jahrhundert, verwüstet vom Hundertjährigen Krieg zwischen Frankreich, England und Burgund, der auch Renés Anjou und andere Reiche in Mitleidenschaft zog. Als er mit dem Verfassen von *Vom liebentbrannten Herzen* begann, hatte er bereits die Schrecken von Krieg, Gefangenschaft, mörderischen Verschwörungen, politischen Intrigen und Erbstreitigkeiten erlebt.

Er war auch Ehemann, Vater, Liebhaber und hatte vier eheliche und drei uneheliche Kinder. Mit neunzehn Jahren heiratete er Isabella von Lothringen und ehrte sie, indem er in sein Wappen die Worte »D'ardent désir« (mit glühendem Verlangen) aufnahm. Jahre später, als er schon auf die fünfzig zuging, gesellte er sich selbst zu den legendären Liebenden, deren Wappen am Hospital der Liebe hingen. »Ich bin René von Anjou und stelle mich als Bettler der Liebe vor«, begann er und rühmte sich der vielen Frauen, städtischen Damen und Schäferinnen, die ihm in Frankreich und Italien erlegen waren. Die große Anzahl der »Bastarde«, die von ihren mächtigen Vätern anerkannt wurden, zeugte von dem mittelalterlichen Glauben, dass die Männlichkeit eines Herrschers sowohl an seiner sexuellen Kraft wie an seinem Mut in der Schlacht zu messen sei.

Außer seinen Erfolgen als Krieger und fruchtbarer Liebhaber gehörte René von Anjou auch zu den ersten weltlichen Humanisten Frankreichs und war bekannt dafür, dass er mehrere Fremdsprachen sprach und sich in der Weltliteratur bis zurück zu den Griechen und Römern auskannte. Die historischen und literarischen Namen, die Anspielungen und Zitate, die in *Vom liebentbrannten Herzen* sowie in anderen literarischen Werken von René auftauchen, würden eine umfangreiche wissenschaftliche Monographie füllen. Außerdem war er genau wie die bekannteren

Herzöge von Burgund ein großer Kunstmäzen: So gab er mehrere Manuskripte mit Buchmalerei in Auftrag, die bis zum heutigen Tag erhalten sind und Menschen entzücken können.[119]

Das Originalmanuskript von *Vom liebentbrannten Herzen*, das sich in der Nationalbibliothek in Wien befindet, ist mit höchst fantasievollen Illustrationen von Barthélemy van Eyck ausgestattet, einem flämischen Maler, der zwischen 1447 und 1469 in Renés Diensten stand.[120] Van Eycks Buchillustrationen zeigen die Figur des Herzens in glänzender Rüstung, den Kopf unter einem riesigen Helm verborgen, sodass wir kein menschliches Gesicht erkennen können (Abbildung 19). Aber zweifellos verbirgt sich darin die Gestalt des Herzens – darauf verweisen leuchtend rote Herzen mit goldenen Flügeln auf dem Umhang, eine aus der Spitze des Helms ragende Feder und das Tuch, mit dem sein Pferd geschmückt ist. Ein Schwarm geflügelter Herzen ziert Illustrationen mit Titeln wie »Herz und Begehren im Hause der Melancholie«, »Herz und Begehren im Hause der Hoffnung« und »Hoffnung, dem Herzen Hilfe bringend«.

Renés Herz wird trotz seiner Unabhängigkeit letztlich von äußeren Kräften besiegt. Am Ende der Erzählung unterwirft es sich einem Schicksal jenseits allen Liebesglücks. Da das Herz sich von der Welt an einen Ort des Gebets und der Meditation zurückzieht, ist anzunehmen, dass es am Ende in der Liebe Gottes Trost finden wird.

Neben René von Anjou und Herzog Karl von Orléans gibt es noch einen weiteren Dichter des fünfzehnten Jahrhunderts, der in jeder Abhandlung über das unabhängige Herz

Erwähnung finden muss. François Villon (1431–1463?) war ein wesentlich begabterer Dichter als René und seinem Zeitgenossen Karl von Orléans zumindest ebenbürtig. Anders als Karl, der ihn im Château de Blois zu einem Dichterwettstreit empfing, war Villon bürgerlicher Herkunft und der Polizei wegen seiner Verbrechen wohl bekannt. Der Galgen blieb ihm nur durch königliche Amnestie erspart.

In einem Langgedicht mit dem Titel »Das kleine Testament« (»Le Lais«) stellt Villon sein »gebrochenes« Herz nach einer unglücklichen Liebesaffäre dar. Er fühlte sich gezwungen, aus dem »Gefängnis der Liebe« auszubrechen und von Paris in die Provinzstadt Angers zu fliehen. In dem Testament, das er vor seinem Aufbruch schrieb, hinterließ er sein Liebesherz – »blass, bedauernswert, tot und gebrochen« – der Frau, die es umgarnt hatte. Obwohl sie keine Frau von Rang, sondern ebenfalls eine Bürgerliche war, verlieh er als »Märtyrer« freimütig seiner Bitterkeit über die Liebe Ausdruck. Villons bodenständige Darstellung enttäuschter Liebe kommt den leidgeprüften Stimmen unserer eigenen Zeit näher als die gezierten Konventionen, die bei den meisten mittelalterlichen Dichtern noch gang und gäbe waren.

Villons kurzes Gedicht mit dem Titel »Die Auseinandersetzung zwischen Herz und Körper« (»Le Débat du Cœur et du Corps«) ist das berühmteste literarische Zeugnis einer Verkörperung des unabhängigen Herzens. In diesem Gedicht wird dem Herzen neben einer Stimme auch ein Gewissen verliehen, das sein Körper-Selbst für dessen lasterhaftes Leben tadelt. Freuds Gegenüberstellung von Über-Ich und Es ist hier nicht fern: Das Herz nimmt die Rolle des Über-Ich an und soll das Verlangen des Es zähmen. Herz und Körper debattieren wie zwei zerstrittene Freunde, wobei einer den anderen davon überzeugen will, dass er sein Leben ändern muss. Der Körper, der Sprecher von Villons früherem Selbst, schreibt sein Unglück Saturn zu, jenem Planeten, der auf das Leben der Menschen einen schlechten Einfluss haben soll. Das Herz nennt solche Gedanken töricht und ermahnt den bereits dreißig Jahre alten Körper, die Verantwortung für seine Taten zu übernehmen. Jede Strophe endet mit einem Refrain, in dem die Ermüdung beider Seiten deutlich wird:

Mehr hab ich nicht zu sagen. Und ich geb mich drein.
(Plus ne t'en dis. Et je m'en passeray.)

Auch wenn Gott in diesem Gedicht nur ein Mal erwähnt wird, ist Villons Herz doch von einer Botschaft erfüllt, die unmittelbar aus der Bibel stammt. Es mahnt zur Reue, ehe es zu spät ist, ein Rat, den der Körper nicht erhören will. Hier hat das Herz die romantische Liebe weit hinter sich gelassen und bewegt sich im Reich des Glaubens. Dass romantische Gefühle und die Religion als Rivalen Ansprüche auf das Herz erheben, ist kennzeichnend für das späte Mittelalter.

In dieser Epoche wurde das Herzen komplexer dargestellt als früher, besonders von den größten Dichtern jener Zeit. Auch in der bildenden Kunst spielte es eine bislang beispiellose prominente Rolle. Zwar sollte es als Symbol der Liebe bis in unsere Zeit überleben, doch nicht ohne Anfechtungen seiner Vorherrschaft, die im sechzehnten Jahrhundert begannen.

Kapitel 11

Amors Wiederkehr

ABBILDUNG 20: Otto Vaenius (Künstler), Cornelis Boel (Kupferstecher), »Optimum amoris poculum, ut ameris, ama«, 1608. Aus: *Amorum emblemata* (Emblem 5), Emblem Project, Utrecht.

Anders als ihre mittelalterlichen Vorgänger sahen die Maler und Bildhauer der Renaissance die Griechen und Römer als ihre künstlerischen Vorbilder an. In ihren Darstellungen romantischer Liebe erweckten sie Venus und Amor wieder zum Leben, sodass das Herzsymbol schon bald verdrängt wurde.

Amors Mutter war Venus, die Göttin der Liebe, doch seine Vaterschaft war weniger gesichert. Gewöhnlich schrieb man sie dem Kriegsgott Mars zu oder Merkur, dem Gott der Händler und Boten, und manchmal auch Vulkan, dem Gott der Schmiede und gehörnten Ehemann der Venus. Man ging davon aus, dass Amor seiner Mutter nachgeschlagen war und dass die beiden die wesentlichen Auslöser der Begierden waren. Mit Pfeil und Bogen schoss Amor unermüdlich Liebespfeile in die Herzen von Jung und Alt. In der klassischen Antike wurde er als kräftiger, geflügelter, nackter Jugendlicher dargestellt. In der Kunst der Renaissance wurde er noch jünger, ein Kind oder gar Kleinkind. Warum hätten die Künstler mit dem Herzsymbol vorliebnehmen sollen, wenn sie Venus und Amor in ihrer erotischen Körperlichkeit darstellen konnten?

In der italienischen Renaissance wurden auf Gegenständen, die für Verlobungs- und Hochzeitsfeiern gefertigt wurden, keine Herzen dargestellt. Stattdessen wurden mythologische oder biblische Szenen auf die obligatorische *cassone* (Hochzeitstruhe) gemalt oder geschnitzt, die der Braut bei der Hochzeit übergeben wurde und dann für immer in ihrem Schlafgemach stand. Familienwappen – und keine Herzen – schmückten Majolikateller und -schalen; manche zeigten mit der Inschrift *fede* (Vertrauen) versehene Abbilder von Paaren im Profil, die einander ansehen oder die Hände falten. Bemerkenswert ist auch, dass das Herz in den wunderbaren Ölgemälden der Hochkultur der Renaissance und des Barock nicht vorkommt. Für manche Künstler war es nur eine ansprechende Form, ein dekoratives Element unter vielen.

Raffael und die Künstler seiner Werkstatt etwa malten kleine Herzen neben Amor und andere mythologische Gestalten, Vögeln, Eulen, Schlangen und diversen Grotesken auf die großen Wandflächen der Loggien, die 1519 für Kardinal Bibbiena im Vatikan geschaffen wurden. In einer derart gemischten Gesellschaft kam dem Herzen keine spezielle Bedeutung zu.[121]

Doch die Verknüpfung des Herzens mit der Liebe blieb weiterhin bestehen. In der Renaissance zeigte sich dies oftmals in unerwarteter Weise. Ein Holzschnitt aus dem frühen sechzehnten Jahrhundert aus der Regierungszeit des französischen Königs Franz I. feierte zwei Ausdrucksformen der Liebe in einem Herzen – die erotische Liebe in der Darstellung eines Königspaares und die fromme Liebe des Königs zur Jungfrau Maria. Aus Anlass der Verlobung des Königs mit Eleonore von Österreich zeigt der Holzschnitt Franz und Eleonore auf beiden Seiten neben Maria mit dem Jesuskind, um deren Segen sie bitten. Franz hält ein sorgsam gestaltetes Herz in der Hand, während Eleonore Blumen trägt. Auch wenn die Ehe nie geschlossen wurde und Franz am Ende eine andere heiratete, war der Holzschnitt in Frankreich weiterhin beliebt. Da er Eleonore direkt anblickt und ihr in der vertrauten Haltung eines Liebhabers sein Herz darreicht, wirkt es so, als biete er es ihr genauso an wie der Jungfrau Maria. Demnach repräsentiert das Herz hier zugleich geistige und weltliche Liebe.[122]

Zwei italienische Ausgaben der Sonette des Dichters Petrarca, eine aus dem Jahr 1544 und die andere aus dem Jahr 1550, zeigten auf den Titelseiten Herzen, die eher wie Krüge aussehen. Sie flankieren Büsten von Petrarca und seiner Geliebten Laura, die einander anblicken.[123] In Abbildungen der Renaissance hält Venus manchmal selbst ein brennendes Herz in der Hand, doch meistens ist sie allein dargestellt oder wird von ihrem verspielten Sohn Amor begleitet.

Eher selten findet sich das Herzsymbol auf Landkarten. In Europa tauchen herzförmige Weltkarten, von den Kartographen *cordiform* genannt, Anfang des sechzehnten Jahrhunderts auf. Die aus jener Epoche überlieferten Exemplare sind höchst detailliert und zeigen oft die neuesten geographischen Entdeckungen, einschließlich Amerikas.[124]

Landkarten mit einer herzförmigen Welt mögen der Vorstellung entsprechen, dass menschliche Gefühle, insbesondere die Liebe, sogar die physische Welt verändern können.

Die Karte in Abbildung 21 wurde 1566 von dem Veroneser Künstler Giovanni Cimerlino geschaffen. Sie ist eingerahmt von den Göttern der Liebe – vier nackte Putti oder Amorfiguren unten und zwei venusartige Gestalten oben. Während ich mir diese Karte ansehe und mir eine liebevolle Welt vorstelle, gehen mir die Worte eines Liedes aus dem zwanzigsten Jahrhundert durch den Kopf: »It's love that makes the world go 'round, world go 'round, world go 'round.« (»Die Liebe lässt die Welt sich drehn.«) Zu schön, um wahr zu sein!

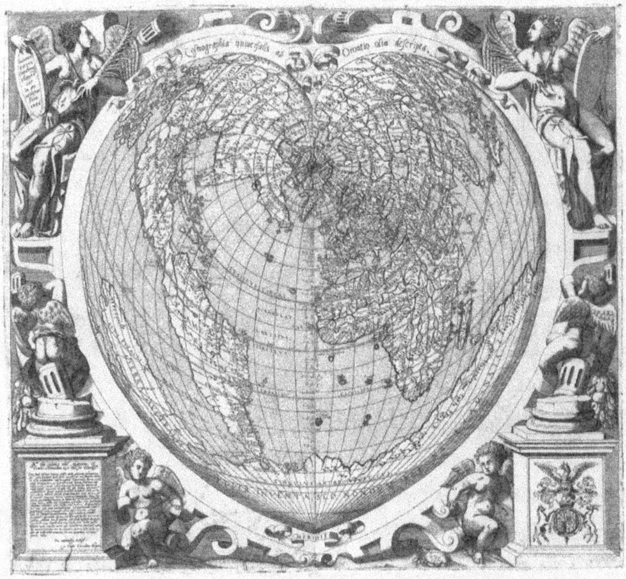

ABBILDUNG 21: Giovanni Cimerlino, Kupferstichreproduktion von Oronce Finés einziger herzförmiger Weltkarte, 1566. Daniel Crouch Rara, London, England.

Amor als Rivale des Herzens taucht besonders in den Emblembüchern auf, die seit 1530 entstanden. Mit ihren kurzen Texten und darauf abgestimmten Illustrationen sollten die Emblembücher eine moralische Botschaft vermitteln. In der Regel enthielten sie ein Motto, eine Abbildung und ein Gedicht. Der Text war oft sowohl auf Lateinisch wie auch in der Landessprache verfasst. Manche Ausgaben waren auch mehrsprachig, was sie zu einem gesamteuropäischen Phänomen machte. In vielen Emblembüchern war die Liebe das Hauptthema, doch es ging um eine neue Art der Liebe. Statt Leidenschaft priesen die

Emblembücher eine moderate eheliche Liebe und empfahlen den Frauen, ihren Männern treu zu sein und ihre Kinder zu lieben. Von zügelloser Leidenschaft wurde abgeraten, stattdessen galten die beständigen Tugenden ehelicher Zuneigung als erstrebenswert.

Im allerersten französischen Emblembuch, Andrea Alciatos *Livret des Emblèmes* aus dem Jahr 1536, finden wir ein Emblem mit dem Titel *De morte et amore (Über Tod und Liebe)*. Es zeigt einen alten Mann, der mit einem Pfeil in der Brust am Boden liegt, was offenbar Amors Werk ist. Hinter ihm schwebt die Gestalt des Todes. Die Moral ist unmissverständlich: So ergeht es einem alten Mann, dem das Unglück widerfährt, von Amors Pfeil getroffen zu werden. Im Gegensatz zu solch furchterregenden Bildern wurden Embleme zum Ruhme ehelicher Treue und elterlicher Liebe mit Szenen glücklicher Paare und Blumen, Hunden und Vögeln ausgeschmückt.

Die Emblembücher sprachen für die neuen Werte, die von den Humanisten und religiösen Reformern der Renaissance verbreitet wurden. Bei ihrer Verteufelung der für die mittelalterliche Liebe typischen bedingungslosen Leidenschaft orientierten sie sich an römischen Autoren wie Horaz, Vergil, Seneca und Cicero, bei denen sie nüchternere Verhaltensmuster fanden. Sie wollten junge Menschen vor den Gefahren fleischlicher Liebe warnen und sie überzeugen, dass auf die Dauer nur eheliche Liebe zum Glück führt.

Statt einem Gegenüber das eigene Herz mit selbstloser Geste anzubieten, sollte der potenzielle Liebhaber sich vor Amor in Acht nehmen. Ganz gleich, wie niedlich der geflügelte Engel auch aussieht, seine kennzeichnenden Attribute sind Pfeil und Bogen, seine tödliche Waffe. Amor war keineswegs ein gutartiges Wesen, zielte mit seinen Pfeilen auf die Herzen der Unbedachten und erregte ihre Begierden. Wen ungezügelte Leidenschaft nicht im wörtlichen Sinne tötete, den konnte sie doch psychisch, moralisch und geistig vernichten.

Um 1600 begann ein Kreis von Humanisten an der Universität Leiden, für den niederländischen Markt Emblembücher zum Thema Liebe herzustellen. Auch wenn Leiden als streng kalvinistische Stadt bekannt war, ließ man sich dabei von leidenschaftlichen Liebesdichtern wie Ovid und Catull anregen. Diese hochgebildeten niederländischen Intellektuellen wollten das Wesen der erotischen Liebe erkunden – wie sie beginnt und sich entwickelt, was sie lebendig erhält und was sie zerstört. Sie gestanden der Liebe eine notwendige Rolle im Gesetz der Natur zu und priesen ihre Tugenden, riefen aber auch zu Mäßigung auf, in der sie ein Mittel gegen die zerstörerischen Folgen wilder Lust sahen.

Der Philologe Daniel Heinsius, Professor und Herausgeber klassischer Texte, gilt als Autor des ersten niederländische Emblembuchs über die Liebe: *Quaeris quid sit Amor? (Du fragst, was die Liebe ist?)* wurde 1601 anonym veröffentlicht und 1606/07 unter dem Titel *Emblemata amatoria (Liebesembleme)* nochmals aufgelegt. Dieses Buch bereitete den Weg für mehrere vergleichbare Veröffentlichungen. Besonders bemerkenswert ist hier *Amorum Emblemata (Embleme der Liebe)* von Otto Vaenius aus dem Jahre 1608, welches »das wichtigste aller Liebesemblembücher« genannt wurde.[125]

Vaenius konnte eine Gruppe von Humanisten und Gelehrten dafür gewinnen, Gedichte in unterschiedlichen Sprachen – Italienisch, Niederländisch, Englisch und Französisch – beizusteuern. Dabei handelte es sich um freie Übersetzungen lateinischer Texte, die zumeist von Ovid stammten. (Einige spätere Ausgaben bezogen auch deutsche und spanische Übersetzungen ein.) Er selbst verfasste einige der niederländischen Gedichte. Vor allem aber zeichnet sich das Buch durch 124 Stiche von Cornelius Boel aus. Mit einer Ausnahme zeigt jeder dieser Stiche die Gestalt des Amor.[126]

Wie in einem Comic oder einer Graphic Novel wird Amor bei vielfältigen menschlichen Aktivitäten gezeigt. In dem Emblem der Abbildung 20 zielen zwei verspielte Amorfiguren ihre Pfeile auf das Herz des anderen. In dem begleitenden Gedicht heißt es: »Zwei Wunden, die Liebende einander zufügen, werden willkommen geheißen / Wenn mit zwei Liebespfeilen einer des anderen Herz trifft.« In anderen Emblemen sehen wir, wie Amor zärtlich einen anderen Amor umarmt, wie er von Herkules begleitet wird, wie er sich die Ohren zuhält, als die Trompete des Ruhms erschallt, wie er einen Essenshappen stibitzt, wie er eine langsame Schildkröte antreibt, sich bei einem Sturm auf eine starke Eiche stützt, Butter rührt, Wild jagt, einen Liebesbrief liest, eine Kerze hält, Rosen pflückt, Tränen der Liebe weint, auf den Schweif eines stolzen Pfaus tritt, Mars ein Schwert aus der Hand windet, frische Blumen in jeder Hand hält und natürlich seine Pfeile in die Brust zahlreicher Opfer schießt. In so vielen Verkleidungen abgebildet, wirkt Amor wie ein unermüdlicher und verschmitzter Botschafter erotischer Liebe.

Mit Hilfe seiner Mitautoren, seines Kupferstechers und seines Druckers schuf Vaenius einen höchst beliebten Liebesratgeber. Das Epigramm über jedem Gedicht und die folgenden Vierzeiler verkündeten nicht nur die Macht der Liebe, sondern priesen sie in höchsten Tönen. Hier als Beispiel dafür einige Überschriften:[127]

Nichts widersteht der Liebe
Die Liebe soll nicht gemessen werden
Die Liebe ist der Grund der Tugend
Alles hängt von der Liebe ab
Die Liebe übertrifft alles
Die Liebe ist die Schöpferin der Wortgewandtheit
Die Liebe bringt Frieden den Zornigen
Ein liebendes Herz bleibt immer jung

Für männliche Liebhaber gab es in Gedichten mit folgenden Titeln besonderen Rat:[128]

Die Liebe wächst durch Wohlwollen
Beharrlichkeit siegt
Das Glück gehört dem Kühnen
Aus den Augen, aus dem Sinn
Erst die Jagd, dann der Sieg
Briefe erneuern die Liebeslust
Liebe entfacht Liebe

Die erotische Liebe wird in diesem Buch allgemein als eine positive universale Kraft dargestellt. Das Emblem mit dem Titel »Alles hängt von der Liebe ab« zeigt Amor, wie er mit seinen Pfeilen auf eine Kugel im fernen Himmel zielt, welche bereits von zahlreichen Pfeilen getroffen wurde. Der Text erklärt uns, dass dieser kleine Liebesgott mit seinen Pfeilen Himmel und Erde durchbohrt und auf der ganzen Welt »musikalischen Einklang« erzielt, »denn ohne die Liebe wäre sie ein Chaos des Missklangs«.[129]

Relativ wenige Gedichte in *Amorum Emblemata* behandeln die Qualen der Liebe. Bei einem von ihnen erinnert das Emblem »Keine Freude ohne Leid« an die alte Vorstellung, dass alle Rosen Dornen haben. Selten finden wir grausame Bilder von Amors Opfern wie in anderen Emblembüchern. Selbst wenn Amor mit seinem Pfeil auf die Brust eines jungen Mannes zielt, wirkt es eher wie ein Spiel als wie Mord. Ja, das Herz ist weiterhin das Ziel von Amors Pfeilen – »Genau auf das Herz des Liebenden ist Amors Pfeil gerichtet«. Doch obgleich das Herz im Text oft erwähnt wird, taucht es als Bild in der Sammlung von Vaenius nirgends auf.

Während die Figur des Amor in den *Amorum Emblemata* und ähnlichen Werken allgegenwärtig ist, findet sich das Herzsymbol nur in wenigen Emblembüchern. Jean Jacques Boissards *Emblèmes mis de latin en françois (Aus dem Lateinischen ins Französische übersetzte Embleme)* von 1595 verhalfen dem Herzen unter Berufung auf die griechischen und römischen Klassiker zu neuer Bedeutung. Auf einer Darstellung mit dem Titel *Libertas Vera est Affectibus non servire (Wirkliche Freiheit besitzt der, welcher sich nicht von den Gefühlen fesseln lässt)* fasst ein behelmter Mann mit einer Zange ein Herz, während eine Frau eine Waage hält, mit der es gewogen wird. Das Wiegen des Herzens als Maß des eigenen Wertes, ein Motiv, das auf das *Ägyptische*

Totenbuch und den mittelalterlichen deutschen Medaillon-Wandteppich zurückgeht, diente hier einem neuen Zweck: der Mäßigung. Das Herz hat sich Anstand und gutem Urteil zu fügen. Boissard schrieb, man könne nicht frei sein, wenn man von den eigenen Leidenschaften getrieben werde – eine vernünftige Philosophie, die eher auf das Werk lateinischer Denker wie Seneca als auf den überschwänglichen Ovid zurückgeht. Boissard warnte, dass sich der Mensch mit einem freigebigen Herzen nicht »der Kraft der Wollust« hingeben solle. Nur »wer seine Gefühle im Gleichgewicht hält, sein Denken, Reden und Handeln abwägt und die Leidenschaften seiner Seele mäßigt«, wird Zufriedenheit und Weisheit erlangen. Eine Einstellung, die der Bedingungslosigkeit der mittelalterlichen Liebenden diametral entgegengesetzt ist.

Manche Emblembücher zeigten entschiedene Skepsis gegenüber dem liebenden Herzen. In solchen Werken wurden durchstochene, brennende oder zerstörte Herzen dargestellt – womit die Gefahren erotischer Liebe verdeutlicht werden sollten. Die Titelseite von Pieter Cornelisz Hoffts *Emblemata amatoria. Afbeelingen van Minne (Embleme der Liebe,* 1611, 1613) zeigt ein entflammtes Herz, das von vorne bis hinten von einem ungewöhnlich spitzen Pfeil durchbohrt ist.

Eine positivere Vorstellung vom Liebesherzen findet sich in einem 1618 veröffentlichten kleinen niederländischen Band mit dem Titel *Openhertighe Herten (Offenherzige Herzen*). Mit seinen zweiundsechzig Stichen und den dazu passenden Gedichten wurde das Buch ein großer Erfolg, wie nicht nur niederländische, sondern auch französische und deutsche Ausgaben zeigen.[130]

Die Titelseite gab den Stil für das ganze Werk vor. Sie zeigt ein plumpes Gefäß oder ein krugartiges Herz, das über einer herzförmigen Schriftrolle hängt. (Ein ähnliches Herz findet sich in allen folgenden Abbildungen.) Auf beiden Seiten steht jeweils ein Liebespaar. Rechts sehen wir einen Mann und eine Frau aus einfachen Verhältnissen. Sein großer Körper verdeckt weitgehend die Gestalt der Frau, die nur vom Kopf bis zur Schulter zu sehen ist. In der rechten Hand hält er ein Herz. Auf der anderen Seite sieht man ein elegant gekleidetes Paar der Oberschicht. Sie steht vor ihrem Mann und verdeckt somit seinen Körper fast ganz. In den Händen hält sie einen Fächer und ein Buch, während der Mann eine große Nadel oder einen Stachel über das Buch der Dame hält.

Nadel oder Stachel wurden bei einem beliebten Gesellschaftsspiel gebraucht. Jeder Spieler wies mit der Nadel aufs Geratewohl in ein Emblembuch, las das Emblem vor und regte damit zu einem Gespräch an. Das Vorwort von *Openhertighe Herten* empfahl das Spiel »allen jungen Menschen und ehrenhafter Gesellschaft, bei Abendessen und anderen Gelegenheiten, um die Zeit zu vertreiben und Verstöße gegen das gute Benehmen zu vermeiden«. Bei dem Spiel »hält einer das kleine Buch geschlossen, ein anderer sticht mit einer Nadel hinein, zwischen die Seiten, und wenn Letzterer nicht die Neigungen seines Herzen trifft, wird vielleicht ein anderer in der Gesellschaft Gefallen daran finden.«[131] Solche Vergnügen mögen uns heute harmlos erscheinen, doch vor vierhundert Jahren war das Spiel bei den niederländischen Bürgern sehr beliebt.

Alle zweiundsechzig Embleme in *Openhertighe Herten* plädierten für das »offene Herz« als die beste Einstellung

ABBILDUNG 22: Jan van de Velde, Titelseite, *Openhertighe Herten*, 1618. Kupferstich. Königliche Akademie für niederländische Sprache und Literatur.

zur Liebe und zum Leben, was bedeutete, dass die Liebenden ehrlich und klar miteinander umgehen sollten. Das Emblem Nummer eins der französischen Ausgabe zeigt ein konvexes Herz, das ein Haus mit einem großen Gitterfenster in der Mitte darstellt. Aus dem Epigramm erfahren wir, dass das Herz des Sprechers gleich einem offenen Fenster »nie falsch oder betrügerisch« ist.

Das Herzsymbol und Amor wurden von den Künstlern auch weiterhin gern bei Darstellungen der erotischen Liebe verwendet. Aber im sechzehnten und siebzehnten Jahrhundert nahm dann das Christentum Einfluss auf die Sphäre des säkularen Herzens. Sowohl die Katholiken wie auch die Protestanten beanspruchten das Herzsymbol für sich und fanden unterschiedliche Wege, es sich anzueignen.

Kapitel 12

Reformation und Gegenreformation

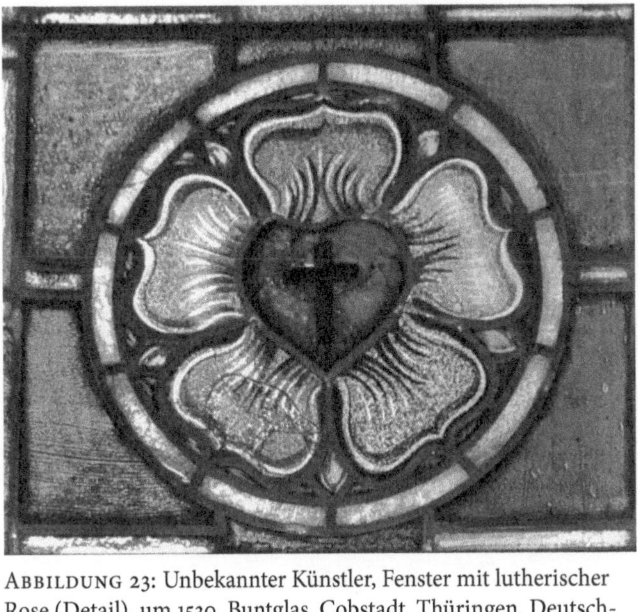

ABBILDUNG 23: Unbekannter Künstler, Fenster mit lutherischer Rose (Detail), um 1530. Buntglas, Cobstadt, Thüringen, Deutschland. Copyright: Claus Thoemmes.

Martin Luther ist sicher niemand, den man instinktiv mit einem Herzen oder einer Blume assoziieren würde, doch dieser unbeugsame Mann schuf sich sein persönliches Siegel mit einem roten Herzen in einer weißen Rose und einem schwarzen Kreuz in der Mitte des Herzsymbols (Abbildung 23). In einem Brief vom 8. Juli 1530 erklärte er: »Das erst sollt ein Kreuz sein – schwarz – im Herzen, das seine natürliche Farbe hätte, damit ich mir selbst Erinnerung gäbe, daß der Glaube an den Gekreuzigten uns selig macht. … Solch Herz aber soll mitten in einer weißen Rose stehen, um anzuzeigen, daß der Glaube Freude, Trost und Friede gibt.«[132]

Luther erklärte, das schwarze Kreuz symbolisiere den Tod Christi, das rote Herz den Glauben und die weiße Rose den Glauben an die Auferstehung. Dies alles habe eine verstärkende Wechselwirkung. Da die fünfblättrige Rose um das Herz so augenfällig ist, wird das Siegel meist »Lutherrose« genannt, auch wenn man dafür plädieren könnte, es »Lutherherz« zu nennen.

Bei der Verbreitung seiner revolutionären Theologie kam Luthers Siegel eine umfassende Bedeutung zu. Es erschien bereits 1524 auf den Titelseiten seiner Veröffentlichungen sowie auf Medaillen und Medaillons, die für ihn und seine Gefolgsleute angefertigt wurden.[133] Eine Kachel mit seinem Siegel hängt noch heute an der Decke des Lutherhauses in Wittenberg, und vor Kurzem sah ich es in einem Geschichtsmalbuch für Kinder, das zur Fünfhundertjahrfeier der Reformation veröffentlicht wurde.

Während die Reformation viele traditionelle katholische Symbole und Bilder zerstörte, war Luther laut einem modernen Wissenschaftler »wesentlich dafür verantwortlich, das Herz vor protestantischen Bilderstürmern zu bewahren«.[134] Mit Luthers Zustimmung wurde das Herz in verschiedenen protestantischen Kirchen und Veröffentlichungen abgebildet, von Deutschland, Frankreich und der Schweiz bis in die Niederlande, Skandinavien, Ungarn und England. Der herzförmige Flügelaltar von Lucas Cranach dem Jüngeren von 1584 in Colditz (heute im Germanischen Nationalmuseum in Nürnberg) ist ein bemerkenswertes Beispiel dafür, wie präsent das Herz im Umkreis der Reformation war.

Auch in lutherischen und calvinistischen Emblembüchern finden sich viele kleinere Herzen. Georgette de Montenays *Emblèmes ou devises chrestiennes (Christliche Embleme und Motti)*, 1567 und 1571 in Lyon veröffentlicht, fand schnell den Weg in die calvinistischen Kreise Frankreichs und der Schweiz. In vielen schönen Stichen des französischen Kupferstechers Pierre Woeiriot de Bouzey fallen gerade die Abbildungen von Herzen auf. Einer mit dem Titel *Non tuis viribus (Nicht aus deiner eigenen Kraft)* zeigt ein menschliches Herz, das von einem Christus symbolisierenden Magneten nach oben gezogen wird. Ohne den Text wäre die Bedeutung dieser bizarren Darstellung nicht ohne Weiteres zu verstehen; zum Glück informiert uns die Bildunterschrift, dass Gott, in der Gestalt Christi, der wahre Magnet sowohl für die materielle Welt wie auch für die Seele sei. Nur Gott kann die Erlösung des Menschen bewirken – und nicht etwa des Menschen Tugend, Arbeit oder Verdienst. »Kurz gesagt, er [der Mensch] ist nichts ohne [Gottes] Güte und Gnade.« (»Bref, il n'a rien que par grace & merci.«) Die protestantische Lehre von der Erlösung des Menschen durch Gottes Gnade im Ge-

Abbildung 24: Jean Marcorelle (Kupferstecher), »Quas Iam Quaeras Latebras«, 1567. Aus: Georgette de Montenay, *Emblèmes ou devises chrestiennes,* Glasgow University, Glasgow, Schottland.

gensatz zum katholischen Verständnis von guten Taten wurde selten klarer auf den Punkt gebracht.

Ein anderer schöner Stich (Abbildung 24) zeigt eine Hand in den Wolken, die an einem Faden ein großes Herz hält, das den Boden berührt. Der französische Text erklärt uns, dass »Gott alles sieht und die zartesten Herzen / bis in ihre Tiefen durchdringt«. Durch eine Kombination von Bild und Motto stellt dieses Emblem die biblische Verbindung zwischen Mensch und Gott dar. Wie schon die Juden, Katholiken und Muslime vor ihnen glaubten die Protestanten, dass Gott jedem Menschen ins Herz sieht und dass jedes Herz wie ein kleiner Homunculus ist, der alle geistigen, psychologischen und moralischen Anteile der Person besitzt.

Ein dritter Kupferstich zeigt ein großes Herz mit einer Königskrone darüber, das in der ausgestreckten Hand einer hinter Wolken verborgenen Gestalt gehalten wird. Wer sich der Bedeutung dieses Bildes nicht sicher ist, kann gleich zu Anfang des Gedichts darunter lesen: »Das Herz des Königs ist in Gottes Hand.« (»Le cœur du Roy est en la main de Dieu.«)[135]

Montenays Emblembuch ist ein gutes Beispiel dafür, wie sich die Protestanten das Herz anverwandelten und für ihre Zwecke einsetzten. Da die protestantischen Denker deutlich zwischen den Bereichen von Geist und Materie unterschieden, schafften sie die bunten Fleisch-und-Blut-Herzen von Jesus und Maria ebenso ab wie die materiellen Reliquien der Heiligen. Doch sie behielten das symmetrische Herzsymbol bei, weil es ihrem nüchternen Stil entsprach.

In der Nachfolge von Luther nahm der deutsche Autor Daniel Cramer das Herz in seine 1624 in Frankfurt veröffentlichten *Emblemata sacra (Heilige Embleme)* auf. Eines dieser Embleme mit dem Titel »Probor« (»Ich werde geprüft«) zeigt Gottes Hände, die aus den Wolken auftauchen und ein Herz in einen stattlichen, runden Ofen legen. Diese Feuerprobe im wörtlichen Sinne legt nahe, dass das Herz eines Christen ein rituelles Purgatorium benötigt – tiefe innere Einsicht, die schmerzlich sein kann, aber am Ende zu einem reineren Herzen und tieferer Gläubigkeit verhilft.[136]

Im siebzehnten Jahrhundert fand das Herzsymbol mehr und mehr seinen Weg sowohl in protestantische wie katholische Emblembücher, und dies waren manchmal äußerst originelle Versionen. Der Kupferstecher Antonius Wierix etwa fertigte eine Serie von achtzehn Stichen an, die das Herz in den Händen eines spielenden Jesuskindes zeigen. Man sieht Jesus, wie er das Herz mit seinen Pfeilen durchbohrt und die weltliche Liebe in die Flucht schlägt. In einem anderen Bild pocht Jesus an die Tür des Herzens, tritt ein und vertreibt widerwärtige Kreaturen. Und in einem weiteren fegt Jesus mit einem Besen einen Haufen Unrat aus dem Herzen.[137] Angefangen mit der französischen Ausgabe (*Le Cœur dévot*, Paris, 1626) gelangten die Stiche von Wierix in viele verschiedene europäische Emblembücher, wo jeweils dargestellt wird, wie Jesus auf das christliche Herz einwirkt.

Auch die *Schola Cordis (Die Schule des Herzens)*, 1640 von dem Benediktinermönch Benedictus van Haeften verfasst, zeigt eine sehr fantasievolle Darstellung des Herzens. In einer Abbildung wird das Herz auf einer Waage gewogen; in einer anderen wird es in einem Spiegel reflektiert; in weiteren wird es mit Dornen gekrönt, in einer Presse zerquetscht und mit Knoten zusammengebunden. Haeftens einflussreiches Buch, das ursprünglich für die Katholiken bestimmt war, lebte eine Generation später in der protestantischen Welt auf, als es von dem englischen Geistlichen Christopher Harvey 1676 zu einer gereimten Abhandlung umgearbeitet wurde. Der neue Titel lautete: *The School of the Heart, or, The Heart of It Self Gone Away from God (Die Schule des Herzens oder Das Herz, das daselbst von Gott abgefallen ist)*. Das alte Thema, wie das eigene Herz durch das Herz Jesu ersetzt wird, stellt Harvey folgendermaßen dar:

Die einzige Liebe, die einzige Angst bist du,
Liebster und gefürchteter Retter meines sündigen Herzens.
Du gabst dein Herz, dass es mein sei:
So nimm mein Herz, dass es dein sei.

Im Vergleich dazu, wie sich fünfhundert Jahre zuvor Gertrud von Helfta den Herzenstausch vorgestellt hatte, findet sich hier keine Spur von Sinnlichkeit. Als Puritaner bietet Harvey Jesus sein eigenes »sündiges Herz« dar und empfängt mit Furcht und Schrecken das Herz seines Retters. Obwohl das Herz prominent im Titel des Buches auftaucht, ist es tatsächlich nur in einer Abbildung zu sehen. Besonders ausgefallen ist der Stich für das Emblem 18, »Die Herzübergabe«: Hier bietet eine Frau Gott ihr Herz vor einem Spiegel dar, der von einem geflügelten Jugendlichen gehalten wird (Abbildung 25). Sowohl die Frau wie der junge Mann sind vollständig bekleidet. Ihr Gegenüber ist weder ein Liebhaber noch Gott, so wie wir es von Abbildungen in einer mittelalterlichen Romanze oder in einem katholischen Text erwartet hätten: Hier reflektiert vielmehr ein Spiegel, von einer rätselhaften Gestalt – halb Engel, halb Amor – gehalten, ihr Herz für sie. Die protestantische Theologie fordert den Christen auf, sich nach innen zu wenden, das eigene Herz zu erforschen, seine Sünden zu bekennen und auf Gottes Gnade zu hoffen.

Während der Reformation, als vor allem die reformierten Protestanten viele katholische Bilder zerstörten, war ihnen das verwundete, blutende Heilige Herz ein Dorn im

Abbildung 25: Christopher Harvey, »The Giving of the Heart,« (»Die Übergabe des Herzens«), 1676. In: *Die Schule des Herzens oder Das Herz, das daselbst von Gott abgefallen ist* (Emblem 18), Stanford University, Sondersammlungen, Stanford, Kalifornien, USA.

Auge, doch das Herz als Symbol für die Beziehung des Menschen zu Gott durfte bestehen bleiben. Gott vermochte die gesamte Geschichte der moralischen Entwicklung eines Menschen zu lesen, die seinem Herzen eingeschrieben war. Vor allem die Puritaner waren sich stets bewusst, dass »Gottes Auge wesentlich auf dem Herzen ruht«, wie der Pastor Thomas Watson seiner Gemeinde predigte.[138]

Als Antwort auf den protestantischen Aufruhr in ganz Europa sowie die internen Reformbewegungen der katholischen Kirche brachte das Konzil von Trient 1545 die ein Jahrhundert andauernde Gegenreformation in Gang. Neue Orden, wie etwa die Ursulinen für die Frauen, die Unbeschuhten Karmeliten für Frauen und Männer und der Jesuitenorden für Männer, warben für das Heilige Herz, das sie in ihren Kirchen und auf den Titelseiten ihrer Bücher abbildeten. Die spanischen und portugiesischen Eroberer trugen das Heilige Herz nach Mexiko und Brasilien und in andere Kolonien der Neuen Welt. Kurz gesagt, während die Protestanten neue Rollen für das Herz entwickelten, hielten die Katholiken an der Symbolik fest, die den Europäern schon vertraut und nun auch für die Gläubigen der Neuen Welt zugänglich war.

Die Katholiken übernahmen von ihren mittelalterlichen Vorgängern die Vorstellung, Gott das eigene Herz zu übergeben. Zudem schufen sie weiterhin künstlerische Bilder des Heilige Herzens und des Unbefleckten Herzens, und zwar in symmetrischer wie in asymmetrischer Form. Dank des Fortschritts der medizinischen Wissenschaft ähnelten manche Darstellungen des Heiligen Herzens Jesu und des Unbefleckten Herzens Mariä nun Abbildungen, wie man sie in anatomischen Studien fand.[139] Man versuchte nicht, die Körperlichkeit des Herzens Jesu zu leugnen. Im Gegenteil, je mehr es einem menschlichen Organ ähnelte, desto glaubwürdiger wirkte die Vorstellung, dass es verwundbar war, leiden und Mitleid mit allen Menschen, sogar mit den Sündern, empfinden konnte. Durch diese Hinwendung zu dem verwundeten Herzen ihres Erlösers fanden die Katholiken auch zu einer größeren Empathiefähigkeit ihres eigenen Herzens.

Das berühmteste Werk über das katholische Herz im sechzehnten Jahrhundert stammt von der spanischen Ordensfrau Teresa von Ávila (1515–1582), die den Orden der Unbeschuhten Karmelitinnen gründete. In ihrer Autobiographie *Das Buch meines Lebens* schildert sie, wie ein Engel ihr Herz durchbohrte und sie in einen Zustand religiöser Ekstase geriet:

> *Ich sah in seinen Händen einen langen goldenen Pfeil, und an der Spitze dieses Eisens schien ein wenig Feuer zu züngeln. Mir war, als stieße er es mir einige Male ins Herz, und als würde es mir bis in die Eingeweide vordringen… Der Schmerz war so stark, dass er mich diese Klagen ausstoßen ließ, aber zugleich ist die Zärtlichkeit, die dieser ungemein große Schmerz bei mir auslöst, so überwältigend, dass noch nicht einmal der Wunsch hochkommt, er möge vergehen, noch dass sich die Seele mit weniger als Gott begnügt. Es ist dies kein leiblicher, sondern ein geistiger Schmerz, auch wenn der Leib durchaus Anteil daran hat, und sogar ziemlich viel. Es ist eine só zärtliche Liebkosung, die sich hier zwischen der Seele und Gott ereignet, dass ich ihn in seiner Güte bitte, es den verkosten zu lassen, der denkt, ich würde lügen.*[140]

Die Leidenschaft des spanischen Originals lässt sich schwer in einer anderen Sprache vermitteln. Das spanische Wort für Herz, *corazón*, ist von sich aus schon mit Liebe aufgeladen, wohl mehr als Analogien in anderen europäischen Sprachen. Ungeachtet aller Redewendungen im Englischen und Deutschen, die mit dem Herzen in Verbindung stehen, klingen in dem Wort »heart« oder

»Herz« doch nicht dieselben liebevollen Obertöne mit wie in »corazón«. Würde man einen Wettbewerb veranstalten, wie viel Gefühlskraft jeweils *cor* im Lateinischen, *heart* im Englischen, *cœur* im Französischen, *Herz* im Deutschen, *cuore* im Italienischen und *corazón* im Spanischen mitschwingt, würde das Spanische wohl eindeutig den Sieg davontragen.

Teresas Schriften sind von einer Ekstase erfüllt, wie sie auch für andere berühmte Mystikerinnen charakteristisch ist. Wie im Falle von Gertrud von Helfta, der Ordensfrau des dreizehnten Jahrhunderts, mag die Durchstoßung von Teresas Herz für den heutigen Leser wie eine sexuelle Anspielung wirken, während Teresa selber sie als eine spirituelle Begegnung ihrer Seele mit Gott auffasste. Der große barocke Bildhauer Bernini hat den Moment der Ekstase in der römischen Cornaro-Kapelle verewigt: In weißem Marmor ist hier Teresa dargestellt, wie sie das Bewusstsein verliert, während ein zufrieden auf sie herablächelnder Engel Anstalten macht, ihr Herz mit einem Pfeil zu durchbohren.

Ein Jahrhundert nachdem Teresa von Ávila ihre Visionen spiritueller Ekstase niederschrieb, widerfuhr der französischen Ordensfrau Margareta Maria Alacoque im Konvent der Heimsuchung Mariä im französischen Paray-le-Monial Ähnliches. In ihrer Autobiographie beschreibt sie, wie Jesus ihr zwischen 1673 und 1675 sein Herz offenbarte: »Einmal … zeigte sich mir Jesus Christus, mein liebreicher Meister, in Glorie strahlend, mit seinen fünf Wundmalen, die gleich fünf Sonnen glänzten. Aus dieser seiner heiligen Menschlichkeit drangen von allen Seiten Flammen hervor, besonders aus seiner anbetungswürdigen Brust. Sie war geöffnet; daraus leuchtete mir sein ganzes liebendes und liebreiches Herz … entgegen.«

In einer Geste, die an Gertrud von Helfta erinnert, tauschen Margareta Maria und Jesus ihre Herzen aus. Nachdem sie von Jesus um ihr Herz gebeten wird, geschieht es: »Da wurde mir das liebenswürdige Herz meines anbetungswürdigen Jesus gezeigt, glänzender als eine Sonne, mitten in den Flammen seiner reinsten Liebe.«[141]

Margareta Marias Visionen trugen zu einer Erneuerung der Verherrlichung des Heiligen Herzens Jesu als Symbol göttlicher Liebe bei. Durch ihre Korrespondenz mit anderen Geistlichen, mit Priestern wie mit Ordensfrauen, sowie durch die neuen bildlichen Darstellungen des Heiligen Herzens ihrer Mitschwestern wurde diese Vorstellung populär. Viele dieser erlesenen Werke, von Zeichnungen auf Papier und Ölgemälden bis zu feinen Seidenstickereien, werden in den Sammlungen des Musée de la Visitation in Moulins aufbewahrt.[142]

Margareta Maria Alacoque gilt allgemein als diejenige, die den wesentlichen Anstoß für die Verbreitung des Heiligen Herzens ab dem Ende des siebzehnten Jahrhunderts gab. Im Jahr 1920 wurde sie heiliggesprochen. Für ihren Erfolg in Frankreich hatte allerdings bereits der Priester Jean Eudes den Boden bereitet: Er hatte 1643 die Kongregation von Jesus und Maria gegründet und den Rest seiner Tage damit verbracht, die Verehrung der Muttergottes und des Gottessohnes voranzutreiben. Sein Buch *Le Cœur Admirable de la Très Sainte Mère de Dieu* brachte die Herzen von Jesus und Maria in einer mystischen Vereinigung zusammen. Doch trotz seiner großen Bemühungen bestätigte Rom erst im neunzehnten Jahrhundert die liturgische Verehrung des Unbefleckten Herzens, und erst 1944 erhielt es offizielle Anerkennung, als Papst Pius XII. das Fest der Unbefleckten Herzens Mariä für die Gesamtkirche einsetzte. Heute wird es am Samstag nach dem immer auf einen Freitag fallenden Herz-Jesu-Fest gefeiert.

Reformation und Gegenreformation schufen neue Präsentationsformen für das Herz in Gebetbüchern und Buntglasfenstern, in Skulptur und Malerei, auf Familiensiegeln und anderen persönlichen Erinnerungsstücken. Als religiöses Symbol stand es jetzt in Konkurrenz mit dem Symbol erotischer Liebe, das im Spätmittelalter so beliebt gewesen war.

Doch diese früheren symbolischen Grenzen wurden im sechzehnten und siebzehnten Jahrhundert durchlässig. Auch wenn das Herz weiterhin für die Liebe stand, sowohl religiös wie erotisch, nahm es nun neue psychologische Bedeutungen an. Es repräsentierte eine Vielzahl konkurrierender Gefühle, und je nachdem, welches Gefühl oder Persönlichkeitsmerkmal sich durchsetzte, kennzeichnete es den Besitzer des jeweiligen Herzens. War das Herz eines Menschen liebevoll, sanftmütig, freundlich und mitfühlend oder gehässig, rachsüchtig, ängstlich, eifersüchtig, brutal und habgierig, dann war dieser Mensch genauso geartet. Ausgehend von der spätmittelalterlichen Allegorie wurde die Vorstellung von einem »unabhängigen Herzen« gewissermaßen zu einer Vorlage für eine neue Persönlichkeitstheorie.

Während äußere Identitätsmerkmale die Zugehörigkeit zu einer bestimmten Klasse oder Religion bestimmten, konnte die Wahrheit des Herzens nur von einem Menschen selbst konstituiert und von Gott bestätigt werden. Diese innere Wahrheit mit ihrer ganzen Vielschichtigkeit löste allmählich die im Mittelalter in Europa vorherrschende ausschließliche Verknüpfung des Herzens mit der Liebe ab. Das Herz wurde nun die Quelle aller Gefühle. Ja, die Liebe herrschte im Herzen, ganz gleich, ob sie einem anderen Menschen oder Gott galt. Aber sie musste das Herz nun mit anderen Gefühlen teilen, die manchmal in einer konflikthaften Beziehung zur Liebe standen oder sie gar völlig zunichtemachten.

Kapitel 13

Wie Shakespeare die Herzensgeheimisse erforschte

Bei den Engländern entstand große Liebeslyrik später als bei den Italienern, und auch Emblembücher erschienen dort später als in Frankreich, den Niederlanden und Deutschland. Doch im sechzehnten Jahrhundert schufen dann englische Dichter und Dramatiker unvergängliche Literatur, die das Liebesherz erstrahlen ließ. Seither haben die Leser weltweit die Schriftsteller des Elisabethanischen Zeitalters als beispielhafte Liebhaber angesehen, vor allem jene Werke, die Shakespeares Geist zu verdanken sind.

Aber ehe wir uns ihm zuwenden, dürfen wir seinen Zeitgenossen Sir Philip Sidney nicht übergehen, der ein besonders beliebtes Gedicht über das Herz schrieb: »My True Love Hath My Heart«.

Meine wahre Liebe hat mein Herz, und ich hab seins,
ein Austausch wars, der eins dem andern schenket:
Ich ehre seins, und er mag meins nicht missen:
Nie war ein Handel besser wohl gelenket.
Sein Herz in mir hält mich und ihn vereint;
Mein Herz in ihm stimmt Sinn und Geist:
Er liebt mein Herz, denn früher war es sein:

Ich ehre seins, weil es in mir.
Sein Herz ward von meinem Blick verletzt;
Mein Herz ist von seinem verwundeten Herzen verwundet;
Denn von mir stammend brannte sein Schmerz,
So schmerzt in mir sein Schmerz, also denk ich:
Der gleiche Schmerz bei diesem Austausch ist unser Glück,
Meine wahre Liebe hat mein Herz, und ich hab seins.

Auch hier bedeutet die Metapher des Herzenstausches wahre Liebe. Es ist ein alter Topos, der bereits im zwölften Jahrhundert von Chrétien de Troyes umgestaltet wurde, und die Vorstellung, durch den Blick des Geliebten »verwundet« zu sein, war schon viel früher geläufig. Doch wenn die Herzen von einem Meister in jambischen Fünfhebern ausgetauscht werden, vermitteln sie überzeugend das harmonische Gefühl von Einheit, die Liebende – wenn ihnen das Glück hold ist – erleben.

Ist die Person, die hier spricht und das Herz des Liebenden verwundet hat, eine Frau? Höchstwahrscheinlich. Aber welchen Schmerz auch immer sie ihm zugefügt hat, er tut auch ihr weh. Und welche Prüfungen auch immer die beiden durchlaufen haben, sie haben sie gemeinsam durchgestanden und damit eine ideale Einheit erschaffen.

Sidneys Version vom Herzenstausch brachte die mittelalterliche Rhetorik im sechzehnten Jahrhundert nach England, wo sie lebendig blieb, neu interpretiert und parodiert wurde, bis schließlich von Shakespeare inspirierte Darstellungen von liebevollen Herzen an ihre Stelle traten.[143] Das Wort »Herz« kommt schätzungsweise mindestens tausend Mal in Shakespeares Sonetten und Dramen vor, fast so oft wie das Wort »Liebe«.[144]

Shakespeare verlieh den Gefühlen des Herzens eine Stimme, angefangen von jugendlicher Leidenschaft bis zu den Ängsten des Alters – und allem, was dazwischen liegt. Seine Liebenden kennen nicht nur Lust und Zärtlichkeit, sondern auch Eifersucht, Wut, Enttäuschung und mörderische Rache. Der leichtgläubige Othello, angespornt von dem heimtückischen Jago, tötet am Ende seine geliebte Desdemona. Der großherzige Antonius lässt sich blind von seinem Herzen leiten, als er Kleopatra schmeichelt, ihr bis in die militärische Niederlage folgt und schließlich ihre Doppeltragödie verursacht. Bei Shakespeare hat das Herz eine wesentliche Bedeutung für das Wesen des Menschen: Das Herz bestimmt sein Schicksal.

Manchmal wird in einem Shakespeare-Stück ein verhärtetes Herz durch eine Erschütterung in ein gütiges Herz verwandelt und erkennt seinen Fehler. Zumeist geht es hier um Unrecht gegenüber einer unschuldigen Frau. Ein Beispiel dafür ist der durch Eifersucht verblendete Claudio in *Viel Lärm um nichts*, der seine liebende Braut Hero eigentlich nicht verdient hat. Ein anderes Beispiel ist der herzlose König Leontes in *Das Wintermärchen*, der seine Frau Hermione der Untreue verdächtigt und sie ins Gefängnis werfen lässt, die gemeinsame kleine Tochter hartnäckig zurückweist und dann beide verliert – bis sie sechzehn Jahre später in einem klassischen Happy End wiedervereint werden.

Steht das Herz in Shakespeares Welt noch immer vorrangig für die erotische Liebe? Gewiss, aber es besitzt nun auch eine größere emotionale Bandbreite. Beispiele der traditionellen Herz-gleich-Liebe-Metapher konkurrieren mit vielen anderen metaphorischen Bedeutungen.

In der 1. Szene des 1. Aktes von *Romeo und Julia* beklagt der betrübte Romeo, dass er wegen der schönen Rosalinde Herzensqualen leidet. Er lamentiert gegenüber seinem Freund Benvolio: »Schon eignes Leid will mir die Brust zerpressen«[145] und wiederholt die alte Klage, dass Amor sein Herz mit einem tödlichen Pfeil getroffen hat, aber nicht das Herz seiner Geliebten. Sein Liebesgeständnis ist bloße Nachahmung einer veralteten Mode. Doch als er sich in Julia verliebt, erkennt er den Unterschied sofort:

Liebt ich wohl je? Nein, schwör es ab, Gesicht!
Du sahst bis jetzt noch wahre Schönheit nicht.

Auch Julia, gerade erst vierzehn, weiß sofort, dass Romeo der Einzige für sie ist. Sie widersetzt sich ihrem Vater, der sie mit Graf Paris verheiraten möchte, und beauftragt Bruder Lorenzo, eine heimliche Hochzeit vorzubereiten. Ihm erklärt sie eindeutig: »Gott fügt' in eins mein Herz und Romeos, / Die Hände du.«

Julia stellt einen neuen Heldinnentyp dar, der in der zweiten Hälfte des sechzehnten Jahrhunderts in England aufkam. Sie ist mutig, intelligent, standhaft und hat ihren eigenen Verstand. Anders als ihre mittelalterlichen Vorgängerinnen, die aus der Ferne verehrt oder zum Ehebruch verführt wurden, besteht Julia auf einer Hochzeit, ehe sie und Romeo ihre Liebe vollziehen.

Eine Folge der protestantischen Reformation war, dass die Ehe nun höheres Ansehen genoss. Man verwarf die Vorstellung, dass das Zölibat mehr wert sei als die Ehe. Somit schafften die Protestanten den zölibatären Klerus ab. An seine Stelle trat das Pfarrerehepaar, für das Luther und seine Frau, die ehemalige Ordensfrau Katharina von Bora, als Vorbild dienten. Die Prediger der neu gegründeten anglikanischen Kirche in England sprachen vom »Joch der Ehe« und drücken damit aus, dass Mann und Frau als Partner dieselbe Last zu tragen haben, vielleicht gar eine gleichgewichtige Rolle bei der Ehegemeinschaft spielen.[146] In dieser neuen Ehe wurde der Verstand der Frau zusammen mit ihrer Schönheit gepriesen. Tatsächlich betonen viele protestantische Autoren, dass Verstand und Tugendhaftigkeit wichtiger seien als körperliche Merkmale, wenngleich dieser moralische Standpunkt wohl nur geringen Einfluss auf das Verhalten der Menschen hatte.

Eines der beliebtesten Sonette von Shakespeare beginnt mit den Worten: »Nichts kann den Bund zwei treuer Herzen hindern.«[147] Einige von Shakespeares entzückenden Heldinnen – Viola, Beatrice, Portia – sind schlagfertige Frauen, denen es gelingt, die Liebe des begehrten Mannes tatsächlich zu gewinnen.

Aber dann kommt *Der Widerspenstigen Zähmung*, wo die Heldin sich mit ihrer Gewitztheit selbst schadet. Sie widersetzt sich allen Regeln, und Shakespeare schickt sie am Ende zurück in die Zwangsjacke einer traditionellen Bindung und legt ihr folgende Worte in den Mund:

Dein Ehmann ist dein Herr, ist dein Erhalter,
Dein Licht, dein Haupt, dein Fürst, er sorgt für dich …
Die Pflicht, die der Vasall dem Fürsten zollt,
Die ist die Frau auch schuldig ihrem Gatten.[148]

Danach legt Katharina ihre Hand unter den Fuß ihres Mannes zum Zeichen dafür, dass sie den Weg des Dienens gehen wird. Jahrhundertelang haben sich die Leser gefragt, warum Shakespeare *Der Widerspenstigen Zähmung* so enden lässt. Jedenfalls würden die meisten Amerikanerinnen und Europäerinnen heute wohl dieses feudale Bild des Ehebündnisses ablehnen.

In *Antonius und Cleopatra* sehen wir dann wieder gleichberechtigte Herzen auf der Bühne. Tatsächlich meinen manche Literaturwissenschaftler, in diesem Spätwerk komme Shakespeares metaphorische Sicht des Herzens am deutlichsten zum Ausdruck. Und da hier herkömmliche Vorstellungen vom Herzen einen Bedeutungswandel erfahren würden, gehöre es zu den Kunstwerken, in denen das Herz eine besonders prominente Rolle spielt.[149] Das Stück beginnt mit der Nachricht, dass Antonius' Frau Fulvia in Rom verstorben ist, während er bekanntlich in Ägypten mit Kleopatra zusammenlebte. Auch wenn er eiligst nach Italien zurückreisen muss, versichert er der ägyptischen Königin: »… doch bleibt mein volles Herz / in deiner Pflicht zurück.«[150]

Während ihr Herz letztlich erotischer Liebe ergeben ist, wobei sie auf eine lange Liste von Liebhabern vor Antonius zurückblickt, ist er gespalten zwischen seiner Liebe zu Kleopatra und anderen Verpflichtungen jenseits erotischer Liebe. Er hat auch ein Herz für das Militär, ein Familienherz und ein römisches Herz – und sie alle stehen im Konflikt mit seinem Liebesherz. Nach dem Tod seiner Frau geht er eine zweite Ehe ein, und zwar mit Octavia, der älteren Schwester von Octavius Caesar. Einer von Caesars engen Freunden sagt Antonius voraus, die Ehe werde ihn und Caesar zu Brüdern machen und ihrer »beider Herzen / Unlösbar [zu] verknüpfen«.[151]

Trotz dieser Heirat aber führen die weiteren Ereignisse dazu, dass er am Ende gegen Caesar kämpfen muss. In einer großen Seeschlacht, in der Antonius sich von seinem Kämpferherzen leiten lassen müsste, folgt er stattdessen seinem Liebesherz: Er reist Kleopatra nach, nachdem sie mit ihren Schiffen die Flucht ergriffen hat. Nach der großen Niederlage ruft Antonius Kleopatra mutlos zu: »Wohl hast du gewußt, /Mein Herz sei an dein Steuer festgebunden…«[152] Er gibt zu, dass seine Liebe zu Kleopatra über seine anderen Loyalitäten triumphiert hat.

Am Ende zeigt sich die Größe ihrer Herzen in dem Entschluss der beiden Liebenden, gemeinsam in den Tod zu gehen. Wie Tristan und Isolde und Romeo und Julia gehören Antonius und Kleopatra zu den wenigen, aber umso imponierenderen Liebenden, deren Herzen unüberwindlichen Hindernissen trotzen und dann im Tod für immer vereint sind.

Es würde den Rahmen dieses Kapitels sprengen nachzuweisen, wie vielfältig Shakespeares Vokabular des Herzens sein eigenes Werk und die englische Sprache bereichert hat. Doch viele Formulierungen, die mit dem Herzen zu tun haben und im Laufe der Zeit mit einer bestimmten Wesensart verbunden werden, gehen auf Shakespeare zurück.

Da ist etwa die viel zitierte Passage aus *Was ihr wollt*, als Herzog Orsino sein eigenes Herz mit dem einer Frau – jeder Frau – vergleicht und behauptet, seines sei größer, stärker, leidenschaftlicher.

Kein Frauenbusen
Ist fähig zu dem heftgen Puls der Leidenschaft,
Mit dem die Liebe mein Herz schlägt; kein Frauenherz
So groß, so viel zu fassen: es fehlt Tiefe.[153]

Shakespeare legt dieses Männlichkeitscredo seinem der Selbsttäuschung erlegenen Helden in den Mund und deutet damit an, dass Orsinos Liebe zu der für ihn unerreichbaren Gräfin Olivia – wie die von Romeo zu Rosalinde – nicht das ist, was er meint. Seine einseitige Bewunderung hat nur den Anschein von Liebe. Eine wahrhaft tiefe, unerschütterliche Liebe erfüllt das Herz von Viola, die sich als Mann verkleidet hat, um in den Dienst des Herzogs zu treten. Als Diener gewinnt sie das Vertrauen ihres Herrn und verliebt sich in ihn. In ihrer Rolle als Mann dient sie ihm treu, bis schließlich ihre Identität gelüftet wird und er in ihr die Frau erkennt, die sich mutig und unbeirrbar den Weg zu seinem Herzen gebahnt hat.

Die Herzensverwicklungen in Shakespeares Komödien führen immer wieder zu geistreichen dramatischen Effekten. Wer wäre nicht gerne ein Liebhaber in *Was ihr wollt*, in *Wie es euch gefällt* oder, am fantastischsten, in *Ein Sommernachtstraum*? Doch in den Tragödien erscheint das Herz in wesentlich düstereren Farben.

Man denke an den niederträchtigen Jago in *Othello*, wenn er erklärt: »Denn wenn mein äußres Tun je offenbart / Des Herzens angeborne Art und Neigung / In Haltung und Gebärde, dann alsbald / Will ich mein Herz an meinem Ärmel tragen / Als Fraß für Kräh'n.«[154] Jago tut also nur so, als spreche er offen, um dadurch seine leichtgläubige Umgebung zu täuschen. Seine Strategie bringt

Othello dazu, an Desdemonas Untreue zu glauben, was schließlich zum tragischen Ende führt.

Die Redewendung »sein Herz auf dem Ärmel« wird heute manchmal im negativen Sinne gebraucht: »Ich trage mein Herz nicht auf dem Ärmel.« Mit anderen Worten, ich werde andere nicht wissen lassen, was ich für einen bestimmten Mann oder eine bestimmte Frau empfinde. Diese idiomatische Wendung geht auf mittelalterliche Turnierkämpfe zurück, als die Ritter die Farben oder Insignien ihrer Damen auf ihrem Ärmel trugen, doch die Redewendung setzte sich laut den Lexikographen im Englischen erst durch, als Shakespeare sie um 1600 einführte.

In *Macbeth* trägt ein viel komplizierterer Charakter als Jago ein heuchlerisches Herz in der Brust. Von Beginn an weiß Macbeth, dass es ihm und seiner Frau, Lady Macbeth, nur mit Mut und Heimtücke gelingen wird, den schottischen König Duncan zu ermorden und sich seines Thrones zu bemächtigen. Macbeth ermahnt sich selbst: »Birg, falscher Schein, des falschen Herzens Kunde![155] Nach dem Mord an Duncan behauptet Macbeth, zwei königliche Gefolgsleute hätten den Mord begangen; diese tötet er dann unter dem Vorwand, dass die heiße Liebe, die er in seinem Herzen für Duncan empfand, und der Mut seines Herzens ihn dazu gezwungen hätten, auch sie sofort umzubringen.

Zu Shakespeares Zeiten war man der Ansicht, dass Liebe und Mut im Herzen eines Engländers oft miteinander um die Vorherrschaft stritten. Vor der Schlacht, die mit der Niederlage der Spanischen Armada endete, hielt Königin Elisabeth I. 1588 in Tilbury ihre viel zitierte Rede an ihre Truppen, in der sie auch auf die gängige Verknüpfung zwischen dem männlichen Herzen und dem Mut anspielte, als sie ausrief: »Ich weiß, dass ich den Körper einer schwachen und zarten Frau habe, aber ich habe das Herz und den Mut eines Königs.« Kluge Frau!

Das Gegenteil des mutigen Herzens ist die »bleiche Furcht«, die Macbeths Seele überkommt, nachdem er noch mehr Kandidaten auf seine Mordliste gesetzt hat. »Doch klopft mein Herz, nur eins noch zu erfahren«: ob die Krone, die er sich angeeignet hat, an seine eigenen Söhne vererbt wird oder, wie vorausgesagt wurde, an einen anderen Stamm geht. Macbeth hegt eine Reihe unehrenhafter Gefühle – Gier, Neid, Angst –, wobei er andererseits einen gewissen Mut besitzt und eine unerschütterliche Zuneigung gegenüber seiner Frau empfindet. Diese Gefühle existieren alle nebeneinander in seinem Herzen, jenem metaphorischen Ort, dem Shakespeare eine größere Differenziertheit als jeder andere Künstler der Renaissance zubilligt.

Verglichen mit den einfach strukturierten Gestalten der mittelalterlichen Allegorien, die nur eine Identität hatten, sind Shakespeares Figuren wesentlich komplexer und somit moderner. Nicht beschränkt auf die unbeirrbare, bedingungslose Leidenschaft, wie wir sie in der mittelalterlichen Romanze finden, hat die Liebe bei Shakespeare »immer neue Reizung«[156], um eine Formulierung zu gebrauchen, mit der Cleopatra beschrieben wird. In *Der Sturm* wird dies zu einem naiven Erstaunen, wenn Miranda zum ersten Mal einen jungen Mann sieht und ausruft: »Holde neue Welt, / Die so bevölkert ist!«[157] Ähnlich komplex sind die Liebesgefühle, die Hamlets Mutter, Königin Gertrude, für ihren ehemaligen Schwager und jüngst angetrauten Ehemann empfindet, der, was sie nicht ahnt, ihren ersten Ehemann ermordet hat. Sogar Macbeth und seine Frau zeigen eine Art eheliche Liebe, auch wenn ihr zügelloser Ehrgeiz die Beziehung korrumpiert und am Ende zerstört. Lady Macbeth ist eine großartige Komplizin, die schlimmste von Shakespeares eigensinnigen Frauen, und doch kann man nicht abstreiten, dass eine verbogene Art der Zuneigung zwischen ihr und ihrem Mann die schrecklichen Taten der beiden begünstigt.

Diese wenigen Beispiele verdeutlichen den Unterschied zwischen der höfischen Liebe mit ihrem einheitlichen Verhaltenscodex und den unterschiedlichen Facetten, die die Liebe in Shakespeares Welt angenommen hat. An die Stelle des höfischen Liebhabers, der stets wegen seiner Geliebten – zumeist die Ehefrau eines anderen – leidet, ist ein Liebhaber getreten, der die Dame seiner Wahl als seine künftige Ehefrau sieht. Meistens ist sie bereit, an dem Plot mitzuwirken und wie ihr männliches Gegenüber zu intrigieren und zu leiden. Das alte Trio Ehemann, Ehefrau und deren Liebhaber steht nicht länger im Rampenlicht, außer in den gestörten Köpfen von Männern wie Othello und Leontes. Auf Shakespeares Bühne enden die Komödien mit glücklichen Ehen – manchmal mehr als eine –, während die Tragödien mit der Zerstörung von erotischen, ehelichen und kindlichen / elterlichen Bindungen enden.

Bei *König Lear*, der größten Shakespeare-Tragödie, steht im Mittelpunkt das Thema kindlicher / elterlicher Liebe, die parallel in zwei Familien erlebt wird: dem Quartett aus Lear und seinen drei Töchtern – Goneril, Regan und Cordelia – und dem Dreiergespann aus Gloucester und seinen beiden Söhnen Edmund und Edgar. Vereinfacht gesagt gehören die »guten Herzen« Cordelia, Kent, Edgar und Goucester und die »bösen Herzen« Goneril, Regan, Cornwall und Edmund. Schon der Name Cordelia bedeutet »Göttin des Herzens«. Und Lears Herz? Sein »Vaterherz«, sein »schwellend Herz«, sein »freies Herz«, um seine eigenen Worte zu gebrauchen, wird leben, um »dieser Töchter Herz empört / Wider den Vater« und sein eigenes Herz »in hunderttausend Scherben splittern«[158] zu sehen.

Im ersten Akt äußert Lear den törichten Wunsch, dass seine Töchter ihm ihre kindliche Liebe bezeugen mögen. Zunächst zeigt er sich zufrieden, als Goneril und Regan versichern, sie liebten ihn mehr, als sie mit Worten sagen könnten. Aber als seine jüngste und am meisten geliebte Cordelia ihm so schmeicheln soll wie ihre Schwestern, antwortet sie nur:

... Ich kann nicht mein Herz
Auf meine Lippen heben; ich lieb Euer Hoheit
Wie's meiner Pflicht geziemt, nicht mehr, nicht minder.

In der Hoffnung, eines Tages einen Mann so zu lieben, wie sie jetzt ihren Vater liebt, kann sie nicht in aller Aufrichtigkeit versprechen, ausschließlich ihren Vater zu lieben.

Lears zornige Reaktion auf Cordelias Ehrlichkeit ist heftig: Er erklärt, sie werde fortan »wie ein Fremdling meiner Brust« sein und habe von ihm kein Erbe zu erwarten. Seine übertriebene Selbstliebe unterminiert die familiäre Zuneigung. Shakespeare lebte zu einer Zeit, als Kinder begannen, die Wahl ihrer Liebespartner gegen die Wünsche der Eltern durchzusetzen. Dieser einschneidende gesellschaftliche Wandel schlug sich in mehreren seiner Stücke nieder, tragisch in *Romeo und Julia* und komisch im *Sommernachtstraum*. Lear bringt den Konflikt zwischen Eltern und Kindern zu einem katastrophalen Ende. Wo ist das Herz in all dem? Gebrochen, zerschlagen, seine Stücke werden in einem Wirbel der Zerstörung versprengt.

Liebe in all ihren komplexen Formen – erotisch, kindlich, elterlich, brüderlich, schwesterlich – erfordert eine andere Umgebung, einen Ort, der gegen die von Menschen geschaffenen Feindseligkeiten immun ist. Solche Bedingungen erfindet Shakespeare mit der magischen Insel in *Der Sturm* und mit Illyrien in *Was ihr wollt*, wo Blumen wie im Paradies blühen. Aber in der wirklichen Welt stehen der Sehnsucht nach »Herzenswonne« (ein weiterer von Shakespeare geprägter Ausdruck) zahllose äußere und innere Hindernisse im Weg.[159] Auch wenn wir wenig tun können, um die Welt, in der wir leben, zu ändern, werden wir bei Shakespeare an das Bedürfnis erinnert, unser eigenes Herz zu erkennen, seine Geheimnisse zu verstehen und darauf zu hören, wenn es für ein anderes zu uns passendes Herz schlägt.

Kapitel 14

Herz und Verstand

Im Jahr 1628 veröffentlichte der englische Arzt William Harvey ein lateinisches Büchlein, das eine Revolution für die Medizin bedeuten sollte. Seine zweiundsiebzigseitige *Exercitatio anatomica de motu cordis et sanguinis in animalibus (Die Bewegung des Herzens und des Blutes in den Tieren)* führte den Beweis, dass die Hauptaufgabe des Herzens sei, Blut durch den Körper zu pumpen. Seine radikal neue Auffassung vom Herzen widersprach allen medizinischen Überzeugungen der vorigen zweitausend Jahre.

Wie Pythagoras im sechsten Jahrhundert v. Chr. und Hippokrates zweihundert Jahre danach glaubten die Ärzte seit den alten Griechen, dass vier Säfte durch den Körper strömten – Blut, Schleim, schwarze Galle und gelbe Galle. Diese Körpersäfte bestimmten das Wesen und die Stimmung eines Menschen. Zu viel Blut oder Schleim machten einen Menschen sanguinisch oder phlegmatisch. Zu viel schwarze Galle machte ihn traurig oder melancholisch. Und zu viel gelbe Galle machte einen wütend (cholerisch). Eine gesunde Ausgeglichenheit zwischen den vier Säften hielt man für die Voraussetzung guter Gesundheit. Wie die Sonne im Bezug zur Erde, war es die Rolle des Herzens, das Blut zu erwärmen und so die Säfte zu regulieren. Außerdem glaubten die Anhänger von Hippokrates, alle geistigen Funktionen, einschließlich der menschlichen Intelligenz, seien im Herzen verortet.

Doch die Philosophen stellten sich die Herzfunktionen anders vor. Platon hielt das Herz für den Sitz der Gefühle und das Gehirn für den Sitz der Intelligenz. Aristoteles maß dem Herzen wesentlich größere Bedeutung zu: Für ihn war es das zentrale Lebensorgan, der Ursprung von Lust und Schmerz und die Quelle der Körperwärme. Hier entstand auch *pneuma*, die Luft, die die Seele belebt. Der Intellekt, den die Griechen *nous* nannten, war in dem Schema von Aristoteles keinem besonderen Organ zugeordnet.

Im zweiten Jahrhundert stellte der einflussreiche griechische Arzt Galenos diese Dominanz des aristotelischen Herzens in Frage. Er war der Überzeugung, dass das Herz in Verbindung mit der Leber und dem Gehirn arbeite. Zwar wusste Galenos um die ungewöhnliche Muskelkraft und Ausdauer des Herzens, doch er hielt es für zweitrangig gegenüber der Leber, wo nach seiner Überzeugung das Blut gebildet und dann von den Gefäßen in alle Körperteile transportiert werde.[160] Dank zahlreicher arabischer und dann lateinischer Übersetzungen hatten Galenos' Vorstellungen noch lange nach seinem Tod entscheidenden Einfluss auf die medizinische Ausbildung und Praxis.

Die Debatte von Aristoteles und Galenos über die Rolle des Herzens wurde im Mittelalter von jenen Denkern aufgegriffen, die medizinische Vorstellungen mit christlichen Überzeugungen zu vereinen suchten. Wenn das Herz gemäß der jüdisch-christlichen Verkündigungen der Sitz der Seele war, wie konnte die Seele dann Zugang zum Herzen haben?

Die Abhandlung *De motu cordis (Über die Bewegung des Herzens*), verfasst von dem Engländer Alfred von Sareshel, ist ein Beispiel dafür, wie die mittelalterlichen Gelehrten diese Frage beantworteten. Da der Körper, »dessen Stoff fest und stumpf« ist, und die Seele, »die von sehr zarter und körperloser Art« ist, derart unterschiedliche Eigenschaften haben, postulierte er ein Medium, »das an beiden Wesensarten beteiligt« wäre. Dieses »Medium« geriet durch die eingeatmete Luft in den Körper und mischte sich in den Herzen mit dem Blut. Die christlichen Philosophen des dreizehnten und vierzehnten Jahrhunderts meinten, der Körper stünde in Verbindung mit dem Universum und sei keine unabhängige Entität. In diesem Verbindungssystem zwischen Mensch und Kosmos war das Herz der wesentliche Akteur, der dem »Geist« den Weg ins Blut und wieder hinaus bahnte.[161]

Die Renaissance gelangte zu einem neuen Verständnis vom Herzen, da sowohl medizinische Praktiker als auch Künstler frühere Theorien nicht mehr blind übernahmen, sondern den Körper mit eigenen Augen zu beobachten begannen. Somit entstanden präzise Abbildungen der Körperteile in Zeichnungen, Gemälden, Skulpturen und Buchmalerei. Das berühmte etwa fünftausend Seiten umfassende Notizbuch von Leonardo da Vinci (1452–1519) enthielt Hunderte von Skizzen des menschlichen Körpers, von denen einige das Herz zeigen. Leonardo profitierte von der Praxis der Sektion von Menschen, die schon 1315 in Italien wiederbelebt worden war, aber jederzeit wieder verboten werden konnte, je nach Laune des Papstes. Leonardo führte viele seiner Sektionen an Tieren durch, und seine Kenntnis der Anatomie des Herzens basierte wesentlich auf dem Rinderherz.[162] Seine brillant geschriebenen Beobachtungen und großartigen Zeichnungen waren die Frucht einer langen Beschäftigung mit der Herzforschung.

Andreas Vesalius (1514–1564), kurz vor da Vincis Tod geboren, gilt als der Vater der modernen Anatomie. Mit seinem erstmals 1543 veröffentlichten Meisterwerk *De humani corporis fabrica* (*Beschreibung aller Glider menschlichs Leybs*) setzte er einen neuen Standard für die wissenschaftliche Forschung. Als Medizinstudent und dann Professor für Chirurgie und Anatomie an der Universität Padua durfte Vesalius Leichen sezieren, da ihm ein Richter die Leichen von hingerichteten Verbrechern zur Verfügung stellte. Im sechzehnten Jahrhundert wurden Sektionen immer noch im Geheimen durchgeführt. Als ich vor einigen Jahren die Universität von Padua besuchte und in die Untergeschosse eines uralten Medizingebäudes geführt wurde, wo Sektionen stattgefunden hatten, sagte man mir, dass die Kadaver ursprünglich nachts durch einen unterirdischen Tunnel in das anatomische Amphitheater gebracht wurden.

Das bahnbrechende Buch von Vesalius, unter dem verkürzten Titel *Fabrica* bekannt, war sogleich ein Erfolg und wurde in mehreren Auflagen nachgedruckt – manche als Raubdruck, andere gekürzt, wieder andere übersetzt oder von Vesalius selber aktualisiert. Was war der Grund für diesen beispiellosen Erfolg? Sicher nicht die schwülstige lateinische Prosa von Vesalius, sondern sein wissenschaftliches Vorgehen. Er zog Schlüsse, die auf seinen eigenen Beobachtungen, Experimenten und Entdeckungen basierten. Obgleich er seine medizinische Laufbahn wie alle anderen europäischen Ärzte als überzeugter Anhänger von Galenos begonnen hatte, zeigte er auf, wo Galenos sich schlichtweg geirrt hatte. Beispielsweise gibt es keinen Knochen an der Herzbasis. Das Septum (Trennung eines Körperraums) des Herzens ist nicht porös. Männer und Frauen besitzen gleich viele Rippen; von der biblischen Geschichte von Adam und Eva ausgehend, hatte Galenos behauptet, dass Männer eine weniger hätten.[163] Auch wenn Vesalius einige Aspekte von Galenos' Physiologie bestehen ließ, trug er mehr als jeder andere Wissenschaftler des sechzehnten Jahrhunderts dazu bei, Galenos die Autoritätsposition zu entziehen, die er dreizehnhundert Jahre innegehabt hatte. Die innere Landschaft des menschlichen Körpers war somit für alle Zeiten umgestaltet.

Ein weiterer Grund für den Erfolg von *Fabrica* waren die zweihundert Illustrationen, die von mehreren Künstlern stammten. Einer von ihnen, Jan van Calcar, hatte bereits 1538 mit Vesalius zusammengearbeitet und die riesigen *Tabulae anatomicae sex* (Sechs anatomische Tafeln) angefertigt. Fünf Jahre später setzte Vesalius mit *Fabrica,* in der wunderbaren Folioausgabe eines Baseler Druckers veröffentlicht, einen neuen künstlerischen Standard für medizinische Werke. Dreihundert Jahre lang orientierten sich Medizinstudenten für ihr Anatomiestudium an Vesalius, bis dann *Gray's Anatomy* erschien.

Doch selbst mit den großen Fortschritten dank Vesalius bestanden weiterhin irrige Vorstellungen über den menschlichen Körper. Eine besonders skurrile Idee verknüpfte den weiblichen Uterus mit dem Herzen. Da das Herz gewöhnlich als Sitz der Liebe galt und der Uterus bekanntlich die Frucht der Liebe trägt, ordnete man dem Uterus die Merkmale zu, die lange dem Herzen zugesprochen worden waren, wie Liebe, Freude und Empfänglichkeit. Tatsächlich enthielt eine Veröffentlichung aus dem Jahr 1522 das Bild eines herzförmigen Uterus – in genau der Form, in der sonst das Herz als Liebessymbol dargestellt wird.[164]

Dieses spezielle Missverständnis blieb mehrere Jahrzehnte bestehen. Um 1560 beschrieb ein englischer Hebammenratgeber den Uterus als »nicht vollständig rund … sondern eher geformt wie das Herz eines Menschen, wie es gemalt wird«.[165] Dieser Vergleich mit dem Herzen entstammte offensichtlich eher der mittelalterlichen Kunsttradition als den neuen anatomischen Erkenntnissen, die man durch die Sektionen gewonnen hatte. Die Assoziation zwischen Herz und Uterus bestand nicht nur in Hebammenratgebern fort, sondern auch in anderen ernst zu nehmenden medizinischen Werken, die in England und auf dem Kontinent erschienen. Die von Vesalius initiierten anatomischen Studien genügen nicht, um ältere, fantastische Vorstellungen von Körperteilen wie dem Herzen, dem Uterus und dem Penis, die man fetischisiert hatte, zu beseitigen. Tatsächlich war Vesalius selbst für einen Kupferstich in der *Fabrica* verantwortlich, wo die Anatomie der Vagina herzförmig dargestellt wurde.[166]

William Harvey räumte auf mit all den falschen Vorstellungen vom Herzen, die durch Galenos, Vesalius und andere frühere Autoritäten verfestigt worden waren. Er zeigte erstmals, dass Arterien Blut vom Herzen durch den Körper pumpen und dass Venen das Blut zurück zum Herzen transportieren. Das Herz und nicht die Leber ist die Quelle der Bewegung des Blutes, wobei die regelmäßigen Kontraktionen des Herzens den Blutfluss antreiben. Jeder Pulsschlag zeigt eine Kontraktion des Herzens an, bei der es das Blut in unsere Arterien ausstößt. Das ganze Blut im rechten Ventrikel fließt in die Lunge und dann durch die Lungenvenen in den rechten Ventrikel, der wiederum das Blut in den ganzen Körper pumpt.

Beim Lesen mögen Sie sich fragen, warum ich so viel Zeit mit Medizingeschichte verbringe. Welche Beziehung besteht zwischen dem Liebesherz und dem medizinischen Herzen? Fast keine. Und darum genau geht es. Da seit der Renaissance die Naturwissenschaft immer stärker den Ton angab, wurde das metaphorische Herz letztlich auf eine bloße Pumpe reduziert.

In Shakespeares *Kaufmann von Venedig* muss Bassanio, einer der vielen Freier von Portia, zwischen drei Kästchen wählen – golden, silbern und bleiern. Wenn er das richtige wählt, wird er die holde Portia gewinnen. Während er noch über seine Wahl nachsinnt, hört man im Hintergrund ein Lied, das mit den Zeilen beginnt: »Sagt, woher stammt Liebeslust? / Aus den Sinnen, aus der Brust?«[167] Versteht man »Liebeslust« als gewöhnliche romantische Neigung, konfrontiert uns das mit einer neuen Frage zum Ursprung der Liebe: Stammt sie aus dem Herzen oder aus dem Geist? Welcher Körperteil erzeugt »Liebeslust«? Oder, allgemeiner gesagt, in welchem Verhältnis steht der physische Körper zum Gefühl der Liebe?

Im Mittelalter hatten Männer und Frauen keine Schwierigkeit, solche Fragen zu beantworten, da das Herz allgemein als der eindeutige Hort der Liebe galt. Der Liebespfeil drang durch die Augen, ohne sie zu verletzen, und traf das Herz mit voller Kraft. Alle Lust und aller Schmerz der »Liebeslust« wohnten im Herzen.

Die neuen medizinischen Entdeckungen, die in der Renaissance begannen, stellten lange bestehende Vorstellungen vom Sitz menschlicher Gefühle auf den Prüfstand. 1598, als *Der Kaufmann von Venedig* zum ersten Mal aufgeführt wurde, hielt man es nicht mehr für selbstverständlich, dass das Herz einen exklusiven Anspruch auf die Liebe hatte. Nicht lange nachdem Shakespeare die Frage nach der Verbindung der Liebe zum Herzen oder zum Kopf aufgeworfen hatte, legten Ärzte und Philosophen des siebzehnten Jahrhunderts ihre jeweiligen Standpunkte zum Thema dar und begannen damit eine Kontroverse, die im Zuge der wissenschaftlichen Revolution bis ins achtzehnte Jahrhundert hinein andauern sollte.

Nachdem Harvey die Anatomie und Funktion des Herzens entmystifiziert hatte, begannen französische und englische Denker, das Gehirn als den Hort der Liebe anzusehen. Descartes in Frankreich und Hobbes und Locke in England identifizierten alle Aspekte des Bewusstseins mit dem Gehirn und nahmen somit dem Herzen jeglichen Bezug zur Liebe.[168]

Für Descartes (1596–1650) war das entscheidende Merkmal des Menschen sein Verstand, sein Geist oder seine Seele – Worte, die er wie Synonyme gebrauchte. Auch wenn das Herz lebenswichtig war, wurde es für ein bloßes Körperorgan gehalten, das mit Gefühlen oder Denken wenig zu tun hatte. Diese Trennung von Körper und Seele (von Verstand und Geist) wurde der Grundstein für seinen philosophischen Dualismus. Seine berühmte Formel »Ich denke, also bin ich« verortete das Wesen des

Menschen in seinem Kopf und verwarf jegliche Gefühlsansprüche des Herzens. Zu früheren Zeiten hätten Verfechter des Herzens vielleicht geschrieben: »Ich fühle, also bin ich.«

Obwohl Descartes das Herz problemlos in der Brust und den Verstand im Kopf lokalisieren konnte, wusste er nicht, wo er die unsterbliche Seele ansiedeln sollte. Klassische Autoritäten wie Platon und Galenos hatten sich die Seele im Kopf vorgestellt, während andere wie Aristoteles und Hippokrates eher für das Herz plädierten.[169] Die katholische Kirche verknüpfte die Seele ganz eindeutig mit dem Herzen, aber da das Herz wie der ganze Körper stofflich war, konnte Descartes sich nicht vorstellen, dass es der Sitz der Seele sei.

In *Les passions de l'âme (Über die Leidenschaften der Seele)* (1649) entwickelt er dann die bizarre Idee, dass die Seele in der Epiphyse, also in der Mitte des Gehirns, lokalisiert sei. Er schrieb: »Nach sorgfältigen Untersuchungen glaube ich erkannt zu haben, dass der Teil, wo die Seele unmittelbar ihre Wirksamkeit übt, weder das Herz noch das ganze Gehirn ist, sondern nur ein innerlichster Teil des letzteren, eine gewisse kleine Eichel, die sich in der Mitte der Gehirnsubstanz befindet ...«[170]

Die Epiphyse stellte eine Verbindung her zwischen dem stofflichen Körper, der den Naturgesetzen unterworfen ist, und der ätherischen Seele, die nur Gott unterstellt ist. Descartes brachte eine Debatte über das Körper-Geist-Problem in Gang, die in vielfältiger Weise bis in unsere Zeit fortbesteht.

In demselben Werk versuchte Descartes herauszufinden, wie genau der Verstand, die Seele und das Herz zusammenwirken, damit Gefühle entstehen. Mit der Präzision eines Mathematikers isolierte er fünf Leidenschaften: Liebe, Hass, Freude, Traurigkeit und Begehren.

Über die Liebe schrieb Descartes, wenn man ein Liebesobjekt sehe, bilde sich im Gehirn ein Gedanke, der dann vom Blut zum Herzen transportiert werde. Das Blut, das »schon mehrmals das Herz im Kreislauf durchströmt hat«, sendet dann sogenannte »Lebensgeister« zum Gehirn. Dort »verstärken sie den Eindruck, welchen der erste Gedanke an den geliebten Gegenstand hier gemacht hat, und nötigen die Seele, bei diesem Gedanken zu verweilen, und hierin besteht die Leidenschaft der Liebe«.[171]

Darin soll die Leidenschaft der Liebe bestehen? Gott behüte! Wer je verliebt war, wird eine solche Analyse unzureichend finden, wenn nicht gar völlig lächerlich. Descartes irrte sich in zwei Punkten. Erstens war seine Sicht der Physiologie falsch, obwohl er einige von Harveys Erkenntnissen beherzigt hatte – wie sich in seinem Hinweis zeigt, dass das Blut immer wieder durch das Herz strömt. Zweitens stellte er die Liebe als pure Physiologie dar. Diese reduktionistische Analyse der Liebe sagt uns so viel über die Liebe wie ein Rezept über den Geschmack eines Kuchens.

Descartes' Abwertung des Herzens blieb nicht unwidersprochen. Sein Hauptgegner war sein jüngerer Zeitgenosse Blaise Pascal (1623–1662), ebenfalls Mathematiker, Naturwissenschaftler und Philosoph. Pascal hielt an der Bedeutung des Herzens fest und erachtete es immer als dem Gehirn überlegen. Er unterschied das Herz vom Gehirn und das Gefühl vom Verstand. Eine viel zitierte Formulierung dazu lautet: »Das Herz hat seine Gründe, die der Verstand nicht kennt.« Ohne den Wert der Vernunft in Abrede zu stellen, verwies Pascal auf eine andere Art von Wissen, die instinktiv vom Herzen wahrgenommen wird und dem rationalen Denken nicht zugänglich ist. Pascals Herz blieb offen für das Geheimnis der Liebe sowohl in menschlicher wie in göttlicher Form.

Die Rivalität zwischen Herz und Kopf wurde in der zweiten Hälfte des siebzehnten Jahrhunderts noch heftiger.[172] Die englischen Empiriker Thomas Hobbes und John Locke attackierten das Herz und erhoben das Gehirn, in Verbindung mit den Sinnen, zu den primären Determinanten des menschlichen Verhaltens. In ihrem Werk haben Hobbes, Locke und später David Hume jahrhundertelange Vorstellungen über die Natur des Menschen revidiert. Sie propagierten ein neues Verständnis, wie die Menschen zu ihren Gedanken und Gefühlen gelangen, wobei sie meinten, der Mensch sei den Launen seines Verstandes ausgeliefert. Und was war mit dem Herzen? Hobbes gab in seinem zukunftsweisenden *Leviathan* (1651) eine mechanistische Antwort: »Ist nicht das Herz als Springfeder anzusehen; sind nicht die Nerven ein Strickwerk, und der Gliederbau eine Menge von Rädern, die im ganzen Körper ... Bewegungen hervorbringen ... ?«[173]

Locke setzte den Feldzug gegen die Bedeutung des Herzens fort. Für ihn wurde das Wesen eines Menschen nicht durch sein Herz, sondern durch seinen Verstand geprägt. In seinem Essay *Concerning Human Understanding* (1690) vertrat er die Ansicht, dass das Gehirn, oder der Verstand, zunächst eine leere Seite ist und dann mit den Sinnen Wissen erwirbt. Die Menschen lernen durch eine

Kombination von sinnlicher Wahrnehmung und anschließender Reflexion über diese Erfahrungen. Der Mensch wird als ein denkendes Wesen definiert, als Intelligenz, als Bewusstsein, und dies erhebt ihn über »den Rest der vernunftbegabten Wesen«. Bezeichnenderweise erwähnt Locke das Herz mit keinem Wort.

Eric Jager kommt in seinem herausragenden *Book of the Heart* zu dem Schluss, dass sich der Mittelpunkt des Ich, so wie Locke es darstellt, vom Herzen in den Kopf verlagert hat, dass es keine religiösen oder romantischen Implikationen mehr gibt und somit das Herz »entschieden weltlich geworden« ist.[174] Ob Lockes Psychologie wirklich »entschieden« weltlich war, weiß ich nicht. Er hielt sich für einen frommen Christen und meinte, der Glaube an Gott sei für eine ethische Welt unabdingbar. Aber im Hinblick auf Lockes Anteil bei der Degradierung des Herzens hat Jager sicher Recht. Locke trug entscheidend zu der neuen Kartographie des Ich im westlichen Denken bei. Wie auch andere Denker des siebzehnten Jahrhunderts verabreichte Locke dem Herzen eine kräftige Tracht Prügel. Fortan sollten die Philosophen wie auch die Ärzte der Aufklärung eine materialistische Vorstellung vom Herzen vertreten und seine früheren metaphorischen Bedeutungen ablehnen.

Kapitel 15

Das weibliche Herz im Vordergrund

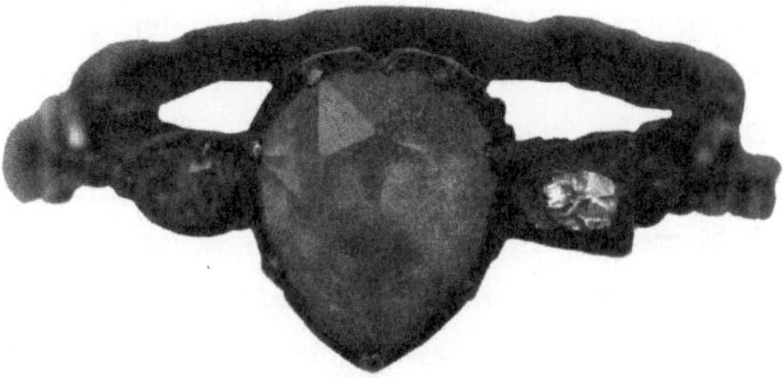

ABBILDUNG 26: Unbekannter Künstler, Kinderring-amulett achtzehntes Jahrhundert, Foundling Home Museum, London, England.

Im Jahr 1741 wurde in London für die beträchtliche Zahl ausgesetzter Kinder ein Findelkindheim eingerichtet, das Foundling Hospital. Die Mütter hinterließen ihren Babys oft ein Liebespfand, etwa ein Schmuckstück oder ein Gedicht, an dem dann die Mutter ihr Kind hätte identifizieren können. Doch leider sahen die meisten Mütter ihre Kinder nie wieder.

Einige dieser im Foundling Museum aufbewahrten Amulette, wie beispielsweise der Ring in Abbildung 26, hatten die Form eines Herzens. Sie waren Ausdruck der

Trauer der Mutter über den Verlust ihres Babys und der künftig durch Raum und Zeit getrennten zärtlichen Beziehung zwischen beiden.

Die tatsächlichen Geschichten dieser Mütter und ihrer verwaisten Kinder regten die Fantasie britischer Autoren an und inspirierten sie zu einigen der bekanntesten Romane des achtzehnten Jahrhunderts. Der Protagonist in *Tom Jones. Die Geschichte eines Findlings* (1749) von Henry Fielding ist ein uneheliches Kind, das im Bett des örtlichen Gutsherrn gefunden und von ihm in dem Irrglauben aufgezogen wird, dass Toms Mutter eine seiner Bediensteten namens Jenny sei. Nach Jahren ausgelassener Abenteuer wird das Geheimnis von Toms Geburt schließlich zu seinem Vorteil enthüllt: Seine Mutter war die unverheiratete Schwester des Gutsherrn, und Tom steht es somit frei, die Frau seiner Wahl zu heiraten. Da es sich um einen humoristischen Roman handelte, erwartete der Leser zu Recht ein glückliches Ende.

Aber was ist mit Toms Mutter? Ihre Geschichte ist weniger glücklich. Alleinstehende Frauen, die das Pech hatten, schwanger zu werden, wurden oft von ihren Familien verstoßen, vor allem wenn sie aus Familien der Mittelschicht stammten. (Mädchen vom Lande, die schwanger waren, heirateten den Kindsvater, und in Adelskreisen fand man oftmals Wege, die Dinge geheim zu halten.)

Um nicht in die bedauernswerte Lage einer unverheirateten Mutter zu kommen, war es die wichtigste Aufgabe einer jungen Frau, ihre »Tugend« zu bewahren. Viele, wenn nicht die meisten, englischen und französischen Liebesromane des achtzehnten Jahrhunderts drehten sich um das Thema Verführung. Hier zeigen sich die

Männer wild entschlossen, eine begehrte Frau zu verführen – und in der Regel nicht nur eine. Die Schriftsteller rückten Frauengestalten in den Mittelpunkt der Handlung und waren bestrebt, »in die Tiefen des menschlichen Herzens«[175] vorzudringen, wie James Boswell es in seinem Buch *Das Leben Samuel Johnsons* ausdrückte. Er bezog sich damit auf die jungen Titelheldinnen in Samuel Richardsons Bestsellern *Pamela oder die belohnte Tugend* (1740) und *Clarissa.* (1748).

Die begeisterte Reaktion auf den Roman *Pamela* scheint uns heute im einundzwanzigsten Jahrhundert kaum vorstellbar. Ein Jahr nach der Veröffentlichung erschienen neben fünf Auflagen eine französische Übersetzung sowie auch Raubdrucke in London und Dublin. *Pamela* war eine beispiellose Mediensensation, wie es sie in der britischen Literatur bislang noch nicht gegeben hatte.[176] Aber neben vielen Bewunderern gab es auch Kritiker des Romans, so wie Fielding, der als Antwort darauf seinen parodistischen Roman *Shamela* verfasste. Warum und wie erregte Richardson diesen Wirbel?

Pamela ist die Erkundung eines Mädchenherzens, das die zielstrebigen Annäherungsversuche ihres jugendlichen Herrn entschieden zurückweist. Der Roman besteht aus einer Sammlung von Briefen, und die meisten stammen von Pamela, einem sechzehnjährigen Mädchen aus einer mittellosen Familie. Wer wollte wohl die Zeilen aus der Feder eines so einfachen Mädchens lesen? Offensichtlich Tausende von Lesern in England, Frankreich und schließlich in ganz Europa.

Pamelas Herz spielt eine wesentliche Rolle in ihren Bericht. Sie beruft sich mehr als zweihundert Mal darauf. Wobei sie ihrem jungen Herrn attestiert, dass er ein »böses Herz« hat.[177] Auch Pamelas Eltern sprechen in ihren Briefen an die Tochter häufig von ihren Gefühlen und beziehen sich dabei auf ihr Herz. »Unsere Herzen sehnen sich schmerzlich nach Dir«, schreiben sie, als sie ahnen, dass der junge Mann es auf ihre Tochter abgesehen hat. Als Pamela merkt, dass er sich Freiheiten mit ihr herausnehmen möchte, äußert sie: »Es bricht mir fast das Herz; denn als Lohn habe ich nichts als Scham und Schande zu erwarten, oder zumindest Geschimpfe und schlechte Behandlung.«

Wenn Pamela die Avancen ihres Herrn abzuwehren versucht, bringt sie ihr Leid immer wieder mit dem Herzen in Verbindung: ein gebrochenes Herz, ein armes Herz, ein betrübtes Herz, ein volles Herz, ein schweres Herz, ein krankes Herz, ein klopfendes Herz, ein reines Herz, ein Herz, das versagt, ein Herz auf der Zunge. Ihr Herz steht jeweils im Widerspruch zu dem »stolzen«, »falschen« und »giftigen« Herzen jenes Mannes, der, zumindest in der ersten Hälfte des Romans, nicht von seinen Nachstellungen ablässt.

Die Schilderung der Herzen bei Richardson unterscheidet sich deutlich von den Darstellungen in mittelalterlichen Romanen. Zuerst einmal gehört das Herz hier einer Frau und nicht Troubadouren, die Lieder und Erzählungen über ihre erotischen Sehnsüchte schrieben. Zwar wird Pamelas Herz sich als liebesfähig erweisen, doch in erster Linie ist es zum Selbstschutz da – um sich *gegen* männliches Begehren zu wehren. Ihre Sorge – dieselbe Sorge, die Frauen zu anderen Zeiten und in anderen Kulturen bewegte – dreht sich darum, ihren Körper unversehrt zu halten, unbeschadet von einem möglichen Eindringling. Und da Pamela eine überzeugte Christin ist, deren Vorstellungen von Tugendhaftigkeit um die Reinheit von Körper und Seele kreisen, unterdrückt ihr Herz anfangs jegliche erotischen Impulse. Richardson wusste genau, was er tat, als er eine Heldin schuf, deren Herz eine religiös-moralische Festung ist, unempfindlich gegenüber Angriffen auf ihre Keuschheit. Alles andere wäre von der Zensur durch die wachsende Anzahl von Lesern der Mittelschicht abgestraft worden, die sein Hauptpublikum bildeten.

Pamela gelingt es, ihren Herrn, dem es letztlich nur um ihren Körper geht, zurückzuweisen, selbst dann noch, als er zu ihr ins Bett steigt und eine hinterhältige Komplizin sie festhält. Allerdings kann sie nicht ahnen, dass sich am Ende die Regungen seines Herzens verändern werden und er allmählich merkt, dass er Pamela wirklich liebt. Auch sie wird entdecken, dass der Herr seinen Weg in ihr eigenes Herz gefunden hat. An dieser Stelle des Romans spricht Pamela von ihrem Herzen in völlig anderen Worten. »Ich hatte ein so merkwürdiges Gefühl, und mein Herz war so plump! – Und ich frage mich, was mich schmerzt!« – »Ich habe mich mit meinem merkwürdigen, launischen Herzen abgefunden, das ich noch nie so unbeherrschbar fand.« – »Oh, wie mein Herz klopfte!« – »O mein jubelndes Herz! Wie es mir im Busen pocht!« Pamelas Herz wird euphemistisch als ein Barometer ihrer aufwallenden körperlichen Lustgefühle dargestellt.

Aber selbst wenn ihrer beider Herzen jetzt im Gleichklang sind, bleibt die Frage nach ihrem unterschiedlichen Stand. Der Herr stammt aus einer wohlhabenden, angesehenen Familie, die mehrere beträchtliche Anwesen besitzt, und eine Bedienstete zu heiraten, wäre für seine Klasse, vor allem für seine stolze Schwester, ein Affront. Doch am Ende verwirft der Herr seine Bedenken und hält um Pamelas Hand an. Man darf wohl annehmen, dass Richardsons Leser entzückt applaudierten, als sie – natürlich – zustimmt.

Richardsons Clarissa Harlowe hat weniger Glück. Auch sie ist das Opfer von »Angriffen auf ihr Herz«, die nicht nur von dem Libertin Lovelace sondern auch von ihrer eigenen Familie ausgehen.[178] Ihre vermögenden Eltern bestehen darauf, dass sie einen gewissen Mr Solmes heiratet und damit eine gesellschaftlich vorteilhafte Verbindung eingeht. Als Clarissa sich dieser guten Partie trotzig verweigert, weil sie Solmes unausstehlich findet, sind ihre Eltern außer sich, und Clarissa verliert das Bewusstsein. Wie sie später schreibt: »Das ging mir wie ein Stich durchs Herz. Ohnmächtig sank ich zu Boden.«[179]

Die Weigerung einer Tochter, den ihr von den Eltern bestimmten Ehemann zu akzeptieren, war in der Mitte des achtzehnten Jahrhunderts eine wohlbekannte Geschichte. Shakespeares Julia, eine der aufmüpfigsten Töchter von literarischem Ruhm, widersetzte sich der Wahl ihrer Eltern und erlitt ein tragisches Ende. Als hundertfünfzig Jahre später *Clarissa* erschien, war der ewige Konflikt zwischen elterlichem Willen und jugendlicher Rebellion in Herzensangelegenheiten immer noch nicht beigelegt. Die protestantischen Pfarrer, insbesondere die puritanischen, ermahnten von ihren Kanzeln Kinder und Frauen, ihren Vätern und Ehemännern ohne Wenn und Aber zu gehorchen. Clarissa ist aufgewachsen mit dem Gebot, Vater und Mutter zu ehren. Zu ihrem eigenen Entsetzen aber fühlt sie sich gezwungen, ihnen den Gehorsam zu verweigern. Die Entschiedenheit ihres Widerstands sitzt tiefer als überkommene christliche Moral: Für sie geht es um die Integrität ihres Herzens. Eine Heirat mit Mr Solmes, den sie nicht liebt, würde ihrem Herzen – und damit ihrem innersten Selbst – widerstreben. Gemäß der jüdisch-christlichen Tradition ist das Herz mit der Seele verbunden, und Clarissa geht es, genau wie Pamela, mehr um ihre unsterbliche Seele als um weltliche Befriedigungen. Aber anders als Pamela trägt Clarissa eine doppelte Last: Sie muss ihre Integrität sowohl gegen die Wünsche der Familie wie gegen Lovelaces Zudringlichkeiten wahren.

Der von ihrer Familie abfällig behandelte Lovelace bringt Clarissa schließlich dazu, mit ihm durchzubrennen, und macht sie im wörtlichen Sinne zu einer Gefangenen. Auch wenn er sie anders als Pamelas Liebhaber von Anfang an heiraten möchte, lehnt Clarissa Lovelaces Avancen standhaft ab. Die Dynamik zwischen den beiden entsprach einer Gesellschaft, in der eklatante Unterschiede zwischen Geschlechtern oder Klassen als selbstverständlich hingenommen wurden. Was diesen Roman jedoch von vielen anderen unterscheidet, ist die zerstörerische Dynamik, die die Beziehung dieses Paars prägt.

Lovelaces Entschiedenheit, diese reizende, tugendhafte, willensstarke Frau besitzen zu wollen, wird zu einer obsessiven Leidenschaft. Er hält Clarissa an unterschiedlichen Orten gefangen, sogar in einem Bordell. Er sinnt nach über ihr weibliches Herz, das »von Natur aus so ganz Freundlichkeit und Harmonie« ist, und hofft, ihren Widerstand eines Tages zu brechen. Am Ende treibt ihr unbeugsamer Widerstand Lovelace zur Raserei, und er geht so weit, sie zu betäuben und zu vergewaltigen.

Clarissa liegt zwei Tage bewusstlos da und leidet eine ganze Woche Qualen. Als sie wieder voll bei Bewusstsein ist, weigert sie sich noch standhafter als zuvor, die Frau eines so unmoralischen Lebemanns zu werden. Vergeblich versucht sie, Lovelace zu beschämen und ihm die Augen dafür zu öffnen, wie übel er mit ihr umgegangen ist. Wie sie in einem Brief an ihre Freundin Anna Howe erklärt, haben die Machenschaften ihrer Familie und dann auch die von Lovelace sie fast zerstört. Trost findet sie durch intensives Bibelstudium und indem sie ihre eigene religiösen Meditationen niederschreibt. Doch nach der Vergewaltigung erlangt Clarissa nie wieder ihre physische Kraft zurück. Sie siecht dahin, bis ein früher Tod ihren Leiden ein Ende bereitet. Sie gibt sich der Hoffnung hin, ihr Schöpfer werde ihr verwundetes Herz wieder heilen.

Und Lovelace, ihr dämonischer Peiniger? Sein Herz wird noch zügelloser. Ehe Clarissa verstirbt, schwört er, »dass sie dennoch die Meine werden sollte … Sollte der Tod eine Woche nach der Trauung eintreten, so sollte sie bei Gott doch stattfinden …«[180] Er will von dem Wahnsinn, der sein Herz befallen hat, genesen oder sich vor ihren Augen das Herz herausreißen und ihr hinwerfen, damit sie erkennen möge, wie viel zärtlicher es ist als ihres.

Noch nach ihrem Tod besteht er auf seinem Recht auf ihr Herz, und dies im wortwörtlichen Sinne. Gegenüber seinem Freund Belford erklärt er, es sei richtig, dass sie obduziert und einbalsamiert werde. Ihr Herz, auf das er so unbestreitbare Ansprüche habe, werde er dann bekommen, um es in Ehren zu halten und nie wieder aus den Augen zu lassen.

Geht man davon aus, dass *Pamela* und *Clarissa* in gewisser Weise die englische Gesellschaft der 1730er- und 1740er-Jahre widerspiegeln, dann lässt sich daraus schließen, dass das weibliche Herz zwei verschiedene Funktionen zu erfüllen hatte: Es sollte ein moralischer Kompass sein und zu wahrer Liebe führen. Man erwartete von den Frauen, die Kontrolle über das männliche Begehren zu gewährleisten, einmal zu ihrem eigenen Wohl, aber auch zum Wohl der Männer, die vorgaben, sie zu lieben. Pamela gelang es schließlich dank ihrer Tugend und Schönheit, auch bei ihrem künftigen Ehemann nicht mehr nur sexuelle Begierde, sondern auch zärtliche Gefühle zu wecken. Doch die arme Clarissa, ebenfalls mit Schönheit und Tugend gesegnet, kann die Reue nicht mehr erleben, die Lovelaces stolzes Herz nach ihrem Tod befällt.

Richardsons Romane waren nicht nur in England echte Bestseller, sondern auch in Frankreich, wo sie Autoren zu einer ganzen Reihe von Briefromanen anregten. Der berühmteste ist *Julie ou la nouvelle Héloïse (Julie oder die neue Eloïse*, 1761) von Jean-Jacques Rousseau. Am Ende verkaufte sich dieser Roman noch erheblich besser als Richardsons Romane: Bis zum Ende des Jahrhunderts gab es etwa siebzig Neuauflagen. Auch hier geht es um das weibliche Herz, wenn Julie ihrer Freundin Claire in einer Reihe von Briefen ihre Geschichte erzählt. Und wieder sind es Klassenunterschiede, die die Erzählung entscheidend prägen: Anders als Saint-Preux, der Mann, der ihr Herz gewinnt, stammt Julie aus einer Adelsfamilie. Auch wenn die beiden so lange wie möglich Enthaltsamkeit üben, sinkt Julie schließlich, wie ehemals Héloïse, in Saint-Preuxs Arme und sie geben sich der Liebe hin. Doch diese Begegnung führt nicht zu einem glücklichen Ende: Das Paar muss sich trennen, und obgleich Julie am Schluss einen älteren, ausgesprochen ehrenwerten Mann heiratet, gehört ihr Herz immer noch Saint-Preux. Rousseaus größtenteils weibliche Leserschaft identifizierte sich völlig mit den jungen Liebenden und vergoss ihretwegen zahleiche Tränen. Rousseau erhielt Hunderte von Briefen, die voll des Lobes für seine Darstellung des weiblichen Herzens waren.

Im achtzehnten Jahrhundert verliehen Richardson, Rousseau und andere empfindsame Romanautoren ihren Heldinnen zärtliche, tugendhafte Herzen, aber nur ein winziges Maß an sexueller Begierden, die letztlich nur durch die Avancen eines zielstrebigen männlichen Verehrers erregt wurden. Pamela wusste nicht, was sie mit ihrem »merkwürdigen«, »dumpfen«, »komischen« »unberechenbaren«, »ausgelassenen« Herzen anfangen sollte, als es erwachte. Clarissa widerstand ihren biologischen Bedürfnissen bis zuletzt, und Julie, die sich schließlich Saint-Preux ergab, verbarg den Genuss, den ihr die Liebe bereiten mochte, hinter Sittsamkeit und Schuldgefühlen.

Doch andere Autoren des achtzehnten Jahrhunderts erkannten, dass manche Frauen ein leidenschaftliches Herz und gesunde sexuelle Bedürfnisse hatten und sich von Tugend und Ehre nicht einschränken ließen. Die Heldin der Erzählung *Manon Lescaut* von Antoine-François Prévost (bekannt als Abbé Prévost) von 1731 ist ein junges Mädchen aus der Provinz, die mit einem jungen Adligen durchbrennt und mit ihm in wilder Ehe lebt, unterbrochen nur von Liebschaften mit anderen Männern, wann immer sie und ihr Geliebter Geld brauchen. Dieser Skandalroman diente Ende des neunzehnten Jahrhunderts als Vorlage für zwei erfolgreiche Opern: Die eine stammt von dem Franzosen Jules Massenet, die andere von Puccini.

Les liaisons dangereuses (*Gefährliche Liebschaften*, 1782) von Choderlos de Laclos bietet uns ein unvergessliches Porträt der Madame de Merteuil, einer Witwe, die grundsätzlich Männern gegenüber den Ton angeben möchte. Auch will sie diejenige sein, die eine Affäre beendet, und dabei in den Augen der Gesellschaft respektabel bleiben. Einmal schenkt sie ihr »weibliches Herz« dem Vicomte de Valmont, doch dann verständigen sich die beiden in einem mündlichen Pakt darauf, dass jeder beliebig viele Liebhaber haben solle, ohne sich zu verlieben. Valmont findet ein besonderes Vergnügen daran, ein unberührtes Mädchen direkt aus dem Kloster und eine bekanntermaßen tugendhafte verheiratete Frau zu verführen. Hinter den Kulissen zieht Madame de Merteuil die Fäden, um zu verhindern, dass Valmont sich in eine andere verliebt. Am Ende passiert allerdings genau dies. Die tugendhafte Dame erobert schließlich sein Herz (man staunt!), doch Madame de Merteuils eifersüchtiges Herz richtet so viel Schaden an, dass alles ein katastrophales Ende nimmt. Dieser großartige Roman – zugegebenermaßen einer meiner Lieblingsromane – besitzt zumindest die Kühnheit, eine Protagonistin zu zeigen, deren sexuelle Gelüste denen ihres männlichen Gegenübers ebenbürtig sind, während ihre teuflische Intelligenz der seinen haushoch überlegen ist.

Der Engländer John Cleland überschritt die Grenzen des guten Geschmacks, als er *Fanny Hill, Memoirs of a Woman of Pleasure* (1748/1749) veröffentlichte. *Fanny Hill*, ein offen erotischer Roman am Rande der Pornographie, ist die Geschichte eines verwaisten Mädchens vom Lande, das nach London kommt, um sich dort zu verdingen, und in einem Bordell landet. Es gelingt ihr, mit einem jungen Herrn namens Charles aus dem Bordell zu entkommen, er entjungfert sie und wird die Liebe ihres Lebens. Selbst als sie gegen ihren Willen getrennt werden und Fanny viele Jahre als Prostituierte zubringt, gehört ihr Herz immer noch ihm. Wie schon viele vor ihm versuchte Cleland den Unterschied zwischen bloßer Lust und wahrer Liebe darzustellen, wobei in diesem Falle Fanny ungeachtet ihrer häufigen Partnerwechsel der Liebe ihres Herzens treu bleibt.

Figuren wie Manon Lescaut, Madame de Merteuil und Fanny Hill weichen deutlich ab von der Darstellung asexueller Frauen, deren Herzen sich von konformistischer Moral leiten lassen. Und wenn wir uns weiter in der offen obszönen Literatur umsehen, von Daniel Defoes *Moll Flanders* (1722) bis zu Marquis de Sades *Justine* (1791), finden wir Frauen, die nicht bereit oder nicht in der Lage sind, auch nur den Anschein sexueller Reinheit zu erwecken.

Insgesamt führte die erotische Literatur des achtzehnten Jahrhunderts zwei Frauentypen vor: Die einen hatten ein reines und liebendes Herz (selbst wenn sie ihre Unschuld verloren hatten), und die anderen hatten sexuelle Begierden wie die Männer. Der französische Arzt und Philosoph Julien de La Mettrie versuchte, diese Dichotomie zwischen Jungfrau und Hure zu vermeiden, indem er argumentierte, dass eine Frau dieselben Bedürfnisse wie ein Mann besitze und dass sie sich sinnlichen Freuden *(volupté)* genau wie ihr männliches Gegenüber hingeben sollte. Sein philosophischer Essay *L'Art de jouir (Die Kunst des Genießens)* widmet sich ausführlich den Vorteilen, die es hat, wenn Mann und Frau jeweils zum Höhepunkt kommen.[181]

Selbst wenn La Mettrie für seinen Materialismus bekannt ist, gebrauchte er doch wieder Herzmetaphern, um die Lust sinnlicher Liebe zu beschreiben. Seine Formulierung »das ganze Wesen liegt im Herzen des Fühlenden« räumt dem Herzen wieder sein Primat nicht nur in Beziehungen zwischen Menschen, sondern auch in unseren Beziehungen mit der natürlichen Welt ein. Das Liebesherz ist empfänglich für die Ausstrahlung anderer Menschen und für die natürliche Umgebung. In den Romanen von Richardson, Rousseau, Prévost und anderen können wir beobachten, wie die Regungen des Herzens die Vorstellungen der Aufklärung vermitteln und schon auf die Romantik vorausweisen.

Es gibt zwei bemerkenswerte Lücken in dieser Geschichte der Frauenherzen im achtzehnten Jahrhundert. Zunächst einmal fehlen die Stimmen von Frauen. Zwar schrieben auch einige englische, französische und andere europäische Frauen empfindsame Romane, aber sie erreichten nicht die Autorität oder Beliebtheit der männlichen Kollegen. Dies soll nicht heißen, dass die Frauen nicht am Diskurs über das Herz beteiligt waren – weit gefehlt. Sie waren die primäre Leserschaft der Romane, sie führten die Salons, in denen die männlichen Schriftsteller präsentiert wurden, und sie nahmen in Wort und Schrift an dem niemals endenden Gespräch über die Liebe teil. Doch im folgenden Jahrhundert wagten sich Autorinnen erfolgreich ins Reich der Romane und Essays vor. Schriftstellerinnen wie Jane Austen, Charlotte Brontë, Emily Brontë und George Sand stellten die von Männern geprägte Hegemonie in der Literatur in Frage und schilderten die Herzensangelegenheiten aus weiblicher Sicht.

Zweitens fehlen visuelle Darstellungen des Herzens. Venus, Amor, mythologische und biblische Gestalten, Könige, Königinnen, Prinzen und Prinzessinnen, Nymphen und Schäferinnen, jugendliche Liebhaber, adlige und bürgerliche Familien und gelegentlich ein Landmann, ganz zu schweigen von Blumenarrangements und Stillleben – all dies waren Motive von Bildern, Zeichnungen und Stichen, die in den europäischen Werkstätten des achtzehnten Jahrhunderts entstanden. Da ich mich recht gut mit Watteau, Boucher und Fragonard und den Rendezvous in ihren bukolischen Szenen und Damensalons auskenne, war ich erstaunt, dass mir kein Bild mit einer Herzdarstellung einfiel. Liebesbriefe, ja. Heimliche Küsse, ja. Schlafzimmerszenen, in denen die Liebenden gerade noch vor dem Eintreten des Ehemanns entkommen. Begehren, das in zarten Frauenkörpern pulsiert, aber kein einziges Herz. Konnte das wahr sein? Gründliche Recherchen brachten mich zu Bouchers Serie *Amours des Dieux*[182], die ein Herzsymbol in dem Körper eines Opfers zeigt, das von Amors Pfeilen getroffen ist. Vermutlich gibt es noch andere Gemälde des achtzehnten Jahrhunderts mit Herzen, doch sie scheinen so rar, dass man sich fragt: Was war mit dem Herzsymbol passiert?

Kapitel 16

Das Herz in der Populärkultur

Während die großen Künstler des achtzehnten Jahrhunderts das Herzsymbol ignorierten und die Wissenschaftler das Gehirn favorisierten, blieben die einfachen Leute dem Herzen weiterhin treu. Die Franzosen schnitzten Herzen in ihre Fensterläden und in die Rückenlehnen von Sesseln und Bänken. Die Deutschen malten Herzen auf Holz- oder Pappkartons, von denen manche als Behältnisse für Liebesbriefe dienten. In der Schweiz stickten junge Mädchen Herzen auf Stoffe, die sie sorgfältig gefaltet in ihre Aussteuertruhen legten, und die Rätoromanisch sprechenden Schweizer verzierten ihre Neujahrsgrüße mit leicht asymmetrischen Herzen, deren Spitze sich nach links bog.[183]

Deutsche Auswanderer brachten das Herzsymbol über den Atlantik nach Amerika, wo es bei den Pennsylvania Dutch beliebt war (*dutch* leitet sich von *deutsch* her und bedeutet nicht etwa *niederländisch*). Zwischen 1750 und 1850 tauchte das Herz in zahlreichen Geburts- und Taufurkunden auf, in Ehe- und Haussegen, Exlibris und sogenannten *Vorschriften*. Diese mit Tinte in Frakturschrift geschriebenen Texte wurden durch Aquarellbilder verschönert.[184]

Der Geburts- und Taufschein in Abbildung 27 ist ty-

ABBILDUNG 27: Unbekannter Künstler, *Geburts- und Taufschein für Maria Catharina Raup*, 1810. Ingres-Papier, Aquarell und Tinte, Free Library, Philadelphia, Pennsylvania.

pisch für dieses Genre. Handgemalt und handgeschrieben und mit einem großen Herzen in der Mitte, beginnt das Dokument mit folgenden Worten: »Diesen beiden Ehegatten, als Daniel Raup und seiner ehelichen Haus-Frau Catharina, eine gebohrene [sic] Schumacherin, ist eine Tochter zur Welt gebohren, Namens Maria Catharina, im Jahr unsers Herrn Jesu 1810, den 29. Tag November um 11 Uhr nachts im Zeichen des Steinbock.« Die Namen von Mutter und Tochter, Catharina und Maria Catharina, stehen in winzigen Buchstaben unter dem Namen ihres Ehemanns und Vaters Daniel Raup, der das Dokument durch Platzierung und Größe dominiert. In den beiden kleinen Herzen unter dem mittleren Herzen finden sich religiöse

Botschaften. Die Inschrift des linken Herzens lautet: »Ich bin getauft, ich steh' im Bunde, / Durch meine Tauf mit meinem GOtt, / So sprech' ich stets mit frohem Munde, / In Creutz, in Trübsal, Angst und Noth. / Ich bin getauft, deß' freu / ich mich, Die Freude / bleibet ewig= / lich.« Und die rechte fährt fort: »Ich bin getauft, ob ich gleich sterbe, / Was schadet mir das kühle Grab?«

Im kolonialen Amerika wurden die Geburtsregister von den Vorständen der Kirchen geführt, in denen jeweils die Taufen stattfanden. Da es keine Behörde für Bevölkerungsstatistik gab, waren die englischsprachigen Kirchenregister sowie die in Deutsch geschriebenen Geburts- und Taufscheine de facto rechtskräftige Dokumente. Nach der Amerikanischen Revolution stieg die Nachfrage nach Frakturdokumenten rapide an, und professionelle Drucker übernahmen die Produktion. Mit seiner langen Geschichte als Symbol der Liebe eignete sich das Herz natürlich gut zur Verschönerung von Geburts-, Tauf- und Heiratsurkunden, ganz gleich, ob sie privat oder professionell hergestellt wurden. In den privaten Registern, die von Familien in Neuengland geführt wurden, bedeutete ein Herzpaar ein verheiratetes Paar, und kleine Herzen stellten ihre Nachkommen dar.[185]

Als im achtzehnten Jahrhundert in Europa und Amerika die Bruderschaften populär wurden, fand das Herz seinen Weg in ihre Ikonographie. Die Freimaurer gebrauchten das Herz als eines ihrer primären okkulten Symbole zusammen mit dem Freimaurerauge, dem Symbol für Gottes alles überblickende Gegenwart. Es ist kaum verwunderlich, dass das Herz allgemein gesprochen für die

ABBILDUNG 28: Unbekannter Künstler, »Herz in der Hand«. Schnitzerei aus einer Odd-Fellows-Loge, neunzehntes Jahrhundert. Holzschnitzerei und Farbe, Privatsammlung. Bildnachweis: Aarne Anton.

Liebe stand, vor allem für brüderliche Liebe. Die Freimaurer waren angehalten, enge Beziehungen mit Gesinnungsgenossen zu pflegen und Nächstenliebe gegenüber den Bedürftigen zu üben, was bis zum heutigen Tag in unterschiedlicher Weise geschieht.

Eine speziell amerikanische Gruppe, der Independent Order of Odd Fellows (IOOF), übernahm das Symbol des Herzens in der Hand als sein offizielles Wappen. Wie die Freimaurer war auch der IOOF eine reine Männerorganisation und basierte auf den Prinzipien brüderliche Liebe, gegenseitige Unterstützung und christliche Werte. In Holz geschnitzt oder in Stoff gestickt, stand das Herz in der Hand für das Motto des IOOF: »Was auch immer die Hand tut, soll das Herz mittun.« Anders gesagt, die Hand sollte sich vom Herzen leiten lassen.

Auch die Shaker, Angehörige einer Freikirche, die im achtzehnten Jahrhundert aus England in den Nordosten der USA einwanderten, waren Anhänger dieses Symbols, gemäß den Worten ihrer Gründerin, »Mutter« Ann Lee: »Widmet eure Hände der Arbeit und eure Herzen Gott.« Bekannt für Arbeitsethos, Reinlichkeit und einfachen Lebensstil begannen die Shaker im neunzehnten Jahrhundert, Möbel und andere Produkte herzustellen, deren klares Design einen dauerhaften Einfluss auf den amerikanischen Stil haben sollte. Privat hielten sie ihre ekstatischen Visionen in Bildern fest, mit auffallend winzigen Schriftzeichen und unterschiedlichen Symbolen einschließlich zahlreicher Herzen. Man braucht Geduld und ein waches Auge für diese komplizierten Dokumente der Shaker-Mädchen und -Frauen, die inspiriert von den Worten der Bibel in der Auslegung von Mutter Ann Lee waren. So wird die Form eines Herzens auf einem »Geisterbild« aus dem Jahr 1849 von folgenden Worten umrandet: »Mein Schatz ist nicht auf Erden, sondern in den fernen Himmeln, wo die Sorgen der Zeit sie nicht finden können. Wenn mein Werk auf Erden getan ist, wie glücklich werde ich in die Arme der Heiligen fliegen, die in den Tagen meiner Jugend über mich gewacht haben, denn sie lieben mich & ich liebe sie & nichts kann uns voneinander scheiden.«[186]

Diese einzigartigen Shaker-Bilder waren voller Herzen,

Blumen, Blattwerk, Weinlaub, Bäume, Federn, Vögel, Äpfel, Monde, Sonnen, Schriftrollen, Leiern, Häuser, Augen und Gesichter, und man glaubte, dass sie eine übernatürliche Herkunft hätten und jeder sie für sich bewahren oder anderen Mitgliedern der Gemeinde schenken sollte. Zwar endete dieser Brauch in den 1850er-Jahren, aber einige Hundert sind erhalten und in Museen der Shaker-Kultur oder in Ausstellungen zu sehen.

Auch die Mormonen, eine weitere amerikanische religiöse Sekte, nahmen das Herz in ihre Ikonographie auf. Ihre Aufmerksamkeit für das Herz wurde aus einem Absatz der Bibel abgeleitet, in dem der Prophet Elias vorhersagt, der Herr werde das »Herz der Väter ihren Kindern zuwenden und das Herz der Kinder ihren Vätern« (Mal. 3,24) In den Abbildungen der Mormonen wurde das Herz als Symbol der Liebe mit Schlüsseln, dem Symbol für patriarchale Autorität, gepaart.[187] Diese Vorstellung, nach der die Herzen der Väter mit den Kindern verbunden waren, überging einfach die Rolle der Mutter.

In der amerikanischen Volkskunst des neunzehnten Jahrhunderts taucht das Herzsymbol häufiger als je zuvor auf. Man gestaltete praktisch alles in Herzform, von Muffinformen und Plätzchenausstechern bis zu Butterpressen, Hutschachteln, Schnupftabakdosen, Andenkendosen, Nadelkissen, Spiegelrahmen, Metalluntersetzern und Schlössern. Herzen wurden auf Truhen und Schränke gemalt, in Wiegen und Stuhllehnen geschnitzt, auf Tonkrüge geprägt, in Glas gepresst, in Quilts genäht und in Teppiche geknüpft. Sie waren und sind bis heute auch beliebt auf Pferdezaumzeug.[188]

Lebte eine Braut in Virginia oder North Carolina, erhielt sie manchmal mit Herzen geschmückte Körbe, die zum Aufbewahren der Haushaltsschlüssel dienen sollten. Es war ein bedeutsames Geschenk, sollte es doch die neue Rolle der Braut als Hausfrau und Eigentümerin der Schlüssel betonen. Diese kleinen Körbe waren meist aus Kuh- oder Schweinehaut gefertigt und stabil genug, um ein Leben lang zu halten. Manchmal taucht heute bei einer Auktion ein solches Stück auf und erzielt eine hübsche Summe von zehn- bis zwanzigtausend Dollar.

Viele Herzen waren Ausdruck von Freundschaft, besonders zwischen Freundinnen, die in der amerikanischen Kultur des neunzehnten Jahrhunderts fast ebenso hoch geschätzt wurde wie die romantische Liebe.[189] Herzen, die für liebevolle Gefühle standen, tauchten auf den Seiten von Tagebüchern, Poesiealben, Einladungen, Feriengrüßen und natürlich in Valentinsgrüßen auf.[190]

Im neunzehnten Jahrhundert tauchte das Herz auch auf amerikanischen Friedhöfen auf, abhängig von Religion, Ethnie und Grab der Verstorbenen. Kalifornien gehörte zu den Staaten im Westen, wo man das Herz auf Grabsteinen, zumeist für ein verheiratetes Paar, einführte. Auf dem ländlichen Friedhof von Santa Rosa zieren Doppelherzen das Grab von Flora und George Buckmaster, und ein einzelnes Herz erinnert an das Leben von J. J. und Catherine Bower. Als ich vor einigen Jahren wegen der Arbeit an einem Buch über amerikanische Friedhöfe mit meinem Sohn Reid, einem Fotografen, durch die Vereinigten Staaten reiste, entdeckten wir im kalifornischen Colma einen griechisch-amerikanischen Grabstein, der eine herzzerreißende Geschichte erzählt, die zu jener

ABBILDUNG 29: Reid Yalom, *Grabstein mit drei Herzen*, Griechischer Friedhof, Colma, Kalifornien, 2008. Digitaldruck.

Zeit für viele Familien typisch war: Mutter, Vater und ihr Sohn, der mit einundzwanzig Jahren als Soldat im Zweiten Weltkrieg gefallen war, werden von einem Herzen eingefasst.[191]

Die Amerikaner verbindet eine lange Liebesaffäre mit dem Herzen. Von den Kolonialzeiten bis in die Gegenwart zierte das Herz eine Fülle von Alltagsgegenständen, so wie es einer demokratischen Gesellschaft entsprach. Das Herz ist nicht mehr einer Elite vorbehalten, sondern gehört nun allen. Wir berufen uns darauf, um unsere tiefsten Gefühle zum Ausdruck zu bringen, von der Liebe bis zur Trauer. Bei Schicksalsschlägen symbolisiert es unser gebrochenes Herz und unser Mitgefühl mit anderen.

Doch seit seiner Entstehung im Mittelalter repräsentiert

das Herzsymbol weiterhin vor allem den unbeschreiblichen Reiz der Verliebtheit und seit etwa 1800 unsere gemeinschaftliche Überzeugung, dass die Liebe das wesentliche Kriterium bei der Partnerwahl sein sollte.

Kapitel 17

Herzen und Hände

»Ich könnte niemandem meine Hand schenken, ohne dass mein Herz dabei wäre.«

Diese Worte schrieb die junge Amerikanerin Eliza Chaplin 1820 an eine Freundin. Die Bedeutung von »Herz und Hand« musste Eliza nicht erklären, denn in ihrer Zeit und ihrer Region wusste jeder, dass »Herz« Liebe und »Hand« Heirat bedeutete.[192] Ungeachtet aller Veränderungen, die das »Herz«-Motiv seit Beginn der Zeitrechnung durchlaufen hat, war man sich in der westlichen Welt zu Beginn des neunzehnten Jahrhunderts einig, dass für eine glückliche Ehe das »Herz« unverzichtbar war.

Lassen Sie die Worte von Eliza Chaplin einen Moment auf sich wirken. Sie klingen für uns heute ziemlich normal, und vor dem Hintergrund der in diesem Buch dargestellten Geschichte wirken sie wenig überraschend. Aber warum steht die »Hand« in der westlichen Welt für die Ehe? Diese Frage führt uns ins antike Rom zurück, wo die Brautjungfer (*pronuba*) die rechte Hand der Brautleute zusammenführte und die Braut den Ehering entgegennahm, den sie dann während ihrer gesamten Ehe tragen würde. Manchmal waren in den Ring auch zwei gefasste Hände eingraviert, die für den Ehevertrag stehen sollten.

Die Hand als Ehesymbol war sogar im Gesetz verankert. Bei den Römern gab es zwei Arten von Ehe: die Ehe *cum manu* und die Ehe *sine manu* – im wörtlichen Sinn »mit der Hand« und »ohne Hand«. Das Erstere bedeutete, dass eine Frau Mitglied der Familie ihres Mannes wurde und seiner Autorität unterstellt war. Das Letztere bedeutete, dass eine Frau auch nach ihrer Hochzeit weiter unter der Obhut ihres Vaters stand und ihre vorehelichen Erbrechte behielt. Selbst wenn es diese speziellen Formen der Ehe nicht mehr gibt, hat sich bei den westlichen Nachfahren des Römischen Rechts das Symbol der Hände in der Ehe mehr als zweitausend Jahre lang erhalten. Das Bild von zwei gehaltenen Händen wurde zum Zeichen für eine harmonische Gemeinschaft, mochte es nun in einen deutsch-jüdischen Ehering eingeprägt, in die Mitte eines italienischen Majolika-Tellers des sechzehnten Jahrhunderts gemalt oder in einen amerikanischen Grabstein des neunzehnten Jahrhunderts eingemeißelt sein.

Das »Händegeben« gehörte auch zu einem Verlobungsritual, das in England bis Mitte des achtzehnten Jahrhunderts und in Schottland bis ins zwanzigste Jahrhundert hinein üblich war. Bei der Zeremonie, die oft im Freien stattfand, gaben sich die beiden Verlobten die Hand und erklärten, dass sie einander als Ehepartner annahmen. Mit oder ohne Zeugen war es ein verbindlicher Vertrag und für viele das Äquivalent einer Eheschließung. Eine richtige kirchliche Trauung fand normalerweise innerhalb von sechs Monaten statt, und da war die Braut oft schon – in zwanzig bis dreißig Prozent der Fälle – schwanger.[193]

In der Kirche pflegte man ein ähnliches Ritual für das Brautpaar. Das anglikanische Gebetbuch aus dem Jahr 1552 betonte ausdrücklich, dass sich die Braut und der Bräutigam bei der Trauzeremonie die Hände geben und sie nur bei der Übergabe eines Rings lösen sollten: »Der Mann soll der Frau einen Ring geben … um ihn der Frau an den vierten Finger der linken Hand zu stecken. Und der Mann hält den Ring fest … und erklärt: ›Mit diesem Ring heirate ich dich, mit meinem Körper verehre ich dich und mit all meinen weltlichen Gütern beschenke ich dich.‹« Wunderschöne Worte, die uns noch heute anrühren, wenn wir sie bei einer Hochzeit hören!

Man mag sich fragen, warum Eliza Chaplin so nachdrücklich betont, dass sie ihre Hand niemandem ohne ihr Herz schenken würde. Die Antwort ist, dass in der ganzen dokumentierten Geschichte die Liebe kaum je eine Voraussetzung für die Ehe war. Vielmehr zählten familiäre Beziehungen, Besitz, gesellschaftliche Stellung und Religion in den meisten Epochen und an den meisten Orten wesentlich mehr als die Liebe. Im alten Rom wurde die Ehe eines Mädchens von ihrem Vater arrangiert, und es gab gar keine Gelegenheit, sich vor der Hochzeit zu »verlieben«. Allerdings musste sie den Eltern ihre Zustimmung geben, damit die Ehe rechtskräftig wurde. Der Hauptzweck des Ehestands war es, Kinder zu zeugen. Wenn die Ehepartner zärtliche Gefühle füreinander entwickelten, umso besser. Wenn nicht und wenn der Ehemann mit der Ehe unzufrieden war, war eine Scheidung – zumindest für den Mann – ziemlich leicht. Die Frauen hingegen durften diese nicht einreichen.

Im Mittelalter übernahm allmählich die katholische Kirche die Rechtsprechung für die Ehe. Seit dem Jahr

1139, als die Ehe zum Sakrament erklärt wurde, galt neben Monogamie, Unauflösbarkeit der Ehe und Fortpflanzung auch die beiderseitige Einwilligung als unabdingbar. Natürlich bedeutete beiderseitige Einwilligung keineswegs Liebe. Wie wir am Hof von Marie de Champagne gesehen haben, wurde die Möglichkeit ehelicher Liebe zwischen Adeligen tatsächlich für äußerst unwahrscheinlich gehalten. Was die restliche Bevölkerung im europäischen Mittelalter angeht, so lassen sich keine klaren Aussagen treffen. Dennoch würde ich nach meiner lebenslangen Beschäftigung mit dem Mittelalter die Behauptung wagen, dass die meisten Ehen Zweckehen waren und dass gegenseitige Zuneigung nicht das erste – und vielleicht nicht einmal das letzte – Kriterium für eine Eheschließung war.

Doch wann genau wurde die Liebe zur vorrangigen Grundlage der Ehe? Seit etwa 1600 basierte eine kleine, aber wachsende Anzahl von Ehen auf Liebe. In England hatte dieser neue Geist mit der Reformation zu tun. Die anglikanischen Geistlichen begannen von ihren Kanzeln außer Gemeinschaftssinn, gegenseitiger Unterstützung und natürlich Nachkommenschaft die Freuden der ehelichen Liebe zu betonen. Und in weniger heiligen Hallen verlieh das Shakespeare'sche Theater dem leidenschaftlichen Begehren eine Stimme, und Männer und Frauen priesen die erotische Liebe höher als andere Erwägungen, womit sie manchmal bei der Wahl des Ehepartners den Zorn ihrer Eltern riskierten. Zweihundert Jahre vor Eliza Chaplin erkannte Shakespeare, dass Herz und Hand dazugehörten, wenn ein befriedigender Bund geschlossen werden sollte. Mit großer Selbstverständlichkeit erklärt Julia, nachdem der Priester sie mit Romeo getraut hat: »Gott fügt' in eins mein Herz und Romeos, / die Hände du …«[194]

Selbst die katholische Kirche berücksichtigte im Zuge der Gegenreformation die neue Rolle der ehelichen Liebe. Als Reaktion auf den Druck, den unglückliche Ehen Menschen auferlegten, lockerte sie einige Aspekte der Ehegesetze. Eheregister aus dem späten sechzehnten und frühen siebzehnten Jahrhundert zeigen, dass Männer und Frauen ihre unglücklichen Ehen annullieren konnten mit der Begründung, dass einer der beiden Ehepartner von der Familie in den Ehestand gedrängt worden war. Gesuche um Annullierung begannen mit der Formel »Ich habe mit dem Mund ja gesagt, aber nicht mit dem Herzen«, was implizierte, dass nur die Zustimmung des Herzens einer Ehe Gültigkeit verlieh.[195]

Französische Stücke des siebzehnten Jahrhunderts, vor allem die Komödien von Molière, lassen ebenso wie *Clarissa* und andere englische Romane des achtzehnten Jahrhunderts vermuten, dass es immer wieder elterlichen Widerstand gegen die Liebesbeziehungen ihrer Kinder gab. Doch am Ende des achtzehnten Jahrhunderts war die Liebe das wichtigste Kriterium für Eheschließungen geworden, wenngleich auch sozioökonomische Erwägungen dabei eine wichtige Rolle spielten. Diese Entwicklung lässt sich an der Geschichte der Partnersuchanzeigen in britischen Zeitungen ablesen.[196]

In der ersten bekannten Anzeige, 1695 veröffentlicht, erwartete ein anspruchsvoller Gentleman in erster Linie Wohlstand von seiner zukünftigen Frau. Frühe Annoncen verlangten bei ihrer Suche nach einer Frau ganz explizit

»ein Vermögen von etwa 3000 [Pfund]«. Man mag solche Anzeigen ungewöhnlich kommerziell finden, aber tatsächlich war ja das Vermögen eines Menschen meist wohlbekannt, und in der Zeitung wurde oft am Ende einer Heiratsanzeige die Summe veröffentlicht, die eine Frau in die Ehe einbrachte. Doch gemäß den Vorbildern in den Romanen der Empfindsamkeit wurde seit der Mitte des achtzehnten Jahrhunderts romantischer Liebe ein höherer Stellenwert eingeräumt als praktischen Erwägungen. In der zweiten Hälfte des achtzehnten Jahrhunderts verliehen die Anzeigen von Männern immer häufiger der Hoffnung Ausdruck, eine Frau mit einem »empfindsamen« oder »zärtlichen« Herzen zu finden, Eigenschaften, die man für spezifisch weiblich hielt, auch wenn manche Männer ihr eigenes Herz als »voller Zuneigung, Empfindsamkeit und Zartgefühl« beschrieben.

Um 1700, als die ersten Heiratsanzeigen veröffentlicht wurden, brachten die Iren mit dem Claddagh-Symbol das Bild von Herz und Hand auf, das gut auf Ehe- und Verlobungsringe passte. Diese Ringe, die in dem Fischerdorf Claddagh bei Galway gefertigt wurden, zeigten ein Herz zwischen zwei geöffneten Händen, die Freundschaft bedeuten sollten, und darüber eine Krone, die für Treue stand. Das Victoria and Albert Museum in London besitzt einen frühen Claddagh-Ring aus emailliertem Gold mit den eingravierten Worten: »Dudley & Katherine vereint am 26. März 1706«. Im neunzehnten Jahrhundert wurden Claddagh-Ringe immer beliebter, und sie werden auch heute noch in Irland gefertigt.

Ringe, Ohrringe, Anhänger und Kristallschmuckkästchen mit dem Claddagh-Symbol erfreuen sich großer Beliebtheit. Besonders elegant sind Unisex-Eheringe, auf denen das Claddagh-Herz mit dem keltischen Ewigkeitsknoten kombiniert ist – als Ausdruck ewiger Liebe und irischer Identität.

Herzen und Hände sind Leitmotive in Jane Austens Roman *Stolz und Vorurteil* (1813), wo Herzensregungen und eine neue Vorstellung von Ehe im englischen Landadel thematisiert werden. Angefangen mit dem berühmten ersten Satz – »Es ist eine allgemein anerkannte Tatsache, dass ein alleinstehender Mann im Besitz eines Vermögens auf der Suche nach einer Frau sein muss.«[197] – zeigt Austen mit spitzer Feder die ehelichen Ambitionen, Erfolge und Misserfolge der Familie Bennet, bestehend aus zwei schlecht zusammenpassenden Eltern in mittleren Jahren und fünf heiratsfähigen Töchtern. Selbstverständlich verlieben sich die Menschen vor der Ehe oder finden einander zumindest attraktiv, aber natürlich spielen hier bei der Wahl des Ehepartners auch Geld und gesellschaftlicher Stand eine entscheidende Rolle.

Entsprechend äußert sich auch der Protagonist Darcy, als er um Elizabeth Bennets Hand anhält. Nachdem er erklärt hat, wie sehr er sie bewundert und liebt, fügt er sofort hinzu, dass es »Empfindungen jenseits derer des Herzens« gebe, die er erwähnen müsse. Diese Empfindungen haben vor allem mit dem großen gesellschaftlichen Unterschied zwischen den beiden zu tun: Er ist äußerst wohlhabend und aus gutem Hause, während sie aus vergleichsweise bescheidenen Verhältnissen stammt. Und dann ist da noch das Problem der Familie: Besonders

Elizabeths Mutter und ihre jüngere Schwester Lydia besitzen nicht das Format, das Darcy von seinen angeheirateten Verwandten erwartet. Dennoch hält er um Elizabeths Hand an und hofft, dadurch belohnt zu werden, »dass sie seine Hand annähme«.

Wie jeder Jane-Austen-Fan weiß, lehnt Elizabeth zuerst sein Angebot ab. Von Anfang an findet sie seinen »Stolz« anmaßend und verschanzt sich hinter ihrem »Vorurteil«. Es bedarf des ganzen Romans, bis die beiden erst sich selbst und dann einander ihre innersten Sehnsüchte offenbaren. Auf ihrem dornigen romantischen Weg werden wir Zeugen diverser anderer Beziehungen, in denen Wünsche nach Liebe und Geld miteinander konkurrieren. Wie Darcy und Elizabeth folgen schließlich auch Jane Bennet und Mr Bingley der Stimme des Herzens und lassen sich auf eine viel versprechende Ehe ein, die auf gegenseitiger Liebe basiert – und auf seinem Besitz. Elizabeths enge Freundin Charlotte Lucas dagegen nimmt den Antrag des Geistlichen Mr Collins an, ohne dass von Liebe die Rede sein kann, denn, wie sie zu Elizabeth sagt: »Ich bin nicht romantisch … Alles, was ich will, ist ein angenehmes Zuhause.«

Ihre Ehe ist zu ewiger Eintönigkeit verdammt. Und Lydia, die frivole jüngere Schwester, brennt mit dem Schurken Wickham durch, ohne zuvor auf einer Heirat zu bestehen, wird aber glücklicherweise durch die Interventionen ihres Onkels und Darcys vor der Schande bewahrt. Lydia hat nichts aus der schlechten Ehe ihrer Eltern gelernt, die lediglich auf körperlicher Anziehung basierte und schon bald zu gegenseitiger Enttäuschung führte.

Wie also kommt nach Jane Austens Meinung eine

erfolgreiche Ehe zustande? Das Liebesherz muss sicherlich beteiligt sein, wenn sich Männer und Frauen die Hände zum Ehebund reichen, doch das Herz allein genügt nicht. Darcys Freund Colonel Fitzwilliam formuliert es ganz unverblümt: »Es gibt nicht viele in meiner Stellung, die es sich erlauben können zu heiraten, ohne dabei ihr Augenmerk auf das Geld zu richten.« Und selbst Liebe und Geld reichen möglicherweise nicht aus, um Harmonie in der Ehe zu gewährleisten, wie Austens Protagonisten sie sich wünschen. Intelligenz, Witz, Freundlichkeit, Mitgefühl und gegenseitiger Respekt – all dies sind Eigenschaften, die ihre am besten zusammenpassenden Paare auszeichnet.[198]

Austen räumt ein, dass sich sogenannte Liebesgefühle nicht genau bestimmen lassen und dass sie uns ebenso leicht aus der Bahn werfen wie die Basis für eheliches Glück sein können. Mit ihrer skeptischen Liebesauffassung ist Austen keine Romantikerin. Und doch spielt für sie die Liebe oder zumindest Zuneigung (ein schwächeres Gefühl als die Liebe) eine wesentliche Rolle als Voraussetzung einer Ehe. Austens Heldinnen reichen ihren Auserwählten Hand und Herz in der Hoffnung, dass ihre Ehemänner ihre emotionalen Bedürfnisse befriedigen und für ihr materielles Auskommen sorgen werden. Nur selten erfahren wir, wie es weitergeht, denn viele britische Romane enden mit der Hochzeit.

Im Jahrhundert davor hatten wichtige britische Schriftsteller, einschließlich Fielding und Richardson, Liebesromane aus einer männlichen Sicht geschrieben. Aber nun gelang es Jane Austen und einigen wenigen Zeitgenossinnen erstmals, mit ihren Romanen über Liebe und Ehe in die Spitzenklasse der britischen Literatur aufzusteigen. Später in diesem Jahrhundert standen dann Charlotte Brontë, Emily Brontë und George Eliot gleichberechtigt neben Dickens, Trollope und Thackeray. Diese Autorinnen machten der Leserschaft bewusst, wie gleichermaßen wichtig Herz und Hand sind, denn während ein Mann das Leben als Junggeselle allein meistern konnte, war die Frau meist abhängig von einem Ehemann, der ihr eine Position in der Gesellschaft und ein Dach über dem Kopf garantierte. Für die meisten Frauen war die Ehe nicht eine unter mehreren Möglichkeiten; sie war die einzige Möglichkeit. Wenn eine Frau unverheiratet blieb, musste sie mit finanziellen Härten und einer Existenz am Rande der Gesellschaft rechnen, sofern sie nicht aus einer prominenten und vermögenden Familie stammte – und selbst dann wurde sie wahrscheinlich beim Dinner am Ende des Tisches platziert. Aber auch verheiratete britische und amerikanische Ehefrauen mussten sich damit abfinden, dass ihre Beziehungen kaum je gleichberechtigte Partnerschaften waren.

Laut dem Gesetz besaß die Ehefrau praktisch keine Rechte. In Sir William Blackstones *Commentaries on the Laws of England* (1765–1769), welche die Grundlage für das Eherecht in England und Amerika bildeten, klang das folgendermaßen: »Der Ehemann und die Ehefrau sind eine Rechtsperson: Das heißt, das Dasein oder die legale Existenz der Frau ist während der Ehe aufgehoben oder zumindest mit der des Ehemanns zusammengelegt.« Eine gängige Redewendung lautete: »Ehemann und Ehefrau sind eine Person, und diese Person ist der Ehemann.«

Im Hinblick auf den materiellen Besitz ließ das Gesetz keinen Zweifel an den Eigentumsverhältnissen. »Das persönliche Eigentum einer Frau wird durch die Ehe ausnahmslos zu dem ihres Ehemanns.« Dies bezog sich auf alles, was die Frau vor der Ehe besaß und was sie als Ehefrau verdiente. Was die Kinder anging, so hatte der Mann per Gesetz das Sorgerecht.[199] Verwitwete die Frau, ging ein Drittel des Nachlasses ihres Mannes an sie. Hielt der Mann um die Hand einer Frau an, hieß dies für sie, sich vollkommen seiner Macht anzuvertrauen. Natürlich hoffte man, dass die Liebe die Ecken und Kanten der juristischen Vorschriften mildern und die Ehe mit gegenseitiger Achtung erfüllen würde, sodass Frauen und Männer sich, mit den Worten von Charlotte Brontës Jane Eyre, nach zehn Jahren Ehe »äußerst gesegnet« fühlen würden.

Während es als selbstverständlich galt, dass die herrschende Hand in der Ehe die des Ehemanns war (er hatte sogar das Recht, seine Gattin zu schlagen, solange es sich um eine »angemessene Züchtigung« handelte), war das Herz zunehmend Sache der Frau. Diese getrennten Einflussbereiche kamen in dem Gedicht »The Princess« des viktorianischen Dichters Alfred Tennyson deutlich zum Ausdruck:

Der Mann fürs Feld und die Frau für den Herd:
Er für das Schwert und für die Nadel sie:
Er mit dem Kopf und sie mit dem Herz:
Er befiehlt und gehorchen muss sie:
Sonst gibt es doch nur Verwirrung.[200]

Dieser geschlechtsspezifische Unterschied sprach dem »männlichen« Verstand Autorität über das »weibliche« Herz zu und vergrößerte somit bereits im siebzehnten Jahrhundert die Trennung zwischen Verstand und Herz. Nach den Exzessen der Romantik, jener kulturellen Bewegung, die die ganze soziale Ordnung erschütterte, versuchten viktorianische Denker und Schriftsteller wie Tennyson, die traditionellen Normen wiederherzustellen.

Kapitel 18

Romantik oder die Herrschaft des Herzens

Beim Schreiben eines Buches ergeben sich unerwartete Ereignisse, die die eigenen Gedanken fokussieren und die Essenz dessen, was man sagen will, auf den Punkt bringen. Ein solches Ereignis erlebte ich im Herbst 2016, als ich in der Pariser Oper Bellinis *Norma* sah. Mit der großartigen Cecilia Bartoli in der Titelrolle verlieh das ganze Ensemble den Gefühlsturbulenzen aufgewühlter Herzen eine leidenschaftliche Stimme. Die vorwiegend erotischen, aber auch mütterlichen, väterlichen, schwesterlichen, brüderlichen, patriotischen und rächenden Gefühle, die in *Norma* in exzessiver Form zum Ausdruck kommen, konnte nur ein zutiefst in der Romantik verwurzelter Künstler entfesseln.

Der Komponist Vincenzo Bellini und sein Librettist Felice Romani waren Italiener, doch der Geist, der *Norma* beflügelte – ein überwältigender Glaube an den Vorrang des Gefühls –, war ein gesamteuropäisches Phänomen. Angefangen mit der zweiten Hälfte des achtzehnten Jahrhunderts und bis in die erste Hälfte des neunzehnten Jahrhunderts hinein kehrten Autoren wie Rousseau, der junge Goethe und Novalis; Wordsworth, Coleridge, Keats, Shelley und Byron; Alphonse de Lamartine, Victor Hugo,

George Sand, Théophile Gautier, Alexandre Dumas und Alfred de Musset der Aufklärung den Rücken und verschrieben sich bedingungslos dem Gefühl, vor allem der Liebe. Beim Zuschauen und Zuhören war ich hingerissen von dem Gefühlssturm, der in *Norma* auf der Bühne entfesselt wird. Gefühle, die mir aus dem Theater kaum bekannt waren, gingen mir zu Herzen und rührten mich zu Tränen. In der Pause und auch am Ende waren meine französischen Freunde und ich uns einig, dass dieses Erlebnis *bouleversant* (überwältigend) war. An den eindringlichsten Stellen der Oper unterstrich das italienische Wort *cor* (Herz) die Botschaft der Musik.

Als ich später das Libretto las, überraschte es mich nicht, dass das *Herz* hier das Schlüsselwort für die Hauptfiguren ist. Ort der Handlung ist das mythische Gallien, das von römischen Soldaten belagert ist. Anfangs bekennt der römische Protagonist Pollione seinem Freund Flavio, dass er Norma, die Hohepriesterin der Druiden, nicht mehr liebt. In seinen Worten ist Norma ein Name, »der mir das Herz erstarren lässt«.[201] Er kann seine Verpflichtung ihr gegenüber nicht mehr einhalten, obwohl sie seine Geliebte war und die Mutter seiner beiden Kinder ist, was ihren Untertanen nicht bekannt ist. Inzwischen liebt er eine andere, die Priesterin Adalgisa.

Norma hält die Gallier davon ab, Pollione und seine römischen Truppen anzugreifen, und gesteht sich selbst ein: »Aber das Herz bringt es nicht über sich, ihn zu bestrafen.« Dabei ahnt sie bereits, dass er sie verlassen hat. Als die junge Adalgisa die Bühne betritt, appelliert auch sie an das Herz. Das ihre hat Pollione auf den ersten Blick gewonnen. Jetzt wartet sie auf ihn, wobei der Gedanke an seinen *caro aspetto* (lieben Anblick) und seine *cara voce* (liebe Stimme) ihr Herz beglückt. Somit zeigen sich bei den drei Protagonisten drei sehr unterschiedliche Herzen, jedes in Liebe entflammt und jedes im Konflikt mit den anderen.

Vielleicht wundern sich manche Leser dieses Buches, warum ich so viel Aufhebens um *Norma* mache. Ohne die Musik, die mich hier unterstützen könnte, fällt es mir schwer, den gewaltigen Eindruck dieser Oper zu vermitteln. Doch: »Ich muss Worte gebrauchen, um mit dir zu sprechen« (so T. S. Eliot in »Fragment of an Agon«), und so werde ich nun versuchen zu erklären, warum *Norma* einen Höhepunkt in der Geschichte des Liebesherzens darstellt.

Pollione appelliert an Adalgisas Herz in dem Bemühen, sie von ihren Keuschheitsgelübden als Dienerin im Tempel abzubringen: »Dein Herz hat sich mir geschenkt ... Hörst du nicht die Stimme im Herzen sprechen ...?« Er möchte sie überzeugen, dass die Liebe, die sie empfindet, heiliger ist als ihre religiöse Verpflichtung.

In einer äußerst ironischen Szene offenbart Adalgisa der Oberpriesterin Norma ihre Gefühle und bittet ihre Mentorin um Rat: »Rette mich vor meinem Herzen.« Norma erkennt ihre eigene Geschichte in der von Adalgisa wieder und fühlt zuerst mit ihr, bis sie erfährt, dass Adalgisas Geliebter kein anderer ist als Pollione. In ihrem Zorn entfahren ihr die Worte: »So wie der Ruchlose mein Herz / getäuscht hat, so hat er deines betrogen.«

Weniger begnadete Künstler als Bellini und Romani hätten den Plot auf Eifersuchtsausbrüche zwischen den beiden Frauen beschränkt. Gewiss haben Männer im Laufe der Geschichte zwei Frauen im Streit oftmals als monströse Rivalinnen dargestellt. Aber *Norma* ist keine herkömmliche Dreiecksgeschichte; vielmehr verbünden sich Norma und Adalgisa gegen Pollione. Sie sehen einander als Gleichgesinnte an und schwören, gegen ein schändliches Schicksal anzukämpfen. Gemeinsam singen sie: »Mit dir werde ich dem Schicksal / zum Trotz ausharren, / solange ich dein Herz / an meinem Herzen schlagen fühle.« Eine wahrhaft erstaunliche Wendung für eine Oper: Zwei Frauen – und nicht Mann und Frau – bekennen, dass ihr Herz füreinander schlägt. Das romantische Herz ist hier für einen Augenblick in der Lage, heterosexuelle Liebe auf schwesterliche Liebe auszuweiten.

Und dies ist noch nicht alles. Die aufständischen Gallier singen davon, dass ihre Herzen von Wut auf den römischen Unterdrücker erfüllt sind und wie sie ihren Zorn bezähmen müssen, bis die Zeit der Rache gekommen ist. Das Herz, in erster Linie der Sitz der Liebe, kennt auch Zorn und Hass, wenn dies den Umständen entspricht. Das menschliche Herz ist ein Treibhaus brodelnder Gefühle, die sich alle entladen wollen.

Im Verlauf des letzten Aktes werden sich diese Konflikte dann lösen. Norma erhebt sich zu ihrem großen tragischen Auftritt, wenn sie Pollione vorwirft: »… was für ein Herz du getäuscht und verloren hast.« Sie identifiziert sich vollkommen mit ihrem Herzen: Ihr Herz ist, wer sie ist. Und Pollione erkennt reuevoll, wie beeindruckend diese »erhabene Frau« ist, als sie den Galliern ihren Verrat gesteht, um dann gemeinsam mit Pollione den Scheiterhaufen zu besteigen.

Die Romantik war eine Bewegung, die das Herz als den eigentlichen Hort der Liebe und der Wahrheit würdigte. Der Glaube an das Herz wurde in der ersten Hälfte des neunzehnten Jahrhunderts zum Credo zahlloser Menschen, ob sich dies nun künstlerisch in Opern, Dramen, Lyrik, Prosa oder in leidenschaftlichem Verhalten äußerte.

Die komplizierte Beziehung, die der Dichter Lord Byron zum Herzen hatte, zeigt sich in seinem Leben wie in seinem Werk. In seinem viel zitierten Gedicht aus dem Jahr 1810 wendet er sich an ein junges Mädchen, in das er sich in Griechenland verliebt hat:

Attisch Kind, ich scheid' von dir,
Gib zurück mein Herze mir!
Oder da es einmal dein,
Wahr's und nimm, was jetzt noch mein! [202]

Dieses hübsche Gedicht, Generationen von Schulkindern bekannt, basiert auf der konventionellen Metapher vom Dichterherzen, das die Geliebte geraubt hat. In seinem berühmten Gedicht »Sie wallt in Schönheit wie die Nacht« spricht Byron nicht von seinem Herzen, sondern von ihrem – das rein und unschuldig ist:

Und auf der Wange, die so blüht,
Und auf der Stirne steht geschrieben,
Im Lächeln, das ins Herz uns glüht,
Daß sie nur voll von Tugendtrieben,
Daß mild und friedlich ihr Gemüt,
Und Unschuld atme nur ihr Lieben.

Doch sein eigenes Herz wurde dieser Liebe müde, und 1817 im italienischen Exil brachte Byron dieses Gefühl unter dem Titel »Wir wollen nicht gleich Dieben« zum Ausdruck.

Wir wollen nicht gleich Dieben,
Herumziehn in der Nacht,
So sehr wir uns auch lieben,
So hell des Mondes Pracht.

Das Schwert durchwetzt die Scheide,
Die Seele reißt die Brust,
Ruh' braucht des Herzens Saite
Und selbst die Liebeslust.

Ist auch die Nacht zum Lieben
Und kehrt der Tag so bald,
So wollen nicht gleich Dieben
Wir nächtlich ziehn im Wald.

In dieser Lebensphase hatten wechselnde Liebesaffären mit Frauen und Männern Byron bereits den skandalösen Ruf eingebracht, für den er bis heute bekannt ist. Doch über sein Genie konnte man nicht hinwegsehen. Als die Strophen seines großen satirischen Poems »Don Juan« erschienen, verteufelten ihn einige Zeitgenossen als hoffnungslosen Fall, während andere ihn als Meister der Romantik priesen. Sir Walter Scott meinte, dass dieser Künstler »alle Themen des menschlichen Lebens aufgenommen und jede Saite der göttlichen Harfe zum Klingen gebracht hat, von den zartesten bis zu den kraftvollsten und herzzerreißendsten Klängen.«[203]

Scott war ein Experte für die Literatur des Herzens. Seine zwischen 1814 und 1832 verfassten Waverley-Romane waren voller Liebesgeschichten, angesiedelt im Mittelalter und in der schottischen Geschichte, und sechzehn von ihnen dienten später als Vorlagen für Opernlibretti. In *The Bride of Lammermoor (Die Braut von Lammermoor)*, einem seiner damals bekanntesten Werke, wird die Geschichte von Lucie Ashton und Edgar Ravenswood erzählt, die heimlich Ringe tauschen und sich die Ehe versprechen, was aber dann von ihrer Familie verhindert wird. Als sie gezwungen wird, ihre Verlobung zu lösen und den wohlhabenden Sir Arthur Bucklaw zu heiraten, stürzt sie in eine tiefe Depression. An ihrem Hochzeitsabend verfällt sie in Wahnsinn, ersticht den Bräutigam und stirbt selbst.

Dieser Stoff ist heute eher aus Donizettis tragischer Oper *Lucia di Lammermoor* bekannt. Mit diesem 1835 uraufgeführten Werk wurde Donizetti über Nacht zum berühmtesten Belcanto-Komponisten Italiens. Die Bilderwelt des Herzens tritt in *Lucia* nicht so prominent zutage wie in Bellinis *Norma*, aber wenn die beiden Liebenden auftreten, wird unweigerlich das Herz beschworen. Nachdem Edgard seinen jahrelang gehegten Zorn auf Lucias Familie zum Ausdruck gebracht hat, erklärt er ihr: »Doch ich sah dich und schnell entschwunden / war der Zorn, der mein Herz entflammte / Es entfloh'n die Rachegeister …«. Und sie antwortet: »Weichen mögen die anderen Triebe, / dich entflamme nur die Liebe.« Im Herzen bleibt die Liebe, selbst wenn der Zorn es aufwühlt.

Der Zusammenprall von liebendem und erzürntem Herzen führt in *Lucia di Lammermoor* zu jener Grundspannung, die in der berühmten Wahnsinn-Szene kulminiert, wenn Lucia nach der Tötung ihres Ehemanns erscheint. Diese Szene, gesungen von einigen der größten Sopranistinnen wie etwa Joan Sutherland und Maria Callas, zeigt die Protagonistin im wörtlichen Sinn »im Liebeswahn«. Im richtigen Leben hat ein psychischer Zusammenbruch viele komplexe biologische Gründe, und »Liebeswahn« findet sich in keinem psychiatrischen Diagnosehandbuch, aber Literatur, Oper und bildende Kunst vergegenwärtigen abstrakte Begriffe wie »Liebeswahn« oder »gebrochenes Herz« in einer Weise, dass wir sie tatsächlich nachempfinden können.

Auch in Frankreich hatte das Herz im frühen neunzehnten Jahrhundert prominente Befürworter. Hier kamen die romantischen Ideale in Lyrik, Drama und Prosa sowie in sonderbaren antibürgerlichen Aktionen zum Ausdruck. Victor Hugo erlangte in den 20er- und 30-er-Jahren des neunzehnten Jahrhunderts Ruhm mit fünf Gedichtbänden, die eine kraftvolle neue literarische Stimme ankündigten. »Lieben ist mehr als leben« *(Aimer, c'est plus que vivre)*, schrieb er an Juliette Drouet, die fünfzig Jahre lang seine Geliebte war. Was Hugo natürlich nicht daran hinderte, weiterhin mit seiner Frau Adèle und den gemeinsamen Kindern zusammenzuleben, die er auf seine eigene Art ebenfalls liebte. Und da er einer der berühmtesten französischen Schriftsteller seines Jahrhunderts war, ließ man es ihm durchgehen.

Auch eine berühmte Kollegin von ihm konnte in Herzensdingen unkonventionell leben. George Sand, so das Pseudonym für Aurore Dudevant, geborene Dupin, die seit den 1830er-Jahren eine erfolgreiche Autorin romantischer Literatur war, gelang es, den Bedürfnissen ihres Herzens zu folgen, vor allem nach der Trennung von ihrem Mann. Zu ihren Liebhabern gehörten der französische Dichter Alfred de Musset und der polnische Komponist Frédéric Chopin, beide sechs Jahre jünger als sie, getreu einer französischen Tradition, dass oft eine ältere Frau mit einem jüngeren Liebhaber eine Beziehung hatte.

In der fiktiven Welt von Sand gab es zwei Arten von Liebe, eine sinnlich-irdische und eine spirituell-reine. In ihrem frühen Roman *Indiana* liebt der Held Raymon eine Frau »mit seinen Sinnen« und eine andere »mit Herz und Seele«. Diese bis zu den Kirchenvätern zurückreichende Trennung zwischen fleischlicher und geistiger Liebe bestand weiterhin bis ins neunzehnte Jahrhundert und länger. In *Indiana* wird der Liebe mit »Herz und Seele« der Vorrang vor der rein sinnlichen Liebe gegeben.

In Sands viertem Roman *Lélia* ist die Situation komplizierter. Die Protagonistin Lélia verkörpert den Weg der Askese, doch nur weil sie von dem Mann, den sie ursprünglich verehrte, enttäuscht worden ist. Ihre längst verschollene Schwester Pulchérie (*pulchritudo* bedeutet physische Schönheit) hat einen anderen Weg eingeschlagen und lebt das Leben einer Kurtisane. Im Verlauf des Romans wird klar, dass keine der beiden Frauen eine befriedigende Lösung für das Rätsel der Liebe findet. Körperliche Befriedigung ohne Beteiligung des Herzens stellt sich als ein Zerrbild der Liebe dar; nur mit »Herz und Seele« zu lieben, ohne dass der Körper beteiligt ist, vernachlässigt die Grundbedürfnisse des Menschen. George Sand verlangte in ihrem Schreiben wie in ihrem Leben eine

Vereinigung von Geist und Fleisch, ganz ihren eigenen Begierden und zugleich dem drängenden Postulat der Romantik entsprechend.[204]

Sand war neununddreißig Jahre nach Jane Austen und zwölf Jahre vor Charlotte Brontë auf die Welt gekommen. Alle drei schrieben aus einer weiblichen Perspektive über die Liebe, doch die Unterschiede zwischen der Französin und ihren englischen Kolleginnen sind ganz offensichtlich. Während Austen unverheiratet war und zweifellos Jungfrau blieb und Brontë erst im fortgeschrittenen Alter von achtunddreißig heiratete, um knapp ein Jahr später zu sterben, war Sand bereits mit achtzehn verheiratet und hatte dann eine ganze Reihe extravaganter Liebesaffären.

Es heißt, dass die englischen Romane des neunzehnten Jahrhunderts mit einer Hochzeit enden und die französischen Romane des neunzehnten Jahrhunderts nach einer Hochzeit beginnen. Die französischen Ehebruchromane haben eine lange Vorgeschichte, die bis zu Tristan und Isolde sowie Lancelot und Ginover zurückreicht, bis zu den mittelalterlichen als *fabliaux* bekannten Geschichten mit dem Dreieck aus Ehefrau, Liebhaber und Ehemann.[205] Bei den französischen Männern wurden außereheliche Affären oft geduldet und sogar als Ehrensache angesehen. Das galt allerdings nicht für die Frau, mit Ausnahme der Fin'-amor-Romanzen des zwölften und dreizehnten Jahrhunderts (siehe Kapitel 4). Insofern schockierte es die Zeitgenossen, dass die verheiratete George Sand offen mit ihren Liebhabern verkehrte. Nach dreizehn Ehejahren wurde ihre Ehe geschieden. Von da an stand es ihr frei, dem Diktat ihres Liebesherzens zu folgen – und das tat sie bis zum Schluss.

Als Sand 1876 mit zweiundsiebzig Jahren starb, hatte sie Tausende von Bewunderern, einschließlich so herausragender viktorianischer Künstler wie William Thackeray, John Stuart Mill, Charlotte Brontë, George Eliot, Matthew Arnold und Elizabeth Barrett Browning; eine ganze Generation russischer Berühmtheiten, angefangen mit Dostojewski und Turgenjew; sowie die Amerikaner Walt Whitman und Harriet Beecher Stowe. Wie Victor Hugo, dessen anfängliche romantische Revolte sich zu sozialem und politischem Engagement entwickelte, ging Sand mit ihren persönlichen Leidenschaften weit über ihren eigenen Horizont hinaus. Am Ende verlieh sie den Hoffnungen und Sehnsüchten zahlloser Männer und Frauen eine Stimme, indem sie zur Freiheit in Herzensangelegenheiten aufrief. Vor allem Frauen schenkten Sand Gehör und machten sich ihre Botschaft zu eigen, mochten sie nun danach handeln oder nicht.

Eher erstaunlich war, dass Charlotte Brontë ihre Kollegin George Sand bewunderte. In dem moralisch asketischen Umfeld des väterlichen Pfarrhauses groß geworden, war Brontë eine einzigartig begabte Autorin, wie auch ihre beiden Schwestern Anne und Emily, jede auf ihre eigene Art. Charlotte Brontë gelangte mit ihrem Roman *Jane Eyre* 1847 ganz unerwartet zu Ruhm. Die Geschichte einer willensstarken jungen Erzieherin, klein und unscheinbar wie Charlotte selbst, die sich in ihren schwierigen Herrn verliebt und sein Herz zu zähmen vermag, faszinierte die britische Öffentlichkeit. Auch wenn *Jane Eyre* unter dem männlichen Pseudonym Currer Bell veröffentlicht worden war, erkannten manche Leser den weiblichen Blick und warfen die Frage nach dem tatsächlichen Geschlecht des Verfassers auf. Einer der ersten Kritiker des Buchs, der Romancier G. H. Lewes, bemerkte den grundsätzlichen Unterschied zu anderen britischen Romanen. Er meinte, dass der Autor die starken Gefühle, die die Protagonistin erlebt, aus eigener Erfahrung kennen müsse – und deshalb eine Frau sei. (Damals kannte Lewes George Eliot noch nicht, mit der er dann über zwanzig Jahre in einer Beziehung leben sollte.) In einem Brief vom 6. November 1847 an Lewes, unterschrieben mit »C. Bell«, räumte Charlotte Brontë die Bedeutung »realer Erfahrung« für das literarische Schreiben ein, betonte aber auch: »Fantasie ist eine starke, ruhelose Gabe, die gehört und umgesetzt werden will.«[206] Die Frage, ob Brontë in ihrem Leben im Pfarrhaus und andernorts als Schülerin und Lehrerin die Leidenschaften von Jane Eyre durchlebt hat, beschäftigt die Literaturwissenschaft bis zum heutigen Tage.

Gewiss aber hat sie die empfindsamen Romane anderer Autorinnen gelesen, einschließlich Jane Austen und George Sand, und von ihnen ließ sie sich bei ihren Erkundungen des weiblichen Herzens inspirieren. Erstaunlicherweise war es nicht ihre Landsmännin Jane Austen, die sie am meisten bewunderte, sondern die exaltierte George Sand. In einem späteren Brief an Lewes, datiert vom 12. Januar 1848, schrieb sie: »Sie [Sand] ist gescheit und tiefgründig; – Miss Austen ist nur gewitzt und eine gute Beobachterin.«[207] Ein paar Tage später pflichtete sie Lewes' Urteil bei: »Miss Austen ist keine Dichterin, besitzt kein ›Sentiment‹, muss aber als große Malerin menschlicher Charaktere bewundert werden.« Brontës widerstrebender

Anerkennung gegenüber Austen folgte ein Lob für Sand. »Es ist *Dichtung*, so wie ich das Wort verstehe, was diese maskuline George Sand auszeichnet und womit sie aus etwas Grobem etwas Göttliches macht.« Mit »etwas Grobem« bezog sich Brontë auf Sexualität, die sie zu diesem Zeitpunkt selbst noch nicht erlebt hatte. Mit »etwas Göttlichem« bezog sie sich zweifellos auf die ekstatischen Beschreibungen der Liebe in Sands Romanen, unter anderem in Brontës Lieblingswerk *Consuelo*.

Indem Brontë George Sand den Vorzug vor Jane Austen gab, offenbarte sie, dass sie eigentlich eine Romantikerin war. »Herz« war ihr wesentlicher als »Hand«, selbst wenn Jane Eyre, in der Tradition von Jane Austen, ihr Herz nicht ohne eine ordentliche Eheschließung verschenken wird. Brontë mag in ihrer Fantasie französisch gefühlt haben, aber ihr moralischer Realismus war entschieden englisch.

Auch wenn ich mich selbst als Sand-Anhängerin betrachte, muss ich anerkennen, dass die Autorin von *Stolz und Vorurteil, Verstand und Gefühl, Emma, Mansfield Park, Die Abtei von Northanger* und *Überredung* eine große Schriftstellerin war. Und gleich danach würde ich die Brontë-Schwestern nennen, Charlotte mit *Jane Eyre* und Emily mit *Die Sturmhöhe*, und behaupten, dass ihre Romane zu den Werken gehören, die das menschliche Herz am großartigsten darstellen. Dies gelingt ihnen mit Leidenschaft, Tiefe und Stil, sodass ihre fiktiven Heldinnen noch lange nach dem Ende der Lektüre im Bewusstsein des Lesers bleiben. Die Brontë-Schwestern sprachen mich als Teenager an, und sie sprechen mich heute immer noch an. Von ihnen lernte ich, dass Mädchen und Frauen – genau wie Jungen und Männer – zu starken

Gefühlen und mutigen Taten fähig sind. Sie mussten nicht zur Beute männlicher Verführer werden, wie in den Romanen Richardsons, und sie mussten auch nicht den naiven romantischen Hirngespinsten einer Madame Bovary verfallen. Auch sie konnten ein »großes Herz« besitzen.

Dass die Romantiker das Herz als Metapher für die Liebe und andere leidenschaftliche Gefühle ansahen, überrascht wenig. Immer noch überraschend aber ist das Ausmaß, in dem einige von ihnen ihren Leidenschaften folgten und diese auslebten, ohne sich um konventionelle Vorstellungen von Moral und gesundem Menschenverstand zu scheren.

Die Dichterin Elizabeth Barrett Browning, deren autoritärer Vater seinen Kindern die Heirat untersagte, brannte mit dem sechs Jahre jüngeren Dichter Robert Browning durch, der kaum in der Lage war, eine Frau zu unterhalten. In einem berühmten Brief schildert er ihr seine Liebe zu ihrer Dichtung und zu ihr als Mensch. Zu Anfang schreibt er: »Ich liebe Ihre Verse von ganzem Herzen, liebe Miss Barrett«, und er endet mit den Worten: »Wie gesagt, ich liebe diese Bücher wirklich von ganzem Herzen – und ich liebe auch Sie.« Ihre Ehe und ihr Leben in Italien waren selbst ein romantischer Stoff, sowohl für sie selbst wie für Generationen von Lesern, Historikern, Roman- und Theaterautoren. Nicht zufällig war Elizabeth eine große Verehrerin von George Sand: In einem ihrer Sonette nannte sie sie eine »Frau mit einem großen Geist und einen Mann mit einem großen Herzen«, womit sie die stereotype Verknüpfung des Geistes mit dem Mann und des Herzens mit der Frau umkehrte.

Italien galt wie Frankreich als ein Zufluchtsort für romantisch gesinnte Engländer. Percy Bysshe Shelly und seine Frau Mary reisten 1818 nach Venedig, wo ihr Freund Byron bereits lebte. Der vierjährige Italienaufenthalt der Shelleys erwies sich als außerordentlich fruchtbar für die Literatur – Shelley schrieb einige seiner berühmtesten Gedichte, und Mary verfasste ihren bekannten Roman *Frankenstein*.

Am 8. Juli 1822 ertrank Shelly vor der Küste von La Spezia. Sein Leichnam wurde an Land geschwemmt und in Gegenwart mehrerer Berühmtheiten, darunter Byron, am Strand eingeäschert. Seine Asche wurde auf dem protestantischen Friedhof in Rom beigesetzt, womit dieser Ort schon bald zu einem beliebten Ziel für Verehrer des Dichters wurde. Sein Grab trägt die lateinische Inschrift »Cor Cordium« (Herz der Herzen).

Sowohl Shelley wie Byron gelten weiterhin als bedeutende Dichter, die beide ein unkonventionelles Leben führten. Shelley, ein bekennender Atheist, wandte sich kompromisslos gegen religiöse Überzeugungen und konventionelle Sitten, da er sie als einengend und entfremdend ansah. In seinem kurzen Erwachsenenleben – er verstarb knapp einen Monat vor seinem dreißigsten Geburtstag – verschrieb er sich einem radikalen Liebesethos, das dann in seinem »Herz der Herzen« verewigt wurde.

Byron, hedonistischer als sein jüngerer Freund, wurde immerhin sechsunddreißig – was selbst in seiner Zeit kein Alter war. Sein Credo war die Leidenschaft, und er lebte dieses Credo bis zuletzt konsequent aus. Als er 1823 in Genua weilte, schloss er sich als Philhellene dem griechischen Unabhängigkeitskampf gegen das Osmanische

Reich an. Doch in Messolonghi erkrankte er und verstarb am 19. April 1824 an einem Fieber.

Die Romantiker waren überzeugt, dass das Herz ein besserer Maßstab fürs Leben sei als der Verstand. Ihrer Meinung nach korrespondierte das Liebesherz unmittelbar mit den besten inneren Anteilen des Menschen, mit einem Ich, das sich von Leidenschaft und Mitgefühl leiten lässt. Wenn wir heutzutage das Wort »romantisch« gebrauchen, geschieht dies meist im Zusammenhang mit der Liebe. In einer romantischen Geschichte werden gewöhnlich zwei Menschen durch erotische Anziehung miteinander verbunden und erwarten eine dauerhafte Gemeinsamkeit. Aber das Wort kann auch abwertend gebraucht werden und zum Ausdruck bringen, dass die romantischen Wünsche eines Menschen unrealistisch sind; wir fügen dann oftmals »hoffnungslos« als Abtönung hinzu. Ich frage mich, wie viele Menschen sich heutzutage wohl als »romantisch« bezeichnen würden.

Ich habe dieses Kapitel mit Bellini eröffnet und werde es mit Wagner (1813–1883) beschließen, da sich die Oper vielleicht unter allen westlichen Kunstgattungen am stärksten dem Herzen widmet. Zudem greift Wagners Gesamtwerk an vielen Stellen auf die im neunzehnten Jahrhundert weit verbreitete Mittelalternostalgie zurück. Wagners Faszination von der mittelalterlichen Kultur bot den Kontext für einige seiner erfolgreichsten Opern: *Tannhäuser, Lohengrin, Tristan und Isolde, Die Meistersinger* und *Parsifal.*

Die Legende von Tristan und Isolde etwa geht auf fast tausend Jahre französischer und deutscher Versionen zurück, ganz zu schweigen von den früheren keltischen Wurzeln. In Wagners Oper verliebt sich Isolde bei ihrer ersten Begegnung in Tristan, indem sie ihm in die Augen blickt und die Liebe ihr Herz durchdringt. Als Isolde später von Tristan auf einem Schiff übers Meer gebracht wird, um in Cornwall König Marke zu heiraten, denkt sie an ihn und singt von ihren Gefühlen – »Mir erstickt das Herz« – in ihrem »todgeweihten Herzen«. Als sie und Tristan irrtümlich den Liebestrank trinken, der ihr Schicksal besiegelt, erkennen sie, wie sich in dieser unwiderstehlichen Begegnung alle Liebessehnsucht erfüllt. Und sie bringen ihr Entzücken in zart romantischen wie auch in durchaus sinnlichen Worten zum Ausdruck:

Wie sich die Herzen wogend erheben!
Wie alle Sinne wonnig erbeben!

In der Gartenszene des zweiten Aktes, schon aus der mittelalterlichen Erzählung von Gottfried von Straßburg bekannt, vollziehen sie ihre Liebe.

Tristan: Seh ich dich selber?
Isolde: Dies deine Augen?
Tristan: Dies dein Mund?
Isolde: Hier deine Hand?
Tristan: Hier dein Herz?

Sie singen gemeinsam von körperlicher Lust, die sie mit Augen, Mund, Händen und natürlich auch mit dem Herzen erleben. Ihr Duett endet mit Tristans verzückten Worten, die auf ihren späteren Liebestod vorausweisen.

So starben wir,
um ungetrennt,
ewig einig
ohne End',
ohn' Erwachen
ohn' Erbangen,
namenlos
in Lieb' umfangen,
ganz uns selbst gegeben,
der Liebe nur zu leben!

Nur der Liebe zu leben – das ist das romantische Credo par excellence. Wagner-Fans wissen sehr wohl, dass sein Glaube an Erlösung durch die Liebe in seinem Spätwerk komplexere Dimensionen annahm, aber viele sind sich darüber einig, dass er nie wieder die Liebeshöhen erreichte wie in *Tristan und Isolde*. Diese Oper bringt das erotische Begehren unvergleichlich schön zum Ausdruck, jenes vollständige Verschmelzen von Körper und Seele. Hören Sie sich Isoldes Liebestod am Ende des dritten Aktes an und sehen Sie selbst, ob solche Leidenschaft Ihr Herz erfreut.

Kapitel 19

Valentinsherzen

ABBILDUNG 30: Unbekannter Künstler, *Pensez à moi*, um 1900. Papierherz, mit freundlicher Genehmigung der Autorin.

Am 14. Februar, dem Valentinstag, kommt das Herzsymbol voll zur Geltung. Millionen von Valentinsherzen gelangen per Post zu unseren Liebsten – nicht nur zu den Geliebten und Ehepartnern sondern auch zu Kindern, Enkeln, Müttern, Vätern, Verwandten und Freunden. Und auf den meisten Karten, ob analog oder digital, stehen leuchtend rote Herzen symbolisch für ewige Liebe.

Es wäre nicht weit hergeholt, den Valentinstag in »Tag des Herzens« umzubenennen, denn an diesem Tag sind überall Herzen zu sehen. Die Geschäfte haben eine unglaubliche Auswahl an herzförmigen Waren im Angebot: rote Pralinenschachteln, Blumensträuße, Süßigkeiten, Plätzchen, Kuchen, Briefbeschwerer, Schmuck und Schmuckkästen – all dies verlockende Geschenke für unsere Liebsten. Kein anderer Feiertag ist so eng mit dem Herzen verbunden. Der Weltherztag, 2009 begründet, um mehr Aufmerksamkeit für Herzerkrankungen zu wecken, hat noch einen langen Weg vor sich, um ähnlich beliebt zu werden.

Selbst wenn wir davon ausgehen, dass der Valentinstag von der modernen Grußkarten produzierenden Industrie erfunden wurde, ist seine Geschichte doch viel älter – tatsächlich so alt, dass die Ursprünge eher unklar sind. Ja, es gibt einen heiligen Valentin im katholischen Kalender. Tatsächlich finden sich in den Annalen der römischen Märtyrer zwei Männer des dritten Jahrhunderts namens Valentin, und diese beiden könnten durchaus dieselbe Person gewesen sein. Jedenfalls wurde der heilige Valentin von Terni 496 von Papst Gelasius in den katholischen Kalender aufgenommen, und am 14. Februar sollte seiner gedacht werden, wie es noch heute geschieht.

Es gab diverse Theorien, warum der heilige Valentin mit der Liebe verknüpft wurde. Jahrhundertelang lautete die gängigste Erklärung, dass der Valentinstag mit einem vorchristlichen römischen Fest in Verbindung stand, den Lupercalien, die am 15. Februar gefeiert wurden. An diesem Tag zogen die römischen Jungen angeblich den Namen von Mädchen aus einer Liebesurne, und die beiden waren dann für die Dauer des Festes ein Paar. Aber durch historische Fakten ist die Verbindung zwischen den Lupercalien und dem Valentinstag nicht belegt.

Verlässlichere Quellen weisen darauf hin, dass der Valentinstag sich im Spätmittelalter im Kontext der englisch-französischen höfischen Liebe entwickelte. Ironischerweise haben während des Hundertjährigen Krieges zwischen England und Frankreich (1337–1453) englische und französische Dichter die ersten Texte zum Valentinstag verfasst. Die Franzosen halten Oton de Grandsons »Songe de la Saint-Valentin« (»Traum des heiligen Valentin«) und die Engländer Geoffrey Chaucers »Parliament of Fowls« (»Parlament der Vögel«) für die allerersten Valentinsgedichte. Chaucer und Grandson – nicht nur Dichter, sondern auch Diplomaten und Freunde – waren zweifellos mit dem Werk des anderen vertraut.[208]

Chaucers »Parlament der Vögel« (um 1380) wie auch sein fünf Jahre später entstandenes kürzeres Gedicht »Complaint of Mars« (»Beschwerde von Mars«) spielen am Valentinstag. Die hier relevanten Zeilen des ersten Gedichts lauten:

For this was on Seynt Valentynes day,
Whan every foul cometh there to chese his make.

(Denn Feiertag Sankt Valentin war's eben,
wenn alle Vögel sich zur Partnerwahl begeben.)

Die entsprechenden Zeilen aus »Complaint« lauten:

Seynt Valentyne, a foul thus herede I sing
Upon thy day er sonne gan up-sprynge.
(Am Valentinstag hört ich einen Vogel, wie er singt,
zur Zeit des Tags, wenn die Sonne aufspringt.)

Chaucer und Grandson verknüpften beide den Valentinstag mit Vögeln als Vorboten des Frühlings und der Liebe. Auch zwei andere Freunde von Chaucer – der dreisprachige Dichter John Gower (der auf Englisch, Französisch und Lateinisch schrieb) und der walisische Diplomat, Soldat und Dichter Sir John Clanvowe – verfassten Valentinsgedichte und bezogen sich in ähnlicher Weise auf Vögel. Dies ist nichts Ungewöhnliches, Dichter übernehmen oft Motive voneinander. Ungewöhnlich – und bezeichnend – ist vielleicht, dass diese Dichter mitten in einem Krieg, in dem manche einander auf feindlichen Seiten gegenüberstanden, dennoch weiterhin Gedanken austauschten, die Liebe priesen und unglücklich Liebende bedauerten, ganz gleich, ob sie »englois ou alemens, / De France né ou de Savoye« (»Englisch oder deutsch, aus Frankreich oder Savoyen«) waren, wie Grandson in seinem »Traum des heiligen Valentin« schrieb.

Diese Dichter betonten alle, welch hohe Bedeutung das Herz für das menschliche Leben hat. John Gower formulierte es so: »Où le cœur est / le corps doit obéir.« (»Wo das Herz ist / muss der Körper gehorchen.«)

Die einzige nennenswerte Dichterin dieser Zeit war Christine de Pizan, eine Französin italienischer Abstammung, die am Hof Karls V. von Frankreich aufgewachsen war. Auch sie schrieb ein Gedicht über den Valentinstag, das mit »Tres doulz ami« (»Sehr lieber Freund«) begann, sowie die lange Verserzählung *Le Dit de la Rose* (*Die Geschichte von der Rose*). Datiert vom 14. Februar 1402, beschreibt *Le Dit* einen Traum, in dem der Gott der Liebe sein Missfallen darüber äußert, dass die Männer nicht mehr höflich mit den Frauen umgehen. Um dieses Übel zu kurieren, wurde Christine beauftragt, den Rosenorden zu gründen und die Unterstützung wahrer Liebender für das Fest des heiligen Valentin zu gewinnen. All dies soll sich in der Pariser Residenz von Ludwig von Orléans zugetragen haben, einem der Söhne von König Karl V. und Vater Karls von Orléans, den wir in Kapitel 10 kennengelernt haben,.

Eine Generation später sollte Herzog Karl von Orléans selbst während seiner langen Gefangenschaft in England (1415 bis 1440) ein Dutzend Valentinsgedichte schreiben. Aus dem Tower von London schickte er seiner Frau Bonne ein Gedicht, das sich in der Manuskriptsammlung der British Library befindet und für die erste bekannte Valentinskarte gehalten wird. Hier spricht er seine Frau als »Ma tres doulce Valentinée« (»Meine süßeste Valentine«) an und versichert ihr, dass seine Liebe zu ihr trotz allem bestehen bleiben werde.

Ein anderes während Karls Gefangenschaft entstandenes Gedicht beginnt damit, dass sich am Tag des heiligen Valentin alle Vögel versammeln, um die Liebesfreuden zu teilen – jeder mit dem erwählten Partner. Offenbar kannte

Karl auch Chaucers »Parlament der Vögel«. An diesem den Liebenden gewidmeten Tag, wenn die Sonne ihre »Kerze« in seine Zelle scheinen lässt, erhebt er sich vom Bett und lauscht dem Gesang der Vögel. Dann reibt er sich die weinenden Augen, bedauert sein schweres Schicksal und wünscht, er könnte wie die Vögel die Freuden des Tages mit einer erwählten Gefährtin teilen. Die vierzeilige Strophe am Schluss der Ballade lautet:

Dieses Jahr wählen liebende
Männer und Frauen Sankt Valentin.
Ich bleibe allein, ohne Hilfe,
auf dem harten Bett schmerzlicher Gedanken.[209]

In einem späteren Austausch von Gedichten, den »Complaintes« (»Klagen«), beschrieb ihm sein Freund Fredet den Valentinstag in Tours in Versform.

... im Namen der Liebe
Veranstalteten sie ein großes Fest
In Tours am Tag des heiligen Valentin.
Dem Brauch gemäß verkündeten sie
An allen Höfen,
Dass jeder teilnehmen solle.[210]

Man kann sich kaum ein passenderes Ambiente für ein Valentinstagfest vorstellen als ein Loire-Schloss des fünfzehnten Jahrhunderts. Nachdem er aus der englischen Gefangenschaft entlassen und nach Frankreich zurückgekehrt war, hatte Karl die Gelegenheit, diesen Festtag in seinem eigenen Château de Blois zu begehen, wo ähnliche Festlichkeiten stattfanden, wie Fredet sie beschrieben hatte. Einige der Gedichte von Karl preisen zu Beginn »diesen Tag von St. Valentin / an dem jeder seinen Partner wählen sollte«.[211] In zwei um 1450 entstandenen Manuskripten gibt es sogar Bilder von den Feierlichkeiten am Valentinstag: Sie zeigen Szenen mit Männern und Frauen, die in ein Gefäß greifen und die Namen ihrer »Valentin« herausziehen.[212] Karls besonderes Interesse für den St. Valentinstag war zweifellos durch die dichterische Tradition von Chaucer, Oton de Grandson und Christine de Pizan geprägt. Doch es gibt noch einen weiteren Grund, warum gerade dieser Heilige ihm gefallen haben mag: Seine eigene Mutter, die verstarb, als er gerade erst vierzehn Jahre alt war, hieß Valentine. Ihr Tod ereignete sich Ende 1408, nachdem ihr Mann vom Herzog von Burgund, Johann Ohnefurcht, ermordet worden war.

Zweihundert Jahre später hatte der französische Priester und Schriftsteller Jean-Pierre Camus für den Valentinstag nur noch Verachtung übrig. In seinem moralisierenden Roman *Diotrephe. Histoire Valentine* von 1626 vermischt der Autor Dichtung und Wahrheit und zeigt, wie der Teufel unter den Auspizien des heiligen Valentin am Werke war. Der Text beginnt mit der Beschreibung einer St. Valentin geweihten französischen Dorfkirche nahe der Stadt Brianche, die im Monat Februar vergnügungssüchtige Menschenmengen anzog. »Es versteht sich von selbst, dass Zügellosigkeiten wie Völlerei und Tanz … viel Böses bewirken.«[213] Dann wendet er sich einem vermeintlich üblen Brauch zu.

»Sie schreiben die Namen aller Frauen und Mädchen in

goldenen Buchstaben auf blaues Papier« und stopfen die Zettel in eine große Kiste. Wenn dann die Namen nach dem Zufallsprinzip aus der Kiste gezogen sind, ist »sie, die per Los einem Mann zufällt, ob sie nun Ehefrau, Witwe oder Jungfrau ist, dann sein Valentin«. Im Folgejahr wird er »der Diener dieser Frau, wobei sie unumschränkte Autorität über ihren Liebsten hat und er sich ihr ergibt ... wie Liebende das so tun«.

Auch wenn die französischen Dorfbewohner, wie es heißt, an diesem Brauch nichts auszusetzen haben, versichert der Autor, dass die Folgen katastrophal sein können, vor allem wenn verheiratete Männer die Ehefrauen oder Töchter ihrer Nachbarn als Valentin bekommen oder wenn umgekehrt verheiratete Frauen auf alleinstehende junge Männer oder auf die Ehemänner anderer Frauen stoßen. Wir werden belehrt, dass solche außerehelichen Beziehungen unweigerlich zu Sittenlosigkeit führen. Der Autor greift noch einmal auf das Herz als Metapher für erlaubte Liebe zurück und resümiert dann, dass »die Liebe in der Ehe wie das Herz ist, das keine Trennung verträgt ... es kann nicht den Ehemann und den Valentin umfassen ... man kann keine zwei Lieben in einem Herzen haben«.

In England bedeutete *valentine* schon im fünfzehnten Jahr mindestens zwei Dinge: eine Liebeserklärung an den Geliebten, oft in Form eines Gedichtes, oder den geliebten Menschen selbst. Briefe von Februar 1477 aus dem Nachlass der Familie Paston legen nahe, dass der Valentinstag als ein für die Liebe günstiger Zeitpunkt galt. Die Pastons und die Brews versuchten, sich über die Aussteuer zu einigen, die Margery Brews in die Ehe mit John Paston III. einbringen würde. Margerys Mutter Elizabeth Brews schlug vor, dass John ihr und ihrem Mann einen Besuch abstatten solle, um die Angelegenheit am Abend vor Valentin zu regeln, ein Zeitpunkt, da »jeder Vogel sich einen Partner sucht« – wiederum ein Zitat von Chaucer. In ihrem Brief an John vom 10. Februar 1477 brachte Elizabeth ihre Hoffnung zum Ausdruck, dass die Verlobung rasch eine offizielle Form annehmen werde.[214]

Aber die Dinge liefen nicht nach Plan. Margerys Vater, Sir Thomas Brews, war allenfalls bereit, die Summe von einhundert Pfund als Mitgift anzubieten, wesentlich weniger, als John erwartet hatte. Daher mischte Margery sich selbst ein und schrieb jene beiden Briefe mit Hinweis auf den heiligen Valentin, der die finanziellen Bedenken des Zukünftigen zerstreuen solle. Die Briefe begannen mit der Anrede von John als ihrem »geliebten Valentin« und ihrem »guten, wahren und liebenden Valentin«. Der zweite Brief endete damit, dass sie sich selbst »dein Valentin« nannte. Soweit es für eine junge Frau angemessen war, ihren Freier unter Druck zu setzen, fand Margery durchaus die passende Sprache. »Mein Herz bittet mich mehr denn je, dich zu lieben / Wahrhaftig mehr als alles auf Erden.« Am Ende folgte John Paston III. den Regungen seines eigenen Herzens, und das Paar schloss offenbar eine Liebesehe.

Mitte des siebzehnten Jahrhunderts hatte sich Valentinstagfeiern in England eingebürgert, zumindest bei all jenen, die sich die kostspieligen Rituale leisten konnten. Wohlhabende Herren zogen das Los mit den Namen der

Damen, denen sie anschließend ein Geschenk machen mussten.

Das berühmte Tagebuch von Samuel Pepys liefert eine farbige Darstellung dieses Brauchs unter den Begüterten. Am 13. Februar 1661 dinierten Pepys und seine Frau im Hause von Sir William und Lady Batten und wählten per Los diejenigen, die ihre Valentinspartner sein sollten. In seinem Tagebucheintrag schrieb Pepys: »Wir wählten die Valentins für morgen. Meine Frau wählte mich, was mir sehr gefiel.« Im nächsten Eintrag, datiert mit »Valentinstag«, notierte Pepys, dass er den Namen von Martha zog, der unverheirateten Tochter des Ehepaars Batten, und dass Sir Batten Pepys' Frau zog. Auch im Folgejahr war Martha wieder Pepys' Valentinspartnerin, was ihn beide Male mit wenig Begeisterung erfüllte. Immerhin gingen er, seine Frau und Martha am 18. Februar 1661 zum Exchange, einem Londoner Warenhaus, um Martha ein Paar Spitzenhandschuhe und sechs Paar einfache weiße Handschuhe für insgesamt vierzig Schillinge zu kaufen. Mrs Pepys erhielt von Sir William Batten noch extravagantere Geschenke, wie Pepys in seinem Tagebucheintrag vom 22. Februar notierte: »ein halbes Dutzend Handschuhe und ein Paar Seidenstrümpfe und Strumpfbänder als Valentinsgeschenk«. Der Valentinsbrauch war nicht an einem einzigen Tag erledigt, und der Stil, in dem die Ehepaare Pepys und Batten ihn feierten, war sicher nichts für die breite Masse.[215]

Die frühesten englischen, französischen und amerikanischen Valentinsgrüße waren kaum mehr als ein paar handgeschriebene Verse auf einem Stück Papier, doch seit dem achtzehnten Jahrhundert begann man, sie auch mit Bildern zu verschönern. Auf die selbst gemachten Valentinskarten wurden Herzen, Vögel, Blumen und Blattwerk gezeichnet oder gemalt, die man dann gefaltet und mit Wachs versiegelt einer Dame vor die Tür legte. Manche enthielten ein kompliziertes Rätsel, ein Akrostichon und Bilderrätsel (in denen Worte oder Wortteile durch Bilder dargestellt waren).[216] Die Pennsylvania Dutch fertigten kunstvolle Valentinskarten auf Deutsch oder auf Englisch an.

Ende des achtzehnten Jahrhunderts kamen die ersten kommerziellen Valentinskarten in England auf. Diese »maschinellen« Valentinskarten waren Drucke, Stiche oder Holzschnitte und wurden manchmal handkoloriert. Sie kombinierten traditionelle Liebessymbole – Blumen, Herzen, Amor, Vögel – mit Knittelversen nach dem Motto »Rosen sind rot«.

Wer die Valentinskarten weiterhin selbst machen oder einer maschinell gefertigten Karte eine persönliche Note geben wollte, fand Hilfe in Ratgebern, die genau für diesen Zweck gedacht waren. 1797 erschien in Großbritannien *The Young Man's Valentine*, und im neunzehnten Jahrhundert folgten Titel wie *Saint Valentine's Sentimental Writer (Der empfindsame Valentinsautor)* und *Introductory Treatise on the Composition of a Valentine by a Master of Hearts. (Einführung in die Gestaltung von Valentinskarten von einem Herzensmeister).*

Der selbst ernannte »Herzensmeister« zeigte sich empört über die »lumpigen … groben und manchmal ekelerregenden Produkte, die alljährlich kurz nach Weihnachten in Form von unnützen Valentinskarten als Schaufensterauslagen dienen«. Als Heilmittel empfahl er den Liebenden, ihre eigenen Valentinskarten zu schreiben – und diese Aufgabe sollte mit seiner Hilfe gelingen. Seine Devise war: »Bei einer Valentinskarte ist es am besten, etwas Originelles zu schreiben … nichts ist so treffend oder so pointiert wie etwas, das von Herzen kommt.« Selbst wenn der Valentinsgruß nur eine Kopie seines Textes oder eine Umformulierung seiner Worte wäre, hielt er das Schreiben mit der eigenen Feder für persönlicher und authentischer, als eine kommerzielle Karte zu schicken.[217]

Manche Anleitungen waren speziell für Frauen verfasst, so wie *The Lady's Own Valentine Writer.* Ein Ratgeber aus dem Jahr 1848 mit dem Titel *People's Valentine Writer, by a Literary Lady* könnte von einer Frau geschrieben sein, was sich aber nicht mit Sicherheit sagen lässt. Denn manchmal veröffentlichten Männer unter einem weiblichen Pseudonym, weil sie glaubten, dass eine Autorin, selbst wenn sie anonym blieb, die Frauen eher ansprechen würde.

Im selben Jahr schrieb die achtzehnjährige amerikanische Dichterin Emily Dickinson am 17. Februar im Mount-Holyoke-Frauenseminar an ihren Bruder Austin Dickinson, sie werde nicht vergessen, wie viel Spaß sie in der »Valentinswoche« gehabt habe. Auch wenn sie selbst keine Valentinskarten erhalten hatte und sich noch immer danach sehnte, hatten viele andere Mädchen mehr Glück gehabt. Trotz eines Verbots der Hochschule konnten sie gemeinsam hundertfünfzig Valentinskarten verschicken. Emily bemerkte, dass eine Lehrerin ganz besonders streng war: »Am Montagnachmittag erschien *Mistress* Lyon im Flur und untersagte uns, solch törichte sogenannte Valentinsgrüße zu verschicken.«[218]

Eine derart negative Einstellung konnte eine andere Absolventin von Mount Holyoke, Abschlussjahrgang 1847, nicht davon abhalten, in das Valentinsgeschäft einzusteigen. Esther Howland aus Worcester, Massachusetts, wollte hochwertige Karten nach ihren eigenen Entwürfen herstellen – Karten, deren künstlerisches Niveau durch geprägtes, farbiges Papier gehoben wurde. Innerhalb von drei Jahren hatte man die oberste Etage des geräumigen Hauses von Esthers Vater in eine Fabrik umgebaut, wo junge Mädchen unter ihrer Anleitung Valentinskarten anfertigten. Nachdem sie einen ersten Prototyp hergestellt hatte, bekam jedes Mädchen eine spezielle Aufgabe, etwa den Hintergrund zu kolorieren oder die Papierbilder auszuschneiden, die dann von einem dritten Mädchen aufgeklebt wurden. Howlands erlesene dreidimensionale Valentinskarten waren kleine Kunstwerke, ähnlich wie feine Stickereien oder komplexe Collagen. Sie wurden für mindestens fünf Dollar pro Stück verkauft und füllten in einem einzigen Jahr die Schatullen der Familie Howland mit insgesamt hunderttausend Dollar![219]

Während auf Howlands Karten Amor, Blumen, Vögel und menschliche Gestalten, aber keine Herzen dargestellt wurden, tauchte das Herzsymbol auf vielen anderswo gefertigten Valentinskarten auf. Unter dem Titel »Amor im Hinterhalt« zeigte eine solche Karte Amor, der mit seinem Pfeil auf ein geflügeltes Herz am Himmel zielt. Die Verse auf der Karte lauten: »MY FLUTTERING HEART / DOTH FEEL LOVE'S SMART.« (Mein flatterndes Herz / fühlt der Liebe Schmerz).[220]

Im Zuge der Industriellen Revolution konnten die in Massenproduktion hergestellten Valentinskarten die selbst gemachten nahezu verdrängen. Als George C. Whitney 1879 den Betrieb von Howland übernahm, führte er Druckerpressen und billiges Papier ein, um die Kosten zu reduzieren. Seine Valentinskarten zeigten oft Herzen oder waren gar herzförmig, genau wie seine Weihnachtskarten oft Weihnachtsbäume zeigten oder die Form von Weihnachtsbäumen besaßen. Im Laufe der Zeit wurde Whitney zum größten Produzenten amerikanischer Valentinskarten.

In der angelsächsischen Welt variierten die viktorianischen Valentinskarten deutlich in Preis und Qualität, von billigen Papierscherenschnitten bis zu teuren Lithographien auf geprägtem Papier. Es gab besondere Karten für die verschiedenen Gewerbe und Berufe – etwa Valentinskarten für Seeleute, die Schiffe auf dem Meer und die auf ihre Rückkehr wartenden Liebchen zeigten: »Denn die einem Seemannsherzen Zugeneigte / wird sich in stürmischen Zeiten – niemals trennen.«[221]

Man konnte auch »komische« Valentinskarten mit einer spöttischen statt einer liebevollen Nachricht kaufen: Diese gehässigen »Essigvalentinskarten« verhöhnten dürre alte Jungfern, dicke Junggesellen, Blaustrümpfe, Dandys, Alkoholiker, herrische Ehefrauen oder jeden, den man auf den Arm nehmen wollte. In den Vereinigten Staaten waren oft Minoritäten der Unterschicht, darunter die Iren oder freigelassene »Neger« das Ziel solcher Schmähungen. Diese einfachen Karten für ein bis fünf Cents wurden gewöhnlich anonym verschickt.

Aber die überwiegende Mehrzahl der Valentinskarten war weiterhin empfindsam gehalten und hatte eine romantische Botschaft. Die besonders erlesenen waren mit einem Stück echter Spitze oder einer Haarlocke versehen. Auch die Blinden wurden nicht vergessen: Valentinskarten in Blindenschrift waren mit eingeprägten Vögeln und Herzen ausgestattet.

Ende des neunzehnten Jahrhunderts begannen auch die Franzosen, kommerzielle Valentinskarten zu nutzen. Der engelhafte, von Herzen umgebene Amor auf französischen Karten um 1900 (wie in Abbildung 30) wirkte ziemlich kitschig und war weit entfernt von seinen verschmitzten oder gar bedrohlichen Vorgängern.

Heute gilt der Valentinstag in Frankreich und in Italien ausschließlich für Liebende und nicht für Familie und Freunde, wie dies in England und Amerika der Fall ist. Die Franzosen schenken ihrer Liebsten Pralinen und Schokolade oder laden sie vielleicht zu einem Dinner in ihrem Lieblingsrestaurant ein.

In Japan ist die Situation umgekehrt: Die Frauen schenken den Männern am Valentinstag Pralinen. Solche Geschenke beschränken sich nicht auf Ehemänner und Freunde, sondern können auch für Familienangehörige und Kollegen bestimmt sein. Von den Männern wird erwartet, dass sie das Geschenk einen Monat später am sogenannten »Weißen Tag«, dem 14. März, mit irgendetwas Weißem erwidern: weiße Pralinen, Kuchen, Plätzchen, Marshmallows und Bonbons. Kein Wunder, dass der Weiße Tag von japanischen Süßwarenläden erfunden wurde. Aus einer zuverlässigen japanischen Quelle weiß ich, dass die meisten Leute sich an diesem Weißen Tag eigentlich nicht um die Farbe kümmern, sondern einfach etwas Süßes – ob schwarz oder weiß – verschenken.

Inzwischen wird der Valentinstag in fast allen Ländern der Welt gefeiert, und dies in vielen regionalen Varianten. Aber immerhin in zwei Ländern wurde er von der Regierung verboten: in Malaysia und im Iran. In Malaysia wurden am Valentinstag 2011 über hundert muslimische Paare verhaftet, weil sie den Festtag trotz des Verbotes begingen. Im selben Jahr erging im Iran von der Gewerkschaft der Druckindustrie eine Richtlinie, die das Drucken jeglicher Produkte unterband, welche den Valentinstag förderten. Die Regelung zielte besonders ab auf »Schachteln und Karten, die mit Herzen oder Halbherzen verziert sind«.[222] Ich frage mich, wie die Halbherzen ausgesehen haben mögen.

Heutzutage werden allein in den Vereinigten Staaten zweihundert Millionen Valentinskarten aus Papier verschickt, und die zunehmende Zahl der elektronischen Karten lässt sich gar nicht mehr richtig abschätzen. Sowohl auf den Karten aus Papier wie auch auf den elektronischen Karten finden wir Herzen, doch sie konkurrieren mit Blumen, Liebespaaren und erstaunlicherweise mit Tieren.

Ja, kuschelige Tiere sind offenbar bei den heutigen Valentinskarten der letzte Schrei, vor allem bei den vielen, die für Kinder bestimmt sind.

Auch wenn der Verkauf von Grußkarten in Amerika in den letzten Jahren insgesamt beträchtlich zurückgegangen ist, gilt dies nicht in gleichem Maße für Valentinskarten. Der heilige Valentin, der Namenspatron dieser Grußkarten, könnte sich zugutehalten, dass er die Beziehung zahlloser Liebespaare versüßt hat.

Was bedeutet es, dass ein besonderer der Liebe gewidmeter Tag seit über sechshundert Jahren besteht? Es spricht für die beständige Kraft der romantischen Liebe, und dies sogar in einer Zeit, in der wechselnde sexuelle Beziehungen akzeptabler sind als früher. Selbst wenn wir nicht mehr daran glauben, dass es für jeden von uns nur ein einziges vorherbestimmtes Herz gibt, wollen wir doch immer noch das Herzklopfen spüren, wenn der geliebte Mensch in der Nähe ist. Da wir viel länger leben als die Menschen früher, verlieben wir uns eben mehrere Male – als Jugendliche und junge Erwachsene, aber auch im mittleren und hohen Alter. Manche haben das Glück, einen Partner fürs Leben zu finden. Aber egal, wie oft wir uns verlieben und wieder trennen: Stets bleibt die Hoffnung, dass es diesmal ernsthaft und von Dauer ist, dass diesmal Herz und Verstand, Körper und Seele vom Glück begünstigt sind.

Kapitel 20

Ich ❤ dich

Abbildung 31: Milton Glaser, *I Love New York*, 1977, geschütztes Markenzeichen, New York State Department of Economic Development, New York, New York.

1977 wurde aus dem Herzsymbol ein Verb. Das »I ❤ NY«-Logo sollte die Einstellung der Bewohner zu ihrer Stadt in schweren Krisenzeiten verbessern. Damals verunstalteten Müllberge die Straßen, die Kriminalitätsrate war hoch, und die Stadt New York stand kurz vor dem Bankrott. Milton Glaser erhielt von der Stadt den Auftrag, ein Bild zu entwerfen, das den Tourismus ankurbeln würde, und lieferte das berühmte Logo, das inzwischen ein weit verbreitetes Phänomen ist (Abbildung 31).

ABBILDUNG 32: Robert Indiana, *LOVE*, 1973. Briefmarke, Post der Vereinigten Staaten.

Nicht so sehr inhaltlich, aber gestalterisch ähnelte diesem inzwischen zum Klischee gewordenen Werk von Glaser das LOVE-Design von Robert Indiana, das erstmals 1964 als Weihnachtskarte des Museum of Modern Art auftauchte und dann 1973 als Motiv für eine amerikanische Briefmarke diente (Abbildung 32).

Mit seinem »I ❤ NY«-Logo stand Glaser in einer langen Tradition von Künstlern, die das Herz primär als Symbol der Liebe darstellten. Allerdings ging er weiter: Sein Herz stand nun nicht mehr nur für Romantik und Religion, sondern auch für Gefühle der Zugehörigkeit zu einem Gemeinwesen. Dies eröffnete Perspektiven für zahllose neue Anwendungen des Herzsymbols. Seit es nun zu einem Verb geworden war, konnte ❤ noch leichter Menschen, Orte oder Dinge miteinander verbinden. Nachahmungen des ursprünglichen Logos sind in so vielen Kontexten aufgetaucht, dass die Stadt New York Millionen von Dollars an den Genehmigungen verdient und die zahlreichen Verstöße gegen das Copyright gar nicht alle verfolgen kann.

Nach den Terroranschlägen am 11. September 2001 hatten die New Yorker einen tragischen Grund, ihre Stadt nun erst recht zu lieben. Glaser entwarf sogar eine abgewandelte Version seines Logos, das lautete »I ❤ NY More than Ever« – »Ich liebe New York mehr denn je«. Dabei versah der das Herz mit einem kleinen schwarzen Punkt, der auf Ground Zero hinweisen sollte.

Sowohl Milton Glaser, Jahrgang 1929, wie auch der 1928 geborene Robert Indiana waren der Pop-Art verbunden, die die amerikanische Kultur seit Anfang der 60er-Jahre prägte. Dasselbe gilt letztlich auch für Jim Dine, Jahrgang 1935. Während Glaser im Wesentlichen mit Graphik arbeitete und mit seinen Postern ein begeistertes Publikum ansprach, hinterließen Indiana und Dine ihre künstlerischen Spuren auf Alltagsgegenständen – im Falle von Indiana amerikanische Straßenschilder und bei Dine Werkzeuge, Bademäntel und vor allem Herzen. Eine kleine Internetsuche zeigt zahllose aufwändige Darstellungen in seinen Ölgemälden, Aquarellen, Zeichnungen, Drucken, Collagen und Skulpturen. Oft sind diese Herzen einfach nur bunt und dekorativ, ein verspielter Ausdruck von Dines virtuoser Technik, aber manchmal vermitteln sie auch persönliche und gar metaphysische Bedeutungsebenen.

Um ehrlich zu sein, war ich nie ein großer Fan von Dine, bis ich 2010 seine »The Magnets«-Bilder sah. Diese Doppelbilder, eines rot auf blauem Hintergrund, das andere blau auf rotem Hintergrund, gehen einem zu Herzen. Sie machen deutlich, wie gegenwärtig das Herz in unserem physischen und emotionalen Leben und sogar in den Geheimnissen des Lebens ist. Ähnlich wie die transzendenten Bilder von Mark Rothko vermitteln »The Magnets« den kosmischen Geist, der jedes einzelne Herz umgibt und trägt.

Als Dine 2010 in einem Interview auf die Bedeutung des Herzens für sein Werk angesprochen wurde, antwortete er: »Ich nutze es als eine Blaupause für alle meine Gefühle. Es ist eine Landschaft für alles. Es ist wie die klassische indische Musik – auf etwas ganz einfachem basierend, aber zu einer komplizierten Struktur weiterentwickelt. Mit dieser Grundannahme kann man alles auf der Welt tun. Und so sehe ich meine Herzen.«[223]

Als er 2015 anlässlich einer Retrospektive seiner Arbeiten in Los Angeles erneut nach dem Herzen gefragt wurde, erklärte er: »Ich wollte nie ein blutendes Herz sein oder es auf meinem Ärmel tragen; rein zufällig war es das Thema, weil es meinem Zustand entsprach.«[224] Paradoxerweise bringt Dine mit dem Herzen seinen eigenen »Zustand« zum Ausdruck und eröffnet damit vielen Menschen einen spontanen Zugang zu sich selbst.

Ganz am Ende des zwanzigsten Jahrhunderts kam eine neue graphische Variante auf, durch die das Herzsymbol mehr als je zuvor Verbreitung fand. Diesmal kam die Innovation nicht aus den USA, sondern aus Japan. 1999 brachte die japanische Firma NTT docomo das erste Emoji heraus, das speziell für die Kommunikation mit Mobiltelefonen gedacht war.[225] Die ursprünglichen 176 Emojis waren schwarz-weiß, später wurde eine von sechs

Abbildung 33: NTT docomo: *Emoji* (Original-Serie mit 176), 1989–1999. Software und digitale Bilder, Museum of Modern Art, New York, New York. Copyright NTT docomo.

Farben verwendet – Schwarz, Rot, Orange, Lila, Grün und Blau. Diese Serie ist jetzt in der ständigen Sammlung des Museum of Modern Art in New York City (Abbildung 33) zu finden.

Fünf der ursprünglichen 176 Emojis von Shigetaka Kurita waren Herzen, und wie alle anderen Emojis war jedes in einem Raster, zwölf Pixel breit und zwölf Pixel hoch. Eines der fünf Herz-Emojis war ganz rot, ein anderes hatte weiße leere Punkte, durch die das Emoji dreidimensional wirkte. Ein drittes wies weiße Flecken in der Mitte auf, die wie der Riss in einem gebrochenen Herzen aussahen, ein weiteres wirkte, als würde es fliegen, und eines zeigte zwei kleine Herzen, die gemeinsam wegfliegen.

Selbst mit den qualitativen Einschränkungen der Pixeltechnologie, durch die die Piktogramme etwas Archaisches haben, sind die meisten gut erkennbar, auch wenn es uns vielleicht schwerfällt, das ursprüngliche Smiley Face mit seinen drei Pixeln für jedes Auge und einem Rechteck als Mund zu erkennen. Neben dem Herzen ist uns inzwischen auch das Smiley Face als digitales Icon bestens vertraut. In Kombination mit einem Herzen können Smiley Faces allerlei unterschiedliche Nuancen der Liebe ausdrücken. 😍 😘 💑

Elektronische Nachrichten werden oftmals mit einem Herz-Emoji in verschiedenen Farben und Kombinationen kommentiert. Da gibt es das klassische rote Herz für die erotische Liebe ❤️; das Herz mit einem Pfeil, das an Amor erinnert 💘; zwei rosafarbene Herzen, eins größer als das andere, was so viel heißt wie Liebe »in der Luft« 💕; ein Herz, das mit einem Band umschlungen ist, was ein Geschenk bedeutet 💝; ein bebendes Herz 💓; und ein Herz, das durch den Schmerz einer traumatischen Trennung zerbrochen ist 💔. Es gibt blaue Herzen, grüne Herzen, violette Herzen, gelbe Herzen, schwarze Herzen, und zweifellos ist da noch viel mehr denkbar. Selbst ohne dieses Repertoire kann jeder auf einer Schreibmaschine oder einem Computer zwei Tasten drücken und so dieses Herzsymbol kreieren: <3.

💗💖💘💝💙 💚 💜 💛🖤 ♡ ❥ 💕 💞 💓 💟 💌 💔 😍 😘 😻 💏 💑 🧡

Die vielfältigen Möglichkeiten, das Herz darzustellen, sind erstaunlich. Online findet man eine geradezu atemberaubende Fülle von Fotos aus den Bereichen Romantik, Religion und Natur. Einige davon zeigen Herzformen in der Wildnis – Blätter, Felsformationen, Wolkenmuster, einen herzförmigen Teich, Vogelflug in Herzform, einen Hirsch mit herzförmigem Geweih, die kroatische Insel Galešnjak aus der Luft gesehen. Die Entdeckung der

Herzform in der Natur hat einige Beobachter dazu angeregt, eine Art New-Age-Pantheismus zu propagieren, wie es der folgende Text poetisch zum Ausdruck bringt: »Mit Herz und Seele im Einklang zu sein, verbindet dich mit dem Universum.«[226] Menschliche Liebe, wie sie durch das Herz symbolisiert wird, strahlt nach draußen in die ganze natürliche Welt – oder vielleicht ist es umgekehrt, dass die Herzform in der Natur dazu führte, dass die ersten Herzsymbole entstanden und schließlich mit der Liebe assoziiert wurden. Jedenfalls kann die vertraute Herzform auch für die Sorgen stehen, die viele sich heute um unseren Planeten machen, und für den Wunsch, ihn vor weiterer Zerstörung zu schützen.

Insgesamt steht das Herz in Wort und Bild primär für die romantische Liebe. Online-Dating-Plattformen, die zeitgenössische Version von Partnersuchanzeigen, erfreuen sich großer Beliebtheit, und die Zielgruppen sind Singles unter fünfzig oder über fünfzig, Katholiken oder Juden, sämtliche ethnischen Gruppen, wohlhabende Singles, Singles in der eigenen Region, geschiedene Singles, alleinerziehende Eltern, Männer, die Frauen suchen, Männer, die Männer suchen, Frauen, die Männer suchen, Frauen, die Frauen suchen, und so weiter und so fort.

Eine Website, gegründet von Ellen Huerta, ist spezialisiert auf Menschen mit gebrochenem Herzen (letsmend.com) mit dem Ziel, »die Scham und das Schweigen über ein gebrochenes Herz zu heilen«, wobei sie sich nicht nur auf ihre eigene Erfahrung, sondern auch auf die neuste psychologische Forschung stützt.[227] Frau Huerta bezieht sich auf Studien, die zeigen, dass Verliebtheit dieselben Gehirnregionen stimuliert wie Drogen und ähnliche Symptome von Euphorie und Abhängigkeit bewirkt. Um den süchtigen Liebesbedürfnissen entgegenzuwirken, bietet sie ein ganzes Programm, angefangen bei Meditation und Reinigung mit Tees bis hin zu psychologischer Beratung. Obwohl Forschungen belegen, welch wesentliche Rolle das Gehirn bei der Liebeserfahrung spielt, bleibt nach wie vor das Herz das Symbol der Wahl, wenn wir über die Liebe reden oder schreiben. Frau Huertas Ankündigungen auf ihrer Website lauten: »Wir erobern Herzen«, »Reinigung für das gebrochene Herz«, »Wir sind Ihr persönlicher Coach bei gebrochenem Herzen«.

Neben dem Liebesherz kursiert weiterhin das religiöse Herz in aller Welt. Die meisten Religionen behaupten, dass eine besondere Beziehung zwischen dem menschlichen Herzen und dem Göttlichen besteht. Die Muslime streben danach, »mit reinem Herzen« vor Allah zu treten. Die Buddhisten legen Wert auf das Mitgefühl des »weisen Herzens«. Die Hindus glauben an die Idee des Paramatman, eine Art universelle Lebenskraft, die im Herzen aller Lebewesen und sogar in jedem Atom pulsiert. Die Juden halten sich immer noch an die Bibel, die die moralische und spirituelle Bedeutung des Herzens betont, wie etwa der Spruch Salomons (4, 23): »Behüte dein Herz mit allem Fleiß, denn daraus quillt das Leben.« Die Christen verknüpfen das Herz mit einem ihrer wichtigsten Glaubenssätze: Gott ist Liebe (1. Johannes 4,8).

Ich möchte gerne glauben, dass Gott Liebe ist. Ich würde gerne an Gott glauben. Ich beneide manche Freunde von mir – Christen, Juden, Muslime und Bahai – um ihren Glauben an einen gütigen Gott. Ihre liebenden Herzen haben mein eigenes Herz erhellt und die Liebe zu meinen Eltern, Kindern und Enkeln bereichert.

Und ich habe auch die unvergleichliche Erfahrung gemacht, mich zu verlieben und der Liebe Dauer zu verleihen – zwei sich überlagernde, aber doch verschiedene Arten der Liebe. Das erste überkommt einen, durchdringt einen vollkommen und versetzt einen in Hochstimmung, aber macht auch verletzlich. Auch wenn heute außerehelicher Sex leichter möglich ist als früher, befinden sich nicht nur Amerikaner jeden Alters immer noch gerne in jenem einzigartigen Zustand von Erregung und Verzückung, der Verliebtheit von allen anderen Gefühlen unterscheidet.

Der Liebe Dauer zu verleihen, ist hingegen schwieriger. Es ist nicht nur ein Gefühl, sondern ein Willensakt, der mindestens so viel Verpflichtung, Anpassung und Sorge um den Partner erfordert wie für einen selbst. Man muss ständig auf das Herz des anderen hören und dafür sorgen, dass es mit dem eigenen im Einklang schlägt.

Mag das Herz auch nur eine Metapher sein, so erweist es uns doch einen guten Dienst, denn die Liebe selbst lässt sich gar nicht definieren. Im Laufe der Jahrhunderte haben die Menschen versucht, die verschiedenen Nuancen der Liebe in Worte zu fassen. Wir möchten unterscheiden zwischen Begeisterung, Zuneigung, Verzauberung, Anhänglichkeit, Zärtlichkeit, Romantik, Begehren, erotischer Leidenschaft und »wahrer Liebe«. Wir verlieben uns, schreiben Liebesbriefe, schlafen miteinander, werden liebeskrank, schaffen uns ein Liebesnest wie die Turteltauben. Wir scheuen uns, »Ich liebe dich« zu sagen, bis wir Grund zu der Hoffnung auf eine gleichlautende Erwiderung haben. Studenten wissen wohl, dass ein One-

Night-Stand nicht dasselbe wie Liebe ist, aber viele befriedigen sich so, bis sie merken, dass sie für die Liebe bereit sind. Die meisten Leute lieben die Liebe, denn was sonst im Leben kann einem denselben intensiven Genuss, dieselbe Lebendigkeit, denselben Sinn verschaffen?

Und wenn uns die Worte fehlen, greifen wir zu den Zeichen. Wir fügen ❤ in unsere E-Mails, SMS und Briefe ein. Wir schicken unseren Liebsten Valentinskarten mit Herzen und Amor-Figuren. Ein Schal mit einem Herzmuster ist ein nettes Geschenk für Freunde und Verwandte. Wir backen herzförmige Plätzchen für Kindergeburtstage. Ein Geschenk, das mit einem Herzen verziert ist, gefällt uns ganz besonders gut. Manchmal schenken wir uns selbst etwas in einer Herzform. Vor langer Zeit habe ich mir einmal einen roten Lalique-Herzanhänger gekauft, den ich immer noch gerne trage.

Für mich ist das Herzsymbol so attraktiv, weil es das Beste im Menschen repräsentiert. Zu lieben und für andere zu sorgen, ist nicht nur ein Thema für die Dichter, sondern gehört zu jedem noch so vergänglichen Leben, das in Fülle gelebt wird. Von Herzen kommende Liebe lässt sich auf ganz unterschiedliche Weise erfahren, nicht nur zwischen zwei erotisch erhitzten Menschen, sondern auch zwischen engen Freunden, nahestehenden Mitgliedern eines Clubs oder einer Gemeinde, zwischen Arzt und Patient und natürlich zwischen Blutsverwandten. Wenn ich auf meine fünfundachtzig Jahre zurückblicke, erstaunt es mich, wie viele Menschen ich geliebt habe, jeder von ihnen einzigartig, und doch ist für sie alle Platz in meinem Herzen.

Die weltweite Beliebtheit des Herzens als Symbol für

die Liebe ist ein kleiner Hoffnungsschimmer in einer Welt, die von so viel Hass beschädigt ist. Idealerweise ist es eine Erinnerung an den zeitlosen Glauben, dass nur die Liebe uns erlösen kann.

Nachdem das Herzsymbol jetzt überall auftaucht, besteht natürlich die Gefahr, dass es sich abnutzt. Kann es als kommerzielles Logo auf fettarmen Lebensmitteln und T-Shirts noch seine erhabene Aura bewahren? Büßt das muschelförmige Herz seine Kraft ein? Aktuell scheint es ganz lebendig zu sein und in endlos vielen Zusammenhängen zu schlagen. Die Fotografen entdecken es in der Natur, und die Künstler finden immer wieder neue Wege, um seine Botschaft zu vermitteln. Wer wird der nächste Jehan de Grise, Milton Glaser oder Jim Dine sein? Wer wird die Stimme des Herzens in der Tradition von Sappho, Ovid, Walther von der Vogelweide, Dante, Karl von Orléans, Sir Philip Sidney und Bellini zu Gehör bringen? Wer wird dem jahrhundertealten Symbol und der Metapher so viel Lebendigkeit verleihen, dass es weiterhin zum Ausdruck bringt, was uns im Herzen bewegt?

Danksagung

An erster Stelle möchte ich der Stanford University danken, denn hier hatten mein Mann und ich über fünfzig Jahre ein intellektuelles Zuhause. Ohne die Ressourcen der Green Library und der neuen Bowes Art and Architecture Library wäre die Arbeit an diesem Buch fast unmöglich gewesen.

In Stanford gilt mein besonderer Dank dem Englisch-Professor John Bender, der mich auf die europäischen Emblembücher hingewiesen hat, der Französisch-Professorin Marisa Galvez für ihre Arbeit über mittelalterliche Liederbücher, der emeritierten Englisch-Professorin Barbara Gelpi für ihre Anregungen zu katholischen Andachten, der Geschichts-Professorin Fiona Griffiths für ihre bibliographischen Hinweise zum Mittelalter, Professor Robert Harrison für Erkenntnisse über die mittelalterliche italienische Literatur, Van Harvey, dem emeritierten Professor für Religionswissenschaft, der mein Wissen über Reformation und Gegenreformation erweitert hat, und G. Salim Mohammed, dem Direktor des David Rumsey Map Center, der mir bei meinen Recherchen zu herzförmigen Landkarten geholfen hat. Weiterhin danke ich Edith Gelles, Senior Scholar am Michelle Clayman Institute for Gender Research, für ihre Anmerkungen zu den amerikanischen Themen dieses Buches. Neben Gelles waren mir Karen Offen, Clayman Senior Scholar, die Professorin Barbara Gelpi sowie die Autorin und Übersetzerin Stina Katchadourian bei Kapitel 8 mit ihrer Kritik behilflich.

Die Kunststudentin Natalie Pellolio an der Stanford University war mir bei der Auswahl und Beschaffung von Illustrationen eine unschätzbare Unterstützung.

Die Autorin Kim Chernin steuerte wichtige Anregungen für Kapitel 18 bei, und ihre Partnerin Renate Stendhal hat mich bei dem ganzen Projekt mit Rat und Ermutigung unterstützt.

Theresa Donovan Brown, meine enge Freundin und Mitautorin von *Freundinnen*, hat meine Arbeit an diesem Buch von Anfang an begleitet.

Meine Literaturagentin und langjährige Freundin Sandra Dijkstra kümmerte sich um den richtigen Verlag für die Originalausgabe von *Das Herz*, und Dan Gerstle, mein Lektor bei Basic Books, nahm ganz entscheidenden Einfluss auf die Gestaltung des Buches.

Mein Ehemann, der Psychoanalytiker Irvin Yalom, war der erste und letzte Leser des Textes und hat mir unermüdlich zur Seite gestanden. Unser Sohn, der Fotograf Reid Yalom, half bei der Reproduktion der Fotos. Mit solchen Angehörigen, Kollegen und Freunden ein Buch über das Herz als Symbol der Liebe zu schreiben, ist mir tatsächlich leichtgefallen.

Anmerkungen

Einleitung

1 Diane Ackerman, *A Natural History of Love*. New York: Vintage Books 1995, S. 10–11.

2 William W. E. Slights, *The Heart in the Age of Shakespeare*. Cambridge: Cambridge University Press 2008, S. 22.

3 Eric Jager, *The Book of the Heart*. Chicago & London: University of Chicago Press 2000, S. 28–29. Abbildungen von Augustinus, der sein Herz in der Hand hält, gibt es seit dem vierzehnten Jahrhundert – zum Beispiel auf dem deutschen Altarbild aus dem Jahr 1340, das sich heute im Kölner Wallraf-Richartz-Museum befindet, und in den spätmittelalterlichen französischen und flämischen Manuskripten, beispielsweise das *Da Costa Book of Hours* der Morgan Library, MS M. 399, f. 299 v.

4 Stephen Greenblatt, »The Invention of Sex: St. Augustine's Carnal Knowledge«, in: *New Yorker*, 19. Juni 2017, S. 24–28.

Kapitel 1: Das Liebesherz in der Antike

5 Zitiert nach: Maximus Tyrius, *Philosophische Vorträge*, dt. von Otto und Eva Schönberger. Würzburg: Königshausen & Neumann 2001, S. 100.

6 http://www.gottwein.de/Grie/lyr/LyrSappho1.php, Üb. Georg Thudicum.

7 Plutarch, *Lebensbeschreibungen der berühmtesten Griechen und Römer*. Forgotten Books 2018.

8 Apollonius von Rhodos, *Die Fahrt der Argonauten*, Üb. Paul Dräger. Stuttgart: Reclam 2002, S. 213.

9 Robert A. Erickson, *The Language of the Heart, 1600–1750*. Philadelphia: University of Pennsylvania Press 1997, S. 1.

10 Catull, »Wieviel Küsse?«, Carmen 7, in: *Gedichte*, Üb. Werner Eisenhut. München: Artemis & Winkler 1993, S. 15.

11 John M. Riddle, *Eve's Herbs: A History of Contraception and Abortion in the West*. Cambridge, MA, & London: Harvard University Press 1997, S. 44–46.

12 Dieses und die folgenden Zitate in: Ovid, *Ars amatoria/Liebeskunst*, Üb. Niklas Holzberg. München & Zürich: Artemis & Winkler 1991, 3. Aufl., S. 79, S. 109, S. 111–113.

13 Diane Ackerman, *A Natural History of Love*, 36. Deutsch in: Fritz Weiss, *Die Attischen Nächte des Aulus Gellius*. Leipzig: Fue's 1876, Bd. 2., S. 53.

14 Emilie Amt, Hrsg., *Women's Lives in Medieval Europe: A Sourcebook*. New York & London: Routledge 1993, S. 86.

15 Dieses und die folgenden Zitate stammen aus Mary Beard, *SPQR: A History of Ancient Rome*. New York: W. W. Norton 2015, S. 304, S. 310.

16 Anthony Everitt, *Cicero*. New York: Random House 2003, S. 243–244.

17 Catull, *Gedichte*, ebd. S. 89 und S. 87.

18 Tim Whitmarsh, *Battling the Gods: Atheism in the Ancient World*. New York: Vintage 2015.

19 Richard Tarnas, *The Passion of the Western Mind*. New York: Harmony Books 1991, S. 13.

20 Bruce Thornton, *Eros. The Myth of Ancient Greek Sexuality*. Boulder, CL: Westview of HarperCollins 1997, S. 4.

21 Eva C. Keuls, *The Reign of the Phallus*. Berkely: University of California Press 1985.

Kapitel 2: Arabische Lieder vom Herzen

22 Robert Mills, »Homosexuality: Specters of Sodom«, in: *A Cultural History of Sexuality in the Middle Ages*, Ruth Evans, Hrsg. Oxford & New York: Berg 2011, S. 69.

23 Suheil Bushrui und James M Malarkey, Hrsg., »Introduction«, in: *Desert Songs of the Night: 1500 Years of Arabic Literature.* London: SAQI 2015.

24 Dieses und die folgenden Zitate stammen aus Bushrui und Malarkey, *Desert Songs*, S. 17, S. 27, S. 22 und S. 4.

25 Raymond Farrin, *Abundance from the Desert.* Syracuse, NY: Syracuse University Press 2011, S. 10.

26 Gaston Wiet, *Introduction à la Littérature Arabe.* Paris: Éditions G. P. Maisonneuve et Larose 1966, S. 43.

27 Farrin: *Abundance from the Desert*, S. 98.

28 Ibn Hazm Al-Andalusi: *Das Halsband der Taube. Von der Liebe und den Liebenden*, Üb. Max Weisweiler. Leipzig: Reclam jun. 1990, dieses und die weiteren Zitate S. 6, S. 8, S. 92, S. 25, S. 30, S. 133.

Kapitel 3: Die ersten Vorläufer des Herzsymbols

29 Roman Ghirshman, *Persian Art: The Parthian and Sassanian Dynasties, 249 BC–AD 651*, Üb. Stuart Gilbert und James Emmons. New York: Golden Press 1962, S. 216.

30 *Le Monde, Science et Médecine*, 12. Oktober 2016, S. 4–5.

31 Pierre Vinken, *The Shape of the Heart.* Amsterdam: Colophon 2000, S. 17–18.

32 John Williams, *The Illustrated Beatus*, Bd. I–IV. London: Harvey Miller Publishers 1998. Siehe auch Natasha O'Hear und Anthony O'Hear, *Picturing the Apocalypse. The Book of Revelation in the Arts over Two Millennia,* Bd. I–V. Oxford: Oxford University Press 2015.

33 Christopher de Hamel, *Meetings with Remarkable Manuscripts.*

London: Allen Lane/Penguin 2016, S. 209, E-Mail an die Autorin.

34 Für die relevanten Facundus-Herzen siehe f. 109, f. 135, f. 160, f. 230 v und f. 240 als Reproduktion in: John Williams: *The Illustrated Beatus*, Band III.

Kapitel 4: Französische und deutsche Lieder vom Herzen

35 Jean-Claude Marol, *La Fin' Amor: Chants de troubadours XIIe et XIIIe siècles*. Paris: Éditions du Seuil 1998, S. 22.

36 Christopher Lucken, »Chantars no pot gaire valer, si d'ins dal cor no mou la chans: Subjectivé et Poésie Formelle«, in: *Micrologus, XI, Il cuore, The Heart*. Florenz: Sismel Edizioni del Galluzzo 2003, S. 380.

37 Arnaud de la Croix, *L' érotisme au Moyen Âge: Le corps, le désir, l'amour*. Paris: TEXTO 2003, S. 47.

38 Andrea Hopkins, *The Book of Courtly Love: The Passionate Code of the Troubadours*. San Francisco: HarperSanFrancisco 1994, S. 22.

39 De la Croix, *L'érotisme au Moyen Âge*, S. 31.

40 Samuel N. Rosenberg und Samuel Manon, Hrsg. und Üb., *The Lyrics and Melodies of Gace Brulé*. New York und London: Garland Publishing 1985, Zitate aus Gace Brulé, RS 413, RS 643, RS 1690, RS 801, RS 1465, RS 1934 und RS 1757.

41 Dieses und die folgenden Zitate stammen aus Thibaut de Champagne, *Recueil de Chansons*, Üb. Alexandre Micha. Paris: Klincksieck 1991, S. 23 und 25.

42 Dieses und die folgenden Zitate stammen aus Jager, *The Book of the Heart*, S. 69–71.

43 Pierpoint Morgan Library, MS M. 819. fol. 59 r.

44 Die Referenzen in diesem Absatz stammen aus Samuel Rosenberg und Hans Tischler, *Chansons des Trouvères*. Paris: Livre de Poche 1995, S. 132–133, S. 136–137 und S. 364–365.

45 René Nelli: *Troubadours et trouvères.* Paris: Hachette 1979, S. 15–16.

46 Aus einer Tegernseer Briefesammlung, 12. Jh., in: *lyrische signaturen. Zeichen und zeiten im deutschen gedicht*, Hrsg. Walter Urbanek. Bamberg: C. C. Buchners Verlag 1995, (2. Aufl.), S. 7.

47 Beispielsweise die Miniatur in *Le Roman de la Rose*, British Museum Ms. 42133, f. 15.

48 Aus *Carmina Burana*, in: *lyrische signaturen*, S. 9.

49 Marisa Galvez, *Songbook: How Lyrics Became Poetry in Medieval Europe.* Chicago & London: University of Chicago Press 2002.

50 Maria Effinger, Carla Meyer und Christian Schneider, Hrsg., *Der Codex Manesse und die Entdeckung der Liebe.* Heidelberg: Universitätsverlag Winter 2010. In Verbindung mit der Ausstellung »Der Codex Manesse und die Entdeckung der Liebe« an der Universität Heidelberg, 2010.

51 Marilyn Yalom, *Birth of the Chess Queen: How Her Majesty Transformed the Game.* New York: HarperCollins 2004.

Kapitel 5: Liebesgeschichten über das Herz

52 Yves Ferroul, Hrsg., *Héloïse et Abélard, Lettres et vies.* Paris: GF-Flammarion 1996, S. 103 (nach der Übersetzung der Autorin).

53 Joseph J. Duggan, »Afterword«, in: Chrétien de Troyes, *Cligès*, Üb. Burton Raffel. New Haven, CT, & London: Yale University Press 1997, S. 215–229.

54 Chrétien de Troyes: *Cligès*, Üb. Ingrid Kasten. Berlin: Walter de Gruyter 2006, S. 61 f., Verse 700–718.

55 Ebd., S. 143, Verse 2294–2296.

56 Ebd., S. 169, Verse 2824–2826, 171, 2851–2854.

57 Begoña Aguiriano, »Le Cœur dans Chrétien«, und Micheline de Combarieu du Grès, »Un cœur gros comme ça«, in: *Le »Cuer« au Moyen Âge. Sénéfiance*, Nr. 30. Aix-en-Provence:

Centre Universitaire d'Etudes et de Recherches Médiévales d'Aix 1991, S. 9–25, S. 77–105.

58 Chrétien de Troyes, *Lancelot*, Üb. Helga Jauss-Meyer. München: Wilhelm Fink 1974, S. 73, Verse 1240–1244.

59 Andreas Capellanus, *Über die Liebe. De amore*, Üb. Fidel Rädle. Stuttgart: Hiersemann 2006, S. 10.

60 De la Croix, *L'érotisme au Moyen Âge*, S. 73–76.

61 Georges Duby, Hrsg., *A History of Private Life: Revelations of the Medieval World*, Bd. II, Üb. Arthur Goldhammer. Cambridge, MA, & London: Harvard, Belknap Press 1988, S. 77–83.

62 Capellanus, ebd., S. 192.

63 Ebd., S. 210.

64 Chrétien de Troyes: *Lancelot*, ebd., S. 237.

65 Gottfried von Straßburg, *Tristan und Isolde*, Üb. Walter Haug, in: Bibliothek des Mittelalters, Bd. 1, Berlin: Deutscher Klassiker Verlag 2011, S. 935.

66 Ole M. Høystad, *A History of the Heart*. London: Reaktion Books 2007, S. 118.

67 Michel Pastoureau: *Une histoire symbolique du Moyen Âge occidental*. Paris: Éditions du Seuil 2004, S. 340 f.

68 *Le Roman de la Poire*, Friedrich Stehlich, Hrsg., deutsch/englisch. Halle: Niemeyer 1881.

69 Vinken: *The Shape of the Heart*, S. 13–16.

70 Dieses und die folgenden Zitate in: Guillaume de Lorris & Jean de Meun, *Rosenroman*, Üb. Karl August Ott. München: Wilhelm Fink 1976, S. 157, S. 159, S. 161.

Kapitel 6: Herzenstausch mit Jesus

71 Stephen Greenblatt, »Mutilation and Meaning«, in: *The Body in Parts: Fantasies of Corporeality in Early Modern Europe*, Hrsg. David Hillman und Carla Mazzio. New York & London: Routledge 1997, S. 223.

72 Anselm von Canterbury: *Des heiligen Anselm Buch der Betrachtungen und Gebete*, Üb. Carl Haas. Tübingen: Laupp 1862.

73 Gertrud die Große von Helfta, *Gesandter der göttlichen Liebe*, Üb. Johanna Lanczkowski. Heidelberg: Lambert Schneider 1989, S. 14, S. 22, S. 223, S. 524, S. 525, S. 535.

74 Gertrud von Helfta, *Exercitia spiritualia. Geistliche Übungen*, Hrsg. & Üb. Siegfried Ringler, Elberfeld: Humberg 2001, dieses und die folgenden Zitate: S. 63, S. 65, S. 69, S. 81, S. 87, S. 129, S. 135, S. 141, S. 157.

75 Madeleine Grace, CVI, »Images of the Heart as Seen in the Writings of Beatrice of Nazareth and Gertrude the Great«, in: *Cistercian Studies Quaterly* 37, Nr. 3 (2002), S. 269.

76 Caroline Walker Bynum, *Holy Feast and Holy Fast: The Religious Significance of Food to Medieval Women*. Berkeley: University of California Press 1987. Siehe auch Martin Kemp, *Christ to Coke: How Image Becomes Icon*. Oxford & New York: Oxford University Press 2012, S. 101 f.

77 Caterina von Siena, *Der Dialog. Ein Gespräch mit Gott über seine Vorsehung*. Üb. Claudia Reinmüller. Kleinhain: St. Josef 2017, S. 170.

78 »Les Heures d'Étienne Chevalier«, Louvre, Abteilung für Kunstgraphik, R. F. 1679.

79 Morgan Library, MS M. 7, f. 24 r.

Kapitel 7: *Caritas* oder das italienische Herz

80 Dante Alighieri, *Das neue Leben. Vita nuova*, Üb. Hannelise Hinderberg. Zürich: Manesse 1987, dieses und die folgenden Zitate S. 37, ebd., S. 38, S. 55, ebd., S. 8, ebd.

81 Robert Pogue Harrison, *The Body of Beatrice*. Baltimore, MD, & London: Johns Hopkins University Press 1988, S. 50.

82 Harrison, ebd., S. 44.

83 Dante, *Vita Nuova*, Üb. Richard Zoozmann, http://gutenberg.spiegel.de/buch/vita-nuova-das-neue-leben-7787/2

84 Fotos dieser *Caritas*-Darstellungen in Doris Bietenholz, *How Come This Means Love?* Saskatoon, Canada, 1995, und Vinken, *The Shape of the Heart*, S. 34–41.

85 Vinken, *The Shape of the Heart*, Abbildung 25, S. 35.

86 Antoine Thomas, *Francesco da Barberino et la Littérature Provençale en Italie au Moyen Âge*. Paris: Ernest Thorin 1883, S. 9–20.

87 Bibliothek des Vatikan, Manuskripte Barb., Nr. 4076 und 4077.

88 Francesco da Barberino, *I Documenti d'Amore*. Mailand: Archè 2006, S. 411.

89 Erwin Panofsky: »Blind Cupid«, in: *Studies in Iconology*. New York: Harper and Row 1962, S. 95–128; Vinken: *The Shape of the Heart*, S. 44 f., und Jean Canteins, *Francesco da Barberino: L'homme et l'œuvre au regard du soi-disant »Fidèle d'Amour«*. Mailand: Archè 2007, S. 217–301.

90 Erwin Panofsky, »Blind Cupid«, S. 115.

Kapitel 8: Die Geburt eines Symbols

91 *The Romance of Alexander*, Brügge, 1344. Bodleian Library, Oxford, Ms. 264.

92 James Robinson, *Masterpieces: Medieval Art*. London: British Museum Press 2008, S. 223 f.

93 Raymond Koechlin, *Les ivoires gothiques français*, Bd. I. Paris 1924, S. 440 f.

94 Richard H. Randall, Jr., *The Golden Age of Ivory: Carvings in North American Collections*. New York: Hudson Hills Press 1993, Nr. 213. Eine noch kunstvollere französische Spiegeldose mit einer geschnitzten Herzgabe, um 1400, findet sich im Cluny-Museum in Paris (OA 119).

95 Reproduziert in Bietenholz, Illustrationen 43 und 44.

96 Leonie von Wilckens, *Museum der Stadt Regensburg. Bildteppiche*. Regensburg 1980, S. 8. Siehe auch Martin Angerer, Hrsg.,

Regensburg im Mittelalter. Katalog der Abteilung Mittelalter im Museum der Stadt Regensburg. Regensburg 1995, S. 147–149.

97 Marian Campbell, *Medieval Jewelry in Europe 1100–1500*. London: Victoria and Albert Publishing 2009.

98 Sandra Hindman, *Take This Ring: Medieval and Renaissance Rings from the Griffin Collection*. Verona: Les Enluminures 2015, S. 87, www.medieval-rings.com.

99 Die italienischen in Pesaro aufbewahrten herzförmigen Bücher werden erörtert in Jager, *The Book of the Heart*, S. 84 f.

100 Christopher de Hamel, *Manuscript Illumination: History and Techniques*. London: British Library 2001, S. 35.

101 Das Herzbuch ist die älteste dänische Handschrift mit Volksliedern, 1550 in der Regierungszeit von Christian III. an seinem Hof geschrieben, und enthält dreiundachtzig Gedichte und Lieder, zumeist Liebesgedichte, deren Form mit dem Inhalt korrespondiert. Das Buch ist so eingebunden, dass es beim Öffnen wie ein Herz aussieht. Der Ledereinband ist dekoriert und auf der Vorder- und Rückseite mit Vergoldungen geschmückt (Anmerkung der Übersetzerin).

102 Diese und die folgenden italienischen Referenzen in: Andrea Bayer, Hrsg., *Art and Love in Renaissance Italy*. New Haven, CT, & London: Metropolitan Museum of Art und Yale University Press 2008, S. 92 und S. 89.

103 Historisches Museum Basel, reproduziert in Michael Camille, *The Medieval Art of Love*. New York: Harry Abrams 1998, S. 115, Abbildung 102.

104 Michel Pastoureau, *Une histoire symbolique du Moyen Âge occidental*. Paris: Éditions du Seuil 2004, S. 11.

105 Timothy B. Husband, *The World in Play: Luxury Cards 1430–1540*. New York: Metropolitan Museum of Art 2016, S. 9.

106 Lewis Caroll, *Alices Abenteuer im Wunderland*, deutsch von Jörg Karau, 2008, https://www.joergkarau-texte.de/PDF/Alices%20Abenteuer%20im%20Wunderland.pdf.

Kapitel 9: Eine gesonderte Bestattung für das Herz

107 Andreas Bräm, »Von Herzen: Ein Beitrag zur Systematischen Ikonographie«, und Murielle Gaude-Ferragu, »Le cœur ›couronné‹: Tombeaux et funérailles de cœur en France à la fin du Moyen Âge«, in: *Micrologus, XI, Il cuore, The Heart*, S. 175, S. 255 f. und Abbildung 14.

108 Gaude-Ferragu, »Le cœur ›couronné‹«, S. 246.

109 Ebd., S. 256.

110 Claire de Lalande, »L'écrin du cœur d'Anne de Bretagne«, in: *Anne de Bretagne, L'Objet d'Art*, Hors-Série. Nr. 75, 2016, S. 20 f.

111 Doueihi, *A Perverse History of the Human Heart*, S. 128.

112 John Rogister, »Born to Be King: The Life, Death, and Subsequent Desecration of Louis XIV«, in: *Times Literary Supplement*, 5. August 2016, S. 25.

113 »James II of England«, Wikipedia, https://en.wikipedia.org/wiki/James_II_of_England sowie https://de.wikipedia.org/wiki/Jakob_II._(England).

Kapitel 10: Das unabhängige Herz

114 Per Nykrog, »Literary Translation«, in: René of Anjou, *The Book of the Love-Smitten Heart*, Üb. Stephanie Viereck Gibbs und Kathryn Karczewska. New York & London: Routledge 2001, S. XIV.

115 Charles d'Orléans, *Poésies*, Hrsg. Pierre Champion. Paris: Honoré Champion Éditeur 2010, *Ballade* XXXVII, Bd. I, S. 98 (nach der Übersetzung der Autorin übersetzt).

116 Ebd., *Ballade* XXVI, S. 88.

117 Ebd., *Ballade* LV, S. 117.

118 Siehe A. B. Coldiron, *Canon, Period, and the Poetry of Charles of Orleans*. Ann Arbor: University of Michigan Press 2000, S. 61–73.

119 Am berühmtesten ist der Codex Vindobonensis Ms. 2597 in

der Wiener Nationalbibliothek. Ein weiteres wunderschönes Manuskript ist das Ms. Fr. 24399 in der Französischen Nationalbibliothek.

120 René d'Anjou, *Le livre du cœur d'amour épris,* Hrsg. und Üb. Florence Bouchet. Paris: Livre de Poche 2003, S. 53.

Kapitel 11: Amors Wiederkehr

121 Ein Ausschnitt aus diesem Fresko ist reproduziert in Alain Gruber, Hrsg., *The History of Decorative Arts: The Renaissance and Mannerism in Europe.* New York, London & Paris: Abbeville Press 1994, S. 223.

122 Dieser Holzschnitt aus dem Château de Panat, Aveyron, ist reproduziert in Orest Ranum, »The Refuges of Intimacy«, in: *A History of Private Life: Passions of the Renaissance*, Bd. III, Hrsg. Philippe Ariès und Georges Duby. Cambridge, MA, & London: Belknap Press of Harvard University 1989, S. 233.

123 Vinken, *The Shape of the Heart,* S. 73, Abb. 62.

124 Eine herzförmige Landkarte des deutschen Humanisten Petrus Apianus aus dem Jahr 1520 ist eine der ersten Karten, in denen der Name *America* auftaucht.

125 Otto Vaenius, »Introduction«, in: *Amorum Emblemata*, Hrsg. Karel Porteman. Adlershot Hants, England & Brookfield, VT: Scolar Press 1996, S. 1.

126 John Manning, *The Emblem.* London: Reaktion Books 2002, S. 170.

127 Vaenius, *Amorum Emblemata*, S. 22, S. 30, S. 32, S. 34, S. 64, S. 80, S. 208 und S. 236.

128 Ebd., S. 78, S. 98, S. 106, S. 126, S. 130, S. 132 und S. 234.

129 Dieses und die folgenden Zitate stammen aus ebd., S. 34f., S. 160, S. 152.

130 Marc van Vieck, »The *Openhertighe Herten* in Europe: Remarkable Specimens of Heart Emblematics«, in: *Emblematica. An*

Interdisciplinary Journal for Emblem Studies 8, Nr. 1, Sommer 1994, S. 261–291.

131 Dieses und die folgenden Zitate stammen aus van Vieck, »The *Openhertighe Herten* in Europe«, 266 f. und 278.

Kapitel 12: Reformation und Gegenreformation

132 Das Originalzitat und erhellende Kommentare zu Luthers Siegel in: Klaus Conermann, »Luther's Rose: Oberservations on a Device in the Context of Reformation Art and Theology«, in: *Emblematica: An Interdisciplinary Journal for Emblem Studies* 2, Nr. 1, Frühjahr 1987, S. 6.

133 Conermann, »Luther's Rose«, Abbildungen 1 bis 12.

134 Slights, *The Heart in the Age of Shakespeare*, S. 101.

135 Reproduziert in Peter M. Daly, *Literature in the Light of the Emblem*. Toronto, Buffalo, NY, & London: University of Toronto Press 1979, S. 86.

136 Slights, *The Heart in the Age of Shakespeare*, S. 59 f.

137 Mario Praz, »Sacred and Profane Love«, in: *Studies in Seventeenth Century Imagery*. Rom: Edizioni di storia e letteratura 1964, insbesondere S. 153, Abbildung 61.

138 Zitiert in: Erickson, *The Language of the Heart*, S. 13.

139 Scott Manning Stevens, »Sacred Heart and Secular Brain«, in: Hillman und Mazzio, *The Body in Parts*, Abbildung 13, S. 262.

140 Teresa von Avila, *Das Buch meines Lebens*, S. 367 f.

141 *Leben der seligen Margareta Maria Alacoque aus dem Orden der Heimsuchung Mariä* (nach dem vom Kloster Paray-le-Monial herausgegebenen Original), Üb. Schwestern von der Heimsuchung. Freiburg im Breisgau: Herdersche Verlagsbuchhandlung 1918 (2. & 3. Aufl.), S. 70.

142 Gérard Picaud und Jean Foisselon, *A tout Cœur: L'art pour le Sacré Cœur à la Visitation*. Paris: Somogy éditions d'art 2013.

Kapitel 13: Wie Shakespeare die Herzensgeheimnisse erforschte

143 Siehe Stanley Wells, *Shakespeare, Sex and Love*. Oxford & New York: Oxford University Press 2010.

144 Stephen Amidon und Thomas Amidon, *The Sublime Engine: A Biography of the Human Heart*. New York: Rodale 2011, S. 81.

145 William Shakespeare: Romeo und Julia, deutsch von August Wilhelm Schlegel, http://gutenberg.spiegel.de/buch/romeo-und-julia-2188/1.

146 Marilyn Yalom, *A History of the Wife*. New York: HarperCollins 2001, S. 97–145.

147 Üb. Friedrich Bodenstedt.

148 Üb. Wolf Heinrich Graf von Baudissin.

149 Amidon und Amidon, *The Sublime Engine*, S. 85.

150 Üb. Friedrich Bodenstedt.

151 Üb. ebd.

152 Üb. Wolf Graf von Baudissin.

153 Üb. Rainer Iwersen.

154 Üb. Graf von Baudissin.

155 Üb. Dorothea Thieck.

156 Üb. Graf von Baudissin.

157 Üb. Franz Dingelstedt.

158 Dieses und die folgenden *Lear*-Zitate übersetzt von Graf von Baudissin.

159 »So ist die Fülle meiner Herzenswonne«, *König Heinrich VI*, Üb. August Wilhelm Schlegel.

Kapitel 14: Herz und Verstand

160 Kemp, *Christ to Coke*, S. 87.

161 Heather Webb, »The Medieval Heart: The Physiology, Poetics and Theology of the Heart in Thirteenth- and Fourteenth-Century Italy«. Dissertation Stanford Universität 2004, S. 48;

Webb. *The Medieval Heart.* New Haven, CT: Yale University Press 2010.

162 Francis Wells, »The Renaissance Heart: The Drawings of Leonardo da Vinci«, in: Peto, *The Heart,* S. 80 f.

163 Zu berühmten Wissenschaftlern: www.famousscientists.org.

164 *Isagoge*, von Jacobus Carpensis Beregarius. Dieses Bild ist reproduziert in Bette Talvacchia, Hrsg., *A Cultural History of Sexuality in the Renaissance*, Bd. II. Oxford & New York: Berg 2011, S. 32, Abbildung 1:19.

165 Cynthia Klestinec, »Sex, Medicine, and Disease: Welcoming Wombs and Vernacular Anatomies«, in: Talvacchia, *Cultural History of Sexuality in the Renaissance*, S. 127.

166 Ebd., S. 124, Abbildung 6:3.

167 Üb. August Wilhelm von Schlegel

168 Fay Bound Alberti, »The Emotional Heart: Mind, Body and Soul«, in: Peto, *The Heart*, S. 125–142.

169 Jager, *The Book of the Heart*, S. 152.

170 René Descartes, *Über die Leidenschaften* Üb. Artur Buchenau. Leipzig: Felix Meiner 1911, (3. Aufl.) Artikel 31, S. 17.

171 Ebd., Artikel 102, S. 53.

172 Geraldine Caps, »Diffusions, enjeux et portées de la représentation mécaniste du corps dans la médecine du second XVIIe siècle«, in: *Europe XVI/XVII: Réalités et Représentations du Corps* (I). Nancy: Université de Nancy 2011, S. 142–157.

173 Thomas Hobbes, *Leviathan*, Einleitung, http://www.gleichsatz.de/b-u-t/trad/hobbes/TH-athano.html.

174 Jager, *The Book of the Heart*, S. 155.

Kapitel 15: Das weibliche Herz im Vordergrund

175 James Boswell, *Das Leben Samuel Johnsons und das Tagebuch einer Reise nach den Hebriden*, Üb. Jutta Schlösser. München: C. H. Beck 1985, S. 142.

176 Samuel Richardson, *Pamela: or Virtue Rewarded*, Hrsg. Thomas Keymer und Alice Wakely. Oxford & New York: Oxford University Press 2001, S. xxii-xxiii.

177 Dieses und die weiteren Zitate aus ebd., S. 31, S. 14, S. 22, S. 244, S. 245, S. 249 und S. 251.

178 Erickson, *The Language of the Heart*, S. 207. Ich bin Robert Erickson für seine sorgfältige Lektüre von *Clarissa* sehr verbunden, denn ich wäre dazu bei den insgesamt fünfzehnhundert Seiten nicht in der Lage gewesen.

179 Samuel Richardson, *Clarissa Harlowe*, Üb. Ruth Schirmer. Zürich: Manesse 1966, S. 69.

180 Ebd., S. 481.

181 Diese Bemerkungen zu La Mettrie beziehen sich auf Natalie Meeker, »French: Eighteenth Century«, in: *Encyclopedia of Erotic Literature*, Bd. I, Hrsg. Gaëtan Brulotte und John Phillips. New York & London: Routledge 2006, S. 484, und »La Mettrie, Julien Offray de«, Bd. II. S. 745–746.

182 Sie stammen aus Bouchers Serie *Les amours des Dieux* (1758), *La Cible d'Amour* [Das Ziel der Liebe], Collection Louis XV, Louvre.

Kapitel 16: Das Herz in der Populärkultur

183 H. J. Hansen, Hrsg., *European Folk Art in Europe and the Americas*. New York und Toronto: McGraw Hill 1967, S. 179 und S. 217.

184 Donald Shelley, *The Fraktur Writings or Illuminated Manuscripts of the Pennsylvania Germans*. Allenstown: Pennsylvania German Folklore Society 1961.

185 Laurel Ulrich, *A House Full of Females: Plural Marriage and Women's Rights in Early Mormonism, 1835–1870*. New York: Alfred A. Knopf 2017, S. 109.

186 Edward Eming Andrews und Faith Andrews, *Visions of the*

Heavenly Sphere: A Study in Shaker Religious Art. Charlottesville: University Press of Virginia 1969, Tafel XII.

187 Ulrich, *A House Full of Females*, S. 110 und S. 133.

188 Siehe die wunderbaren Beispiele in Mary Emmerling, *American Country Hearts.* New York: Clarkson N. Potter 1988.

189 Marylin Yalom und Theresa Donovan Brown, *Freundinnen. Eine Kulturgeschichte*, Üb. Liselotte Prugger. München: btb 2017.

190 Robert Shaw, »United as This Heart You See: Memories of Friendship and Family«, in: *Expressions of Innocence and Eloquence: Selections from the Jane Katcher Collection of Americana*, Bd. I, Hrsg. Jane Katcher, David A. Schorsch und Ruth Wolfe. New Haven, CT: Yale University Press 2006, S. 89.

191 Marilyn Yalom, mit Fotos von Reid S. Yalom, *The American Resting Place: Four Hundred Years of Cemeteries and Burial Grounds.* Boston: Houghton Mifflin 2008.

Kapitel 17: Herzen und Hände

192 Eliza Chaplin, *Nelson Letters, 1819–1869.* Essex Institute Library, Salem Massachusetts.

193 Merry E. Wiesner, *Women and Gender in Early Modern Europe.* Cambridge: Cambridge University Press 1993, S. 49.

194 Üb. August Wilhelm Schlegel

195 Ann Rosalind Jones, »Heterosexuality: A Beast with Many Backs«, in: *A Cultural History of Sexuality in the Renaissance*, Hrsg. Bette Talvacchia. Oxford & New York: Berg 2011, S. 46.

196 Francesca Beauman, *Shapely Ankle Preferred: A History of the Lonely Hearts Ads, 1695–2010.* London: Chatto and Windus 2011, Zitate S. 26–29.

197 Jane Austen, *Stolz und Vorurteil*, Üb. Manfred Allié und Gabriele Kempf-Allié. Frankfurt: Fischer 2014, dieses und die folgenden Zitate S. 9, S. 219, S. 220, S. 150, S. 213.

198 Helena Kelly, *Jane Austen: The Secret Radical.* New York: Knopf 2017, Kap. 4.

199 Yalom, *A History of the Wife*, S. 185–191.

200 Siehe dazu die Diskussion in Erna Olafson Hellerstein, Leslie Parker Hume und Karen M. Offen, Hrsg., *Victorian Women: A Documentary Account of Women's Lives in Nineteenth-Century England, France, and the United States.* Stanford, CA: Stanford University Press 1981, S. 118.

Kapitel 18: Romantik oder die Herrschaft des Herzens

201 Dieses und die folgenden Zitate aus Vincenzo Bellini, *Norma*, Üb. Lothar Quandt. Stuttgart: Reclam jun. 1985.

202 Dieses und die folgenden Byron-Zitate: Üb. Adolf Seubert. http://gutenberg.spiegel.de/buch/gedichte-6666/5.

203 »Don Juan«, Wikipedia, https://de.wikipedia.org/wiki/Don_Juan.

204 Für eine eingehendere Diskussion von Sand und der Liebe siehe Marilyn Yalom, *Wie die Franzosen die Liebe erfanden. Neunhundert Jahre Leidenschaft*, Üb. Michaela Meßner. München: Graf 2012.

205 Didier Lett, »Mariage et amour au Moyen Âge«, in: *Le Monde: Histoire et Civilisations*, Nr. 15, März 2016, S. 2.

206 Elizabeth C. Gaskell, *The Life of Charlotte Brontë*, Bd. II. London: Smith, Elder & Co. 1857, S. 43.

207 Dieses und die folgenden Zitate aus Gaskell, *The Life of Charlotte Brontë*, Bd. II, S. 54 f.

Kapitel 19: Valentinsherzen

208 Nathalie Koble, *Drôles de Valentines: La tradition poétique de la Saint-Valentin du Moyen Âge à aujourd'hui.* Paris: Héros-Limite

2016, S. 266; Lack B. Oruch, »St. Valentine, Chaucer, and Spring in February«, in: *Speculum* 56, Nr. 3, Juli 1981, S. 534–565.

209 Charles d'Orléans, *Poésies*, Bd. 1, *Ballade* LXVI, S. 128 f. (diese und die folgenden Übersetzungen ins Englische von der Autorin).

210 Ebd., *Complainte* IV, S. 281.

211 Charles d'Orléans, *Ballades et Rondeaux*, Hrsg. Jean-Claude Mühlethaler. Paris: Livre de Poche 1992, *Rondeau* 50, S. 430.

212 Koble, *Drôles de Valentines*, S. 273.

213 Jean-Pierre Camus, *Diotrephe, or An History of valentines*, Üb. Susan du Verger (1626).

214 Die entsprechenden Briefe von Elizabeth Brews und Margery Brews an John Paston III. sind zusammengestellt in Norman Davis, Hrsg., *The Paston Letters: A Selection in Modern Spelling*. Oxford: Oxford University Press 1963, S. 233–235.

215 Samuel Pepys, *The Diary of Samuel Pepys*, Bd. II, Hrsg. Robert Latham und William Metthews. Berkeley & Los Angeles: University of California Press 1970, S. 36 und S. 38.

216 Mehrere schöne amerikanische Beispiele sind reproduziert in Ruth Webb Lee, *A History of Valentines*. New York & London: Studio Publications 1952, S. 8–38.

217 Berry Shank, *A Token of My Affection: Greeting Cards and American Business Culture*. New York: Columbia University Press 2004, S. 34 f.

218 Emily Dickinson, *The Letters of Emily Dickinson*, Bd. I. Cambridge, MA: Belknap Press of Harvard University Press 1965, S. 63, Hervorhebung original.

219 Webb Lee, *A History of Valentines*, S. 51–75.

220 Debrah N. Mancoff, *Love's Messenger: Tokens of Affection in the Victorian Age*. Chicago: Art Institute of Chicago 1997, S. 20 f.

221 Webb Lee, *A History of Valentines*, S. 124.

222 »Valentinstag«, Wikipedia, https://de.wikipedia.org/wiki/Valentinstag.

Kapitel 20: Ich ❤ dich

223 Ilka Skobie, »Lone Wolf: An Interview with Jim Dine«, ArtNet, www.artnet.com/magazineus/features/scobie/jim-dine6–28–10.asp.

224 Jonathan Novak, »A Retrospective Delves into Jim Dine's Hearts and Other Iconic Symbols«, Artsy Editorial, 4. Februar 2015, www.artsy.net/article/editorial-a-retrospective-delves-into-jim-dines-hearts.

225 Amanda Hess, »Look Who's Smiley Now«, in: *New York Times*, 27, Oktober 2016, C1.

226 *The Power of the Heart* (*Die Macht des Herzens*, Film), www.thepoweroftheheart.com, und Steve Casimiro, »25 Awesome Hearts Found in Nature«, in: *Adventure Journal*, 4. Februar 2011, www.adventure-journal.com/2011/02/25-awesome-hearts-found-in-nature.

227 Sophia Kercher, »Modern Help for the Brokenhearted? It's Online«, in: *New York Times*, 2. Februar 2017, D3.

Bibliographie

Amidon, Stephen, und Thomas Amidon, *The Sublime Engine: A Biography of the Human Heart*. New York: Rodale 2011.

Andrews, Edward Deming, und Faith Andrews, *Visions of the Heavenly Sphere: A Study in Shaker Religious Art*. Charlottesville, VA: Wintherthur Museum und University Press of Virginia 1969.

d'Anjou, René, *The Book of the Love-Smitten Heart*. Üb. Stephanie Viereck Gibbs und Kathryn Karczewska. New York und London: Routledge 2001.

d'Anjou, Rene, *Vom liebentbrannten Herzen* (Illustrationen des Originals), Franz Unterkircher (Einleitung & Erläuterung). Graz: Akademische Druck- und Verlagsanstalt 1975.

Ders., *Le Livre du Cœur d'amour épris*. Hrsg. und Üb. Florence Bouchet. Paris: Livre de Poche 2003.

Anselm von Canterbury: *Des heiligen Anselm Buch der Betrachtungen und Gebete*, Üb. Carl Haas. Tübingen: Laupp 1862.

Apollonios von Rhodos, *Die Fahrt der Argonauten*, Üb. Paul Dräger. Stuttgart: Reclam jun. 2002.

Austen, Jane, *Stolz und Vorurteil*, Üb. Manfred Allié und Gabriele Kempf-Allié. Frankfurt: Fischer 2014.

Avila, Teresa von, *Das Buch meines Lebens*, in: dies., *Werke und Briefe. Gesamtausgabe*, Hrsg. und Üb. Ulrich Dobhan und Elisabeth Peeters, Bd. 1. Freiburg, Basel, Wien: Herder 2015.

Barberino, Francesco da, *I Documenti d'Amore*. Mailand: Archè 2006.

Beauman, Francesca, *Shapely Ankle Preferred: A History of the Lonely Hearts Ads, 1695–2010*. London: Chatto and Windus 2011.

Bietenholz, Doris, *How Come This Means Love? A Study of the Origin of the Symbol of Love*. Saskatoon, Canada: D. Bietenholz 1995.

Bellini, Vincenzo, *Norma*, Libretto Felice Romani, Üb. Lothar Quandt. Stuttgart: Reclam 1985.

Boswell, James, *Das Leben Samuel Johnsons und das Tagebuch einer Reise nach den Hebriden*, dt. Jutta Schlösser. München: C. H. Beck 1985.

Bushrui, Suheil, und James M. Malarkey, Hrsg., *Desert Songs of the Night: 1500 Years of Arabic Literature*. London: SAWI 2015.

Camille, Michael, *The Medieval Art of Love*. New York: Harry N. Abrams 1998.

Campbell, Marian, *Medieval Jewellery in Europe 1100–1500*. London: Victoria and Albert Publishing 2009.

Canteins, Jean, *Francesco da Barberino. L'Homme et l'Œuvre au regard du soi-disant »Fidèle d'Amour«*. Mailand: Archè 2007.

Capellanus, Andreas, *Über die Liebe. De amore. (Ein Lehrbuch des Mittelalters über Sexualität, Erotik und die Beziehungen der Geschlechter) (Bibliothek der mittellateinischen Literatur*, Bd. 1). Eingeleitet, übersetzt und mit Anmerkungen versehen von Fidel Rädle. Stuttgart: Hiersemann 2006.

Caterina von Siena, *Der Dialog. Ein Gespräch mit Gott über seine Vorsehung*, Üb. Giuliana Cavallini. Kleinhain: St. Josef 2017.

Catull, *Gedichte*, Üb. Werner Eisenhut, München: Artemis & Winkler 1993.

De Champagne, Thibaud, *Recueil de Chansons*. Üb. Alexandre Micha. Paris: Klincksieck 1991.

De la Croix, Arnaud, *L'érotisme au Moyen Âge: Le corps, le désir et l'amour*. Paris: Éditions Tallandier, 1999.

Dante, *Das neue Leben*, in: ders., *Das neue Leben. Die Göttliche Komödie*, Hrsg. Erwin Laaths, Üb. Karl Federn. Wiesbaden: Emil Vollmer 1958.

Descartes, René, *Über die Leidenschaften der Seele*, Üb. Artur Buchenau. Leipzig: Felix Meiner 1911 (3. Auflage).

Doueihi, Milad, *A Perverse History of the Human Heart*. Cambridge, MA: Harvard University Press 1997.

Emmerling, Mary, *American Country Hearts*. New York: Clarkson N. Potter 1988.

Erickson, Robert A., *The Language of the Heart, 1600–1750*. Philadelphia: University of Pennsylvania Press 1997.

Evans, Ruth, Hrsg., *A Cultural History of Sexuality in the Middle Ages*. Oxford & New York: Berg 2011.

Farrin, Raymond, *Abundance from the Desert: Classical Arabic Poetry*. Syracuse, NY: Syracuse University Press 2011.

Gaskell, Elizabeth C., The Life of Charlotte Brontë. London: Smith, Elder & Co. 1857.

Hansen, H. J. , Hrsg., *European Folk Art in Europe and the Americas*. New York & Toronto: McGraw Hill 1967.

Harrison, Robert Pogue, *The Body of Beatrice*. Baltimore, MD: Johns Hopkins University Press 1988.

Hazm, Ibn, *Das Halsband der Taube – Von der Liebe und den Liebenden*, Üb. Max Weisweiler. Frankfurt: Insel 1995.

Helfta, Gertrud von, *Exercitia spiritualia*, lateinisch und deutsch, Hrsg. und Üb. Siegfried Ringler. Elberfeld: Humberg 2001.

Dies., *Gesandter der göttlichen Liebe*, Üb. Johanna Lanczkowski. Heidelberg: Schneider 1989.

Herbert, J. A. *Illuminated Manuscripts*. Bath: Cedric Chivers Ltd. [1911] 1972.

Hillman, David, und Carla Mazzio, *The Body in Parts: Fantasies of Corporeality in Early Modern Europe*. New York & London: Routledge 1997.

Høystad, Ole M., *A History of the Heart*. London: Reaktion Books 2007.

Jager, Eric. *The Book of the Heart*, Chicago & London: University of Chicago Press 2000.

Kemp, Martin, *Christ to Coke: How Image Becomes Icon*. Oxford: Oxford University Press 2012.

Kish, George, »The Cosmographic Heart: Cordiform Maps of the Sixteenth Century«, in: *Imago mundi* 19 (1965), S. 13–21.

Koechlin, Raymond, *Les Ivoires gothiques français*, 3 Bde., Paris 1924.

Leben der seligen Margareta Maria Alacoque aus dem Orden der Heimsuchung Mariä (nach dem vom Kloster Paray-le-Monial herausgegebenen Original), Üb. Schwestern von der Heimsuchung, Freiburg im Breisgau: Herdersche Verlagsbuchhandlung 1918 (2. & 3. Auflage)

Le »Cuer« au Moyen Âge, Sénéfiance. Aix-en-Provence: Centre Universitaire d'Études et de Recherches Médiévales d'Aix, Nr. 30, 1991.

De Lorris, Guillaume, und Jean de Meun, *Rosenroman*, Üb. Karl August Ott. München: Wilhelm Fink 1976.

Mancoff, Debra N., *Love's Messenger: Tokens of Affection in the Victorian Age*. Chicago: Art Institute of Chicago 1997.

Micrologus: Natura, scienze e società Medievali [Natur, Wissenschaft und mittelalterliche Gesellschaft]. XI, *Il cuore* [*Das Herz*]. Lausanne: Sismel, Edizioni del Galluzzo 2003.

Nelli, René, *Troubadours et trouvères*. Paris: Hachette 1979.

D'Orléans, Charles, *Poésies*. Hrsg. von Pierre Champion. Paris: Honoré Champion Éditeur 2010.

Ovid, *Liebesgedichte / Amores*, Üb. Niklas Holzberg. Berlin: Akademie Verlag 2014.

Ders., *Liebeskunst*, Üb. Niklas Holzberg. München & Zürich: Artemis & Winkler 1991 (3. Auflage).

Panofsky, Erwin, »Blind Cupid«, in: *Studies in Iconogy: Humanistic Themes in the Art of the Renaissance*, 95–128. New York: Harper and Row 1962.

Pastoreau, Michel, *Une histoire symbolique du Moyen Âge occidental*. Paris: Éditions du Seuil 2004.

Peakman, Julie, Hrsg., *A Cultural History of Sexuality*. Bd. 1–6. Oxford & New York: Berg 2011.

Peto, James, Hrsg., *The Heart*. New Haven, CT, & London: Yale University Press, Wellcome Collection 2007.

Picaud, Gérard, und Jean Foisselon. *A tout cœur: L'art pour le Sacré Cœur à la Visitation*. Paris: Somogy éditions d'art 2013.

Praz, Mario, »Sacred and Profane Love«, in: *Studies in Seventeenth Century Imagery*. Rom: Edizione di Storia e Letteratura 1964.

Randall Jr., Richard H., *The Golden Age of Ivory: Gothic Carvings in North American Collections*. New York: Hudson Hills Press 1993.

Richardson, Samuel, *Pamela: or Virtue Rewarded*. Hrsg. Thomas Keymer und Alice Wakeley. Oxford & New York: Oxford University Press 2001

Ders., *Clarissa Harlowe*, Üb. Ruth Schirmer. Zürich: Manesse 1966.

Robinson, James, *Masterpieces: Medieval Art*. London: British Museum Press 2008.

Shaw, Robert, »United as This Heart You See: Memories of Friendship and Family«, in: *Expressions of Innocence and Eloquence: Selections from the Jane Katcher Collection of Americana*, Bd. 1, Hrsg. Jane Katcher, David A. Schorsch und Ruth Wolfe, S. 85–103. New Haven, CT: Yale University Press 2006.

Slights, William W. E., *The Heart in the Age of Shakespeare*. New York: Cambridge University Press 2008.

Straßburg, Gottfried von, *Tristan und Isolde*, in: Bibliothek des Mittelalters, Hrsg. Walter Haug und Manfred Günter Scholz, Bd. 11. Berlin: Deutscher Klassiker Verlag 2011.

Talvacchia, Bette, Hrsg., *A Cultural History of Sexuality in the Renaissance*. Oxford & New York: Berg 2011.

Thomas, Antoine, *Francesco da Barberino et la Littérature Provençale en Italie au Moyen Âge*. Paris: Ernest Thorin 1883.

Thornton, Bruce, *Eros. The Myth of Ancient Greek Sexuality*. Boulder, CL: Westview of HarperCollins 1997.

Tibaud, *Roman de la Poire*, Hrsg. Christiane Marachello-Nizia. Paris: Société des Anciens Textes Français 1984.

de Troyes, Chrétien. *Cligès*, Üb. Ingrid Kasten. Berlin: Walter de Gruyter 2006.

Ders., *Lancelot*, Üb. Helga Jauss-Meyer, München: Wilhelm Fink, 1974.

Vaenius, Otto. *Amorum Emblemata*. Hrsg. Karel Porteman. Aldershot Hants, England, & Brookfield, VT: Scolar Press, 1996.

Webb, Heather, *The Medieval Heart*. New Haven, CT: Yale University Press 2010.

Webb Lee, Ruth, *A History of Valentines*. New York & London: Studio Publications 1952.

Wiet, Gaston, *Introduction à la Littérature Arabe*. Paris: Éditions G. P. Maisonneuve et Larose 1966.

Williams, John. *The Illustrated Beatus*. Bd. I–V. London: Harvey Miller Publishers 1998.

Personenregister

Deborah Feldman

Unorthodox

384 Seiten, btb 71534
Aus dem Amerikanischen von Christian Ruzicska

»Eine unglaubliche Geschichte, die man völlig atemlos liest.«
Ijoma Mangold, Die Zeit

Am Tag seines Erscheinens führte »Unorthodox« schlagartig die Bestsellerliste der New York Times an und war sofort ausverkauft. Wenige Monate später durchbrach die Auflage die Millionengrenze. In der chassidischen Satmar-Gemeinde in Williamsburg, New York, herrschen die strengsten Regeln einer ultraorthodoxen jüdischen Gruppe weltweit. Deborah Feldman führt uns bis an die Grenzen des Erträglichen, wenn sie von der strikten Unterwerfung unter die strengen Lebensgesetze erzählt, von Ausgrenzung, Armut, von der Unterdrückung der Frau, von ihrer Zwangsehe. Und von der alltäglichen Angst, bei Verbotenem entdeckt und bestraft zu werden. Sie erzählt, wie sie den beispiellosen Mut und die ungeheure Kraft zum Verlassen der Gemeinde findet – um ihrem Sohn ein Leben in Freiheit zu ermöglichen. Noch nie hat eine Autorin ihre Befreiung aus den Fesseln religiöser Extremisten so lebensnah, so ehrlich, so analytisch klug und dabei literarisch so anspruchsvoll erzählt.

»Der unverblümte, berührende Bericht über die Selbstbefreiung einer jungen Frau.«
Stern

btb